Garfield

ALBUM GARFIELD

#31

PRESSES AVENTURE

Publié par **Presses Aventure,** une division de
Les Publications Modus Vivendi inc.
55, rue Jean-Talon Ouest, 2ᵉ étage
Montréal (Québec)
Canada
H2R 2W8

Infographie : Modus Vivendi
Version française : Marc Alain

Dépôt légal – Bibliothèque et Archives nationales du Québec, 2008
Dépôt légal – Bibliothèque et Archives Canada, 2008

ISBN-13 : 978-2-89543-758-1

Nous reconnaissons le soutien financier du gouvernement du Canada par l'entremise
du Programme d'aide au développement de l'industrie de l'édition (PADIÉ) pour nos
activités d'édition.

Gouvernement du Québec – Programme de crédit d'impôt pour l'édition de livres –
Gestion SODEC

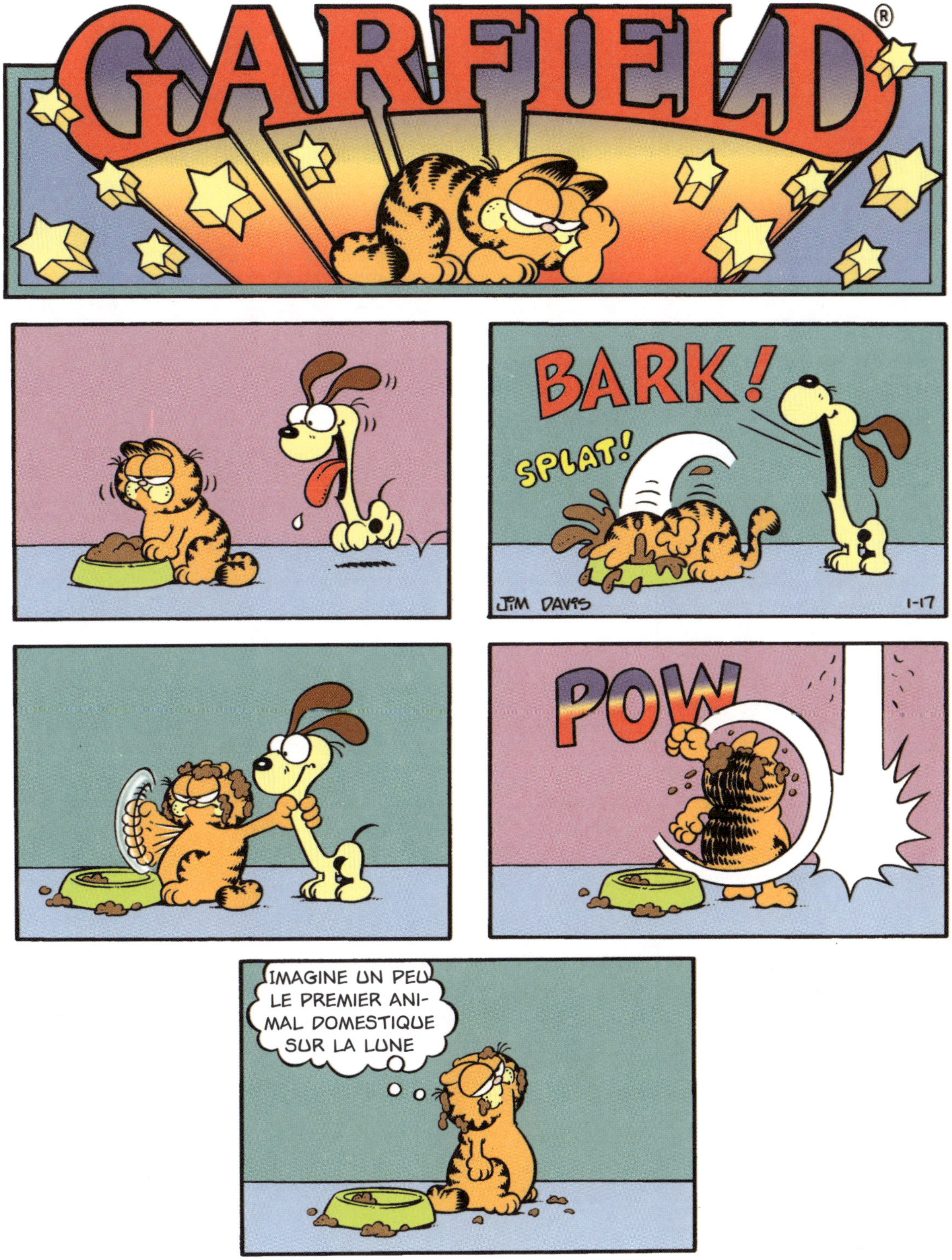
GARFIELD®
BARK!
SPLAT!
JIM DAVIS
1-17
POW
IMAGINE UN PEU LE PREMIER ANIMAL DOMESTIQUE SUR LA LUNE

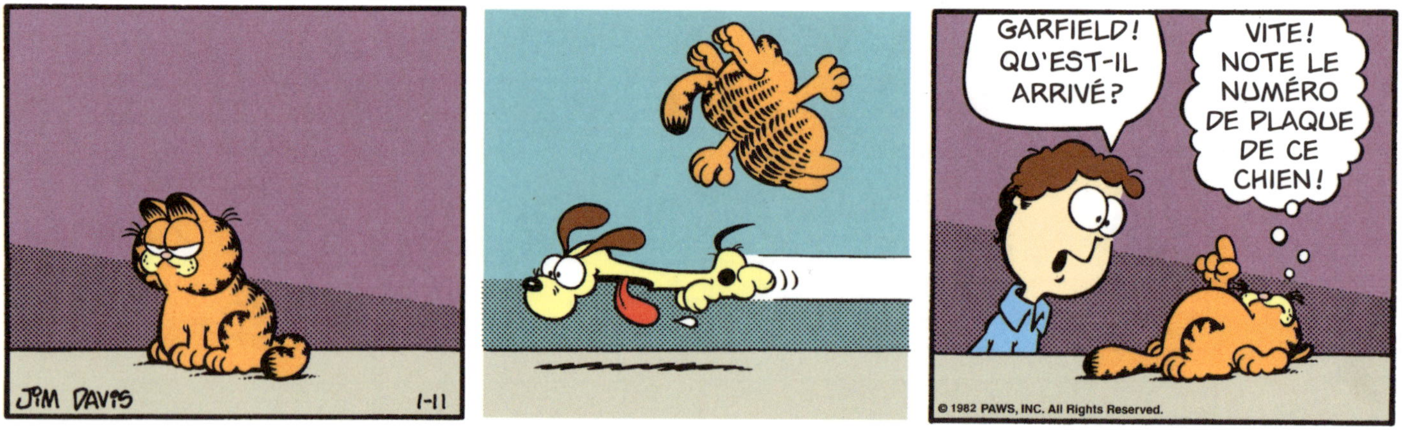
JIM DAVIS
1-11
GARFIELD! QU'EST-IL ARRIVÉ?
VITE! NOTE LE NUMÉRO DE PLAQUE DE CE CHIEN!
© 1982 PAWS, INC. All Rights Reserved.

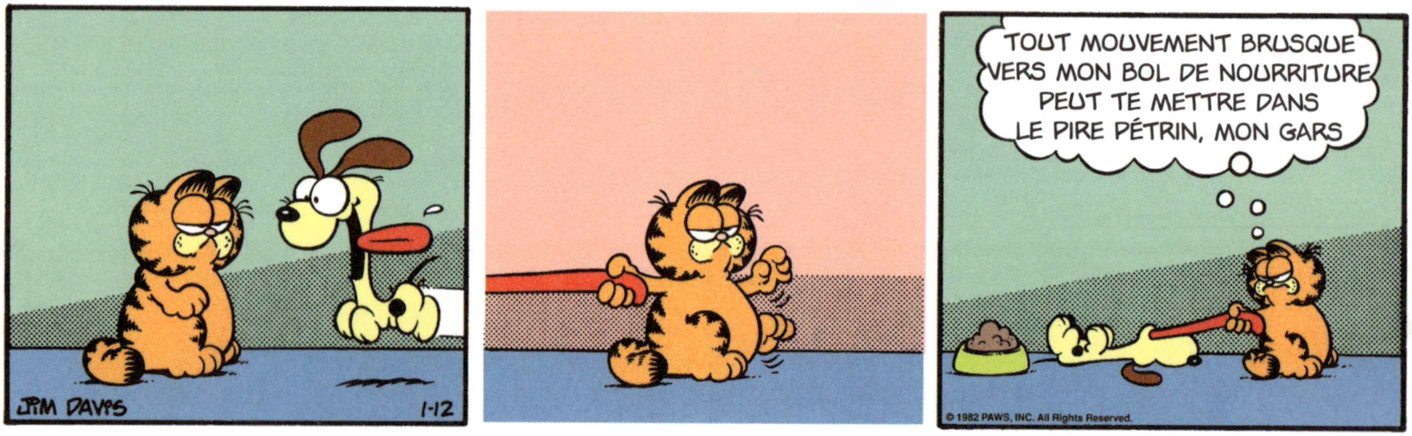
JIM DAVIS
1-12
TOUT MOUVEMENT BRUSQUE VERS MON BOL DE NOURRITURE PEUT TE METTRE DANS LE PIRE PÉTRIN, MON GARS
© 1982 PAWS, INC. All Rights Reserved.

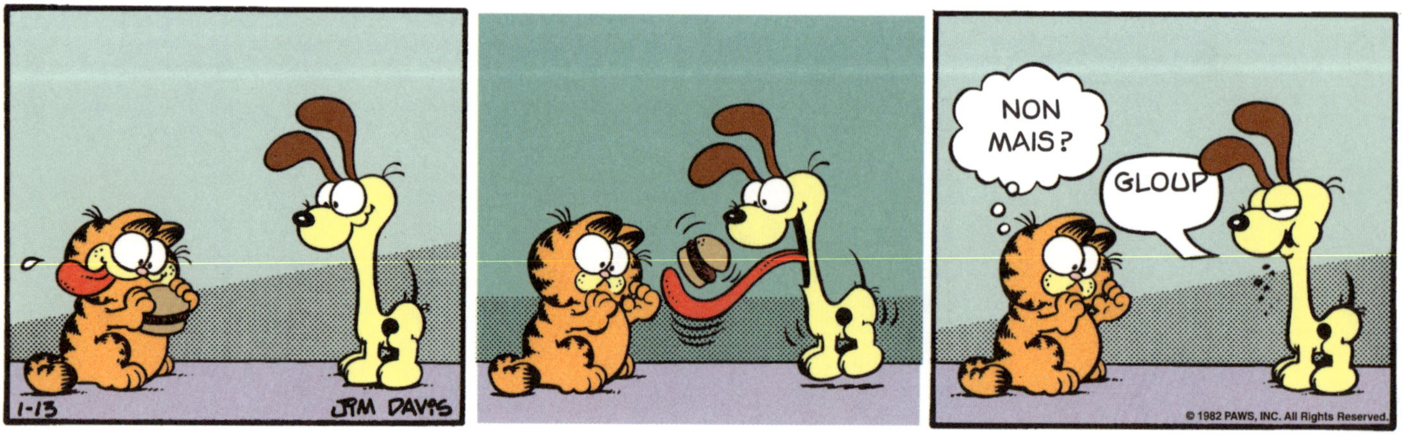
1-13
JIM DAVIS
NON MAIS?
GLOUP
© 1982 PAWS, INC. All Rights Reserved.

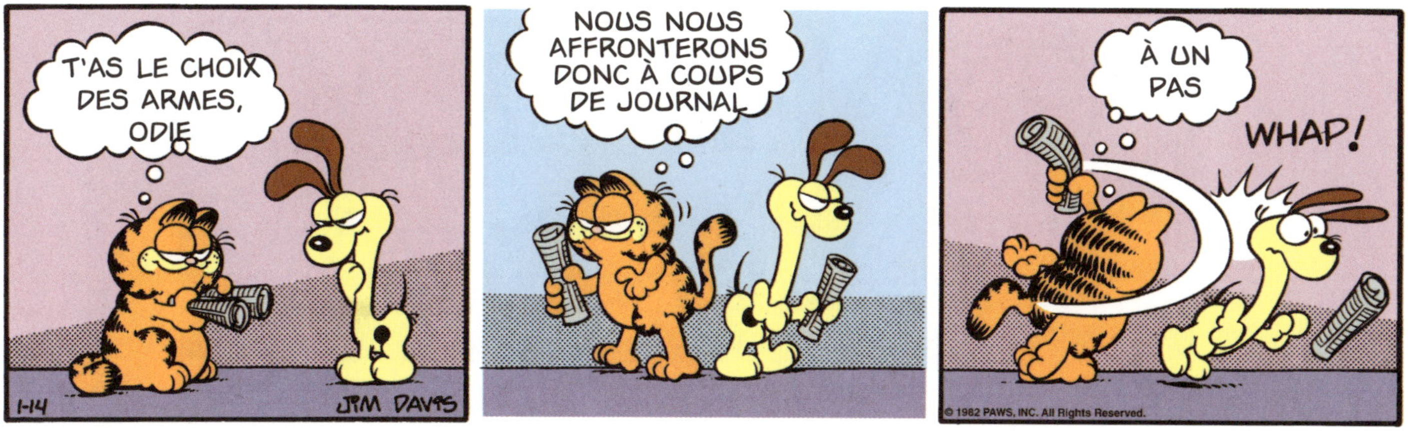
T'AS LE CHOIX DES ARMES, ODIE
1-14
JIM DAVIS
NOUS NOUS AFFRONTERONS DONC À COUPS DE JOURNAL
À UN PAS
WHAP!
© 1982 PAWS, INC. All Rights Reserved.

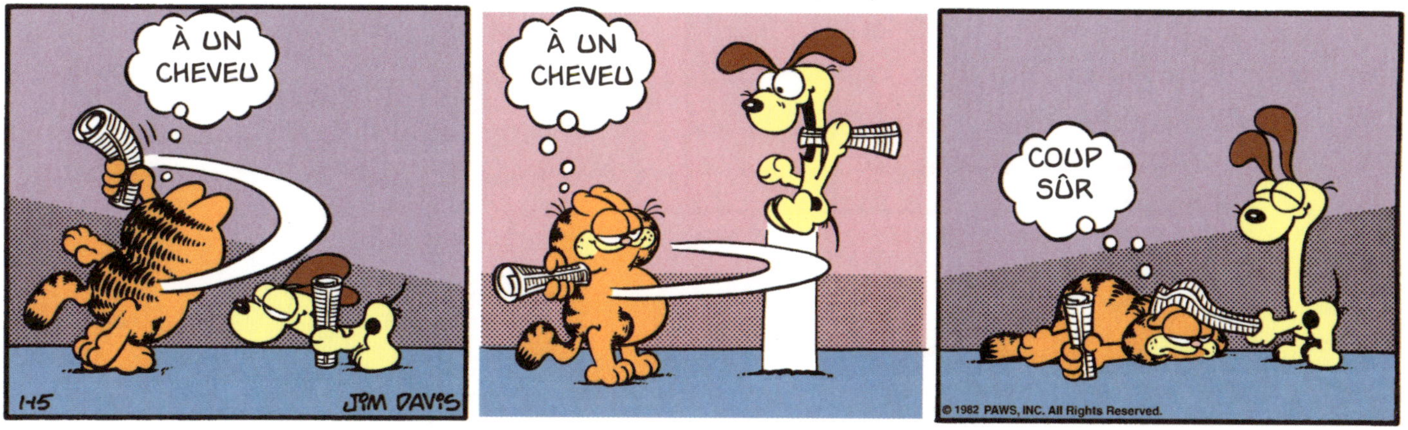
À UN CHEVEU
1-15
JIM DAVIS
À UN CHEVEU
COUP SÛR
© 1982 PAWS, INC. All Rights Reserved.

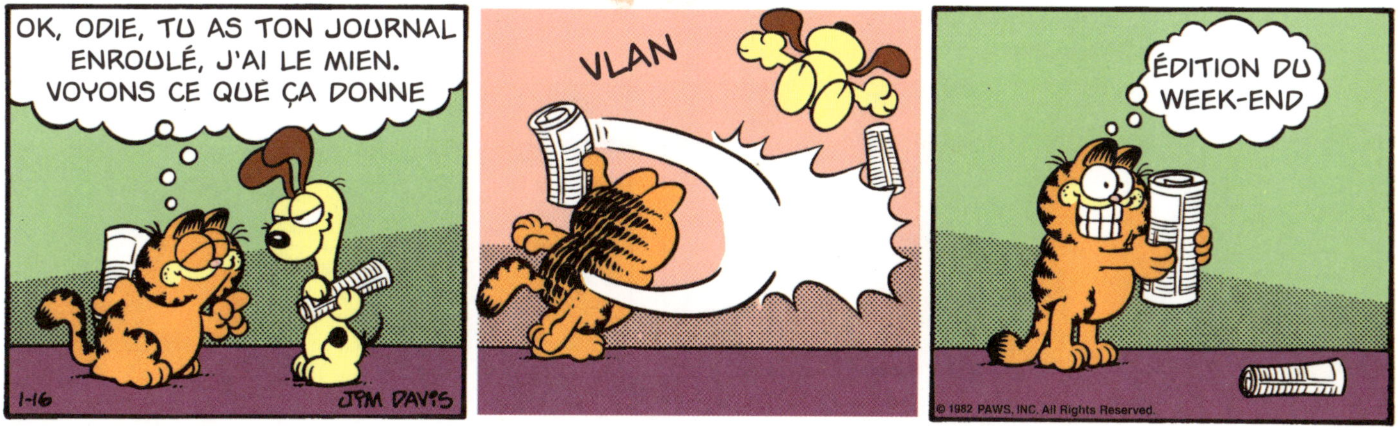
OK, ODIE, TU AS TON JOURNAL ENROULÉ, J'AI LE MIEN. VOYONS CE QUE ÇA DONNE
1-16
JIM DAVIS
VLAN
ÉDITION DU WEEK-END
© 1982 PAWS, INC. All Rights Reserved.

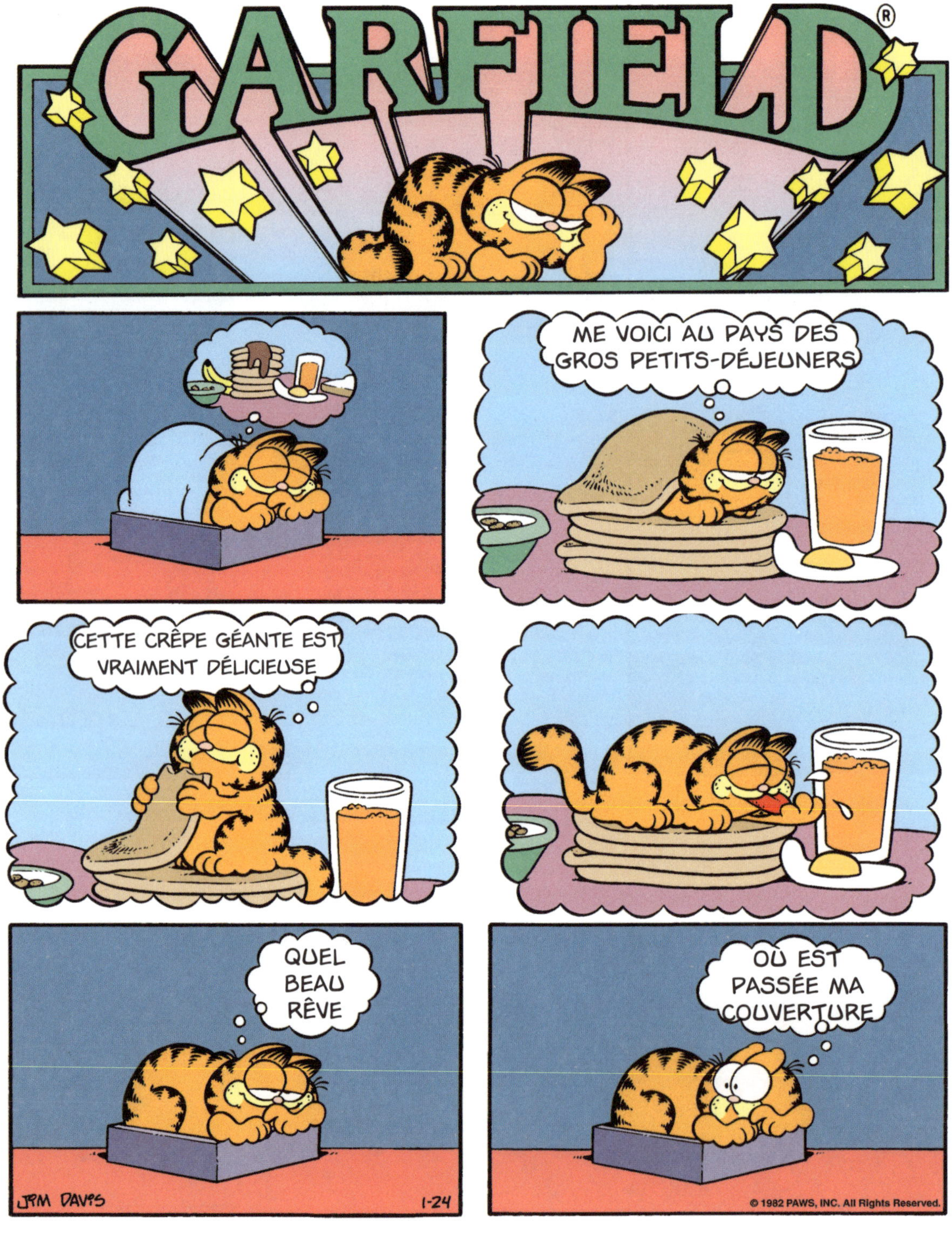
GARFIELD®
ME VOICI AU PAYS DES GROS PETITS-DÉJEUNERS
CETTE CRÊPE GÉANTE EST VRAIMENT DÉLICIEUSE
QUEL BEAU RÊVE
OÙ EST PASSÉE MA COUVERTURE
JIM DAVIS
1-24
© 1982 PAWS, INC. All Rights Reserved.

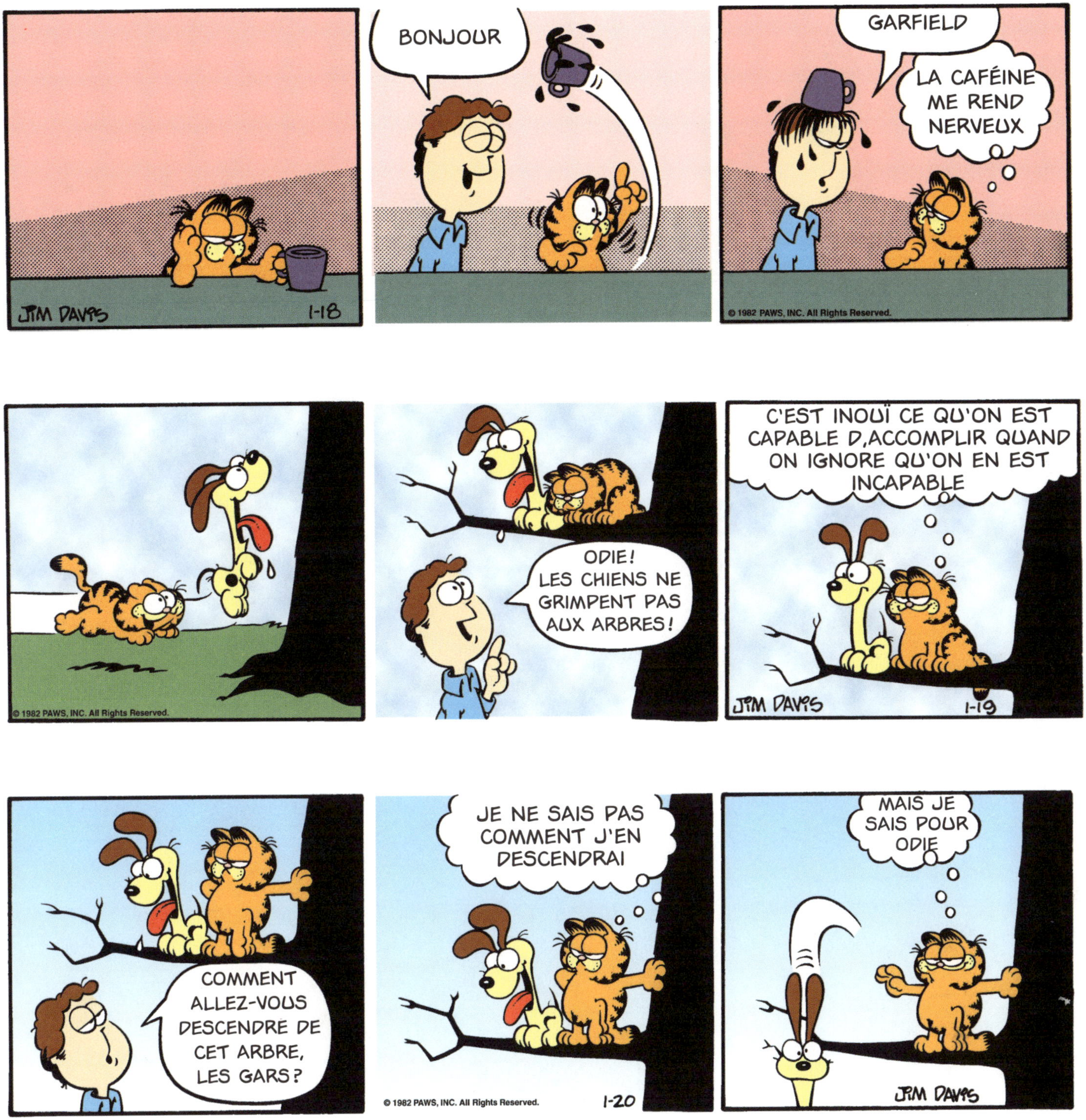
JIM DAVIS 1-18
BONJOUR
GARFIELD
LA CAFÉINE ME REND NERVEUX
© 1982 PAWS, INC. All Rights Reserved.
© 1982 PAWS, INC. All Rights Reserved.
ODIE! LES CHIENS NE GRIMPENT PAS AUX ARBRES!
C'EST INOUÏ CE QU'ON EST CAPABLE D,ACCOMPLIR QUAND ON IGNORE QU'ON EN EST INCAPABLE
JIM DAVIS 1-19
COMMENT ALLEZ-VOUS DESCENDRE DE CET ARBRE, LES GARS?
JE NE SAIS PAS COMMENT J'EN DESCENDRAI
© 1982 PAWS, INC. All Rights Reserved. 1-20
MAIS JE SAIS POUR ODIE
JIM DAVIS

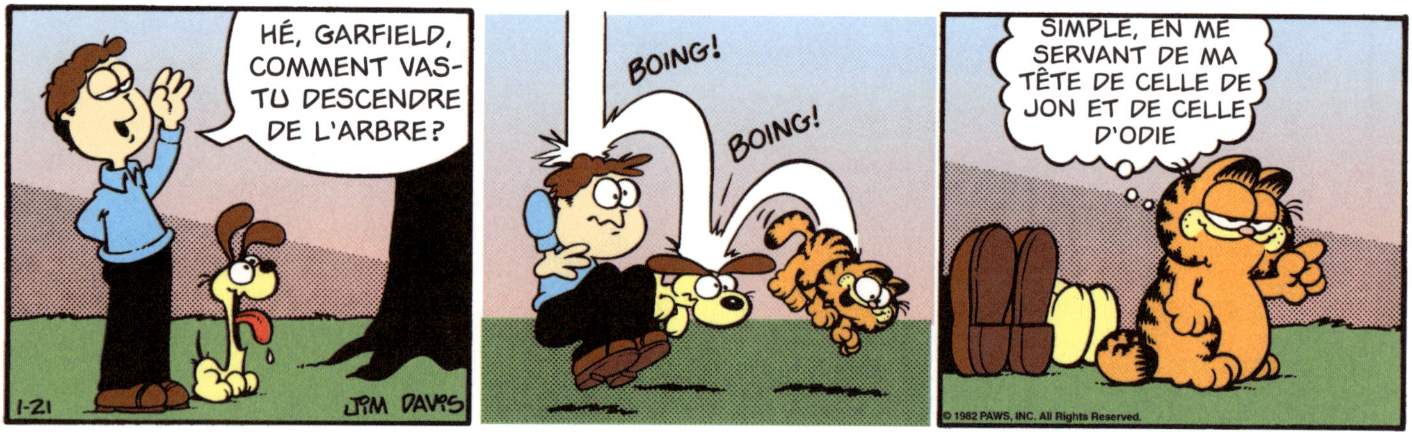
HÉ, GARFIELD, COMMENT VAS-TU DESCENDRE DE L'ARBRE?
1-21
JIM DAVIS
BOING!
BOING!
SIMPLE, EN ME SERVANT DE MA TÊTE DE CELLE DE JON ET DE CELLE D'ODIE
© 1982 PAWS, INC. All Rights Reserved.

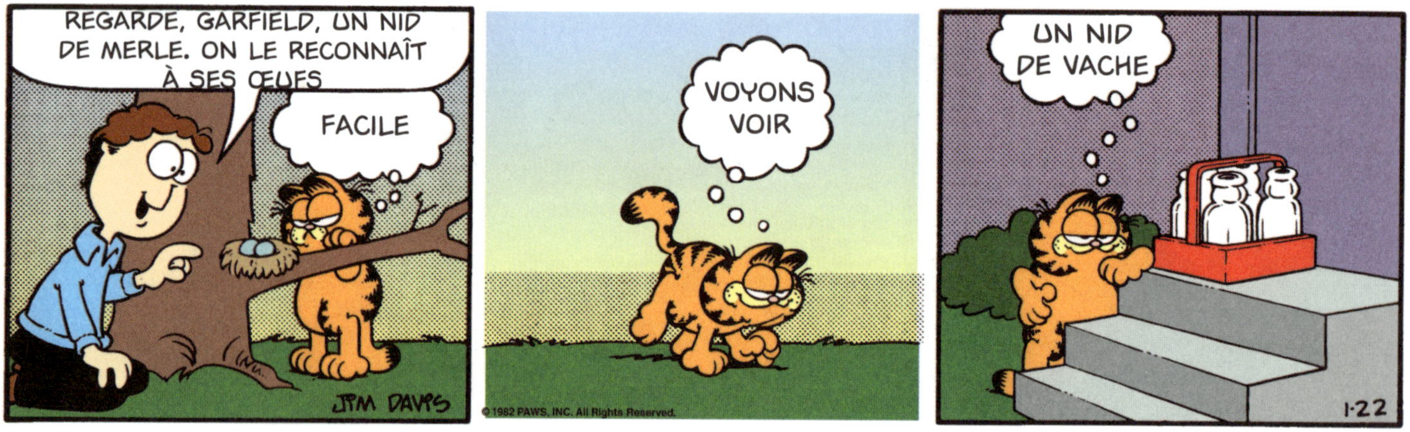
REGARDE, GARFIELD, UN NID DE MERLE. ON LE RECONNAÎT À SES ŒUFS
FACILE
JIM DAVIS
VOYONS VOIR
© 1982 PAWS, INC. All Rights Reserved.
UN NID DE VACHE
1-22

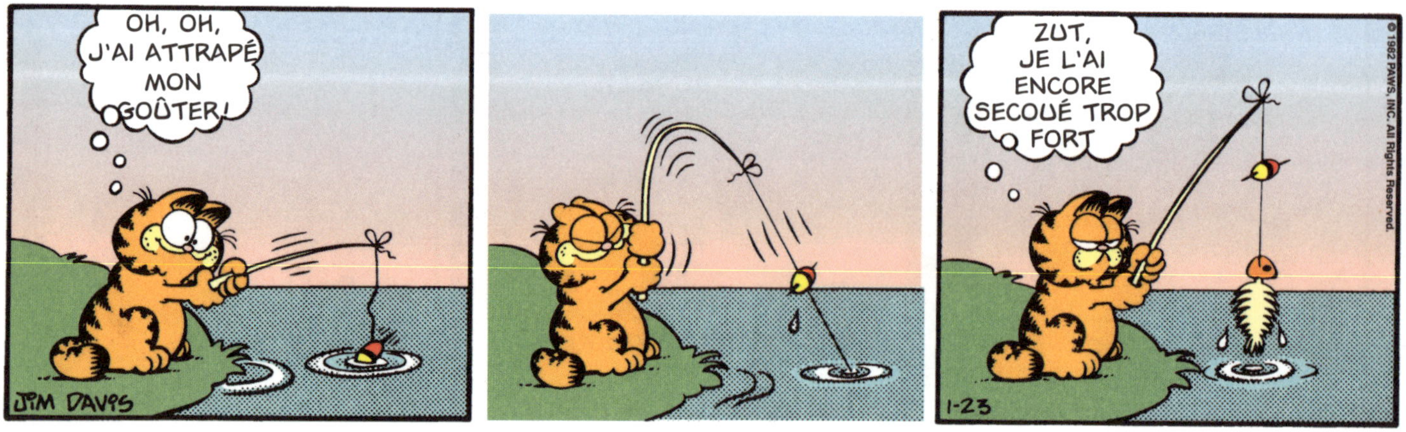
OH, OH, J'AI ATTRAPÉ MON GOÛTER!
JIM DAVIS
ZUT, JE L'AI ENCORE SECOUÉ TROP FORT
1-23
© 1982 PAWS, INC. All Rights Reserved.

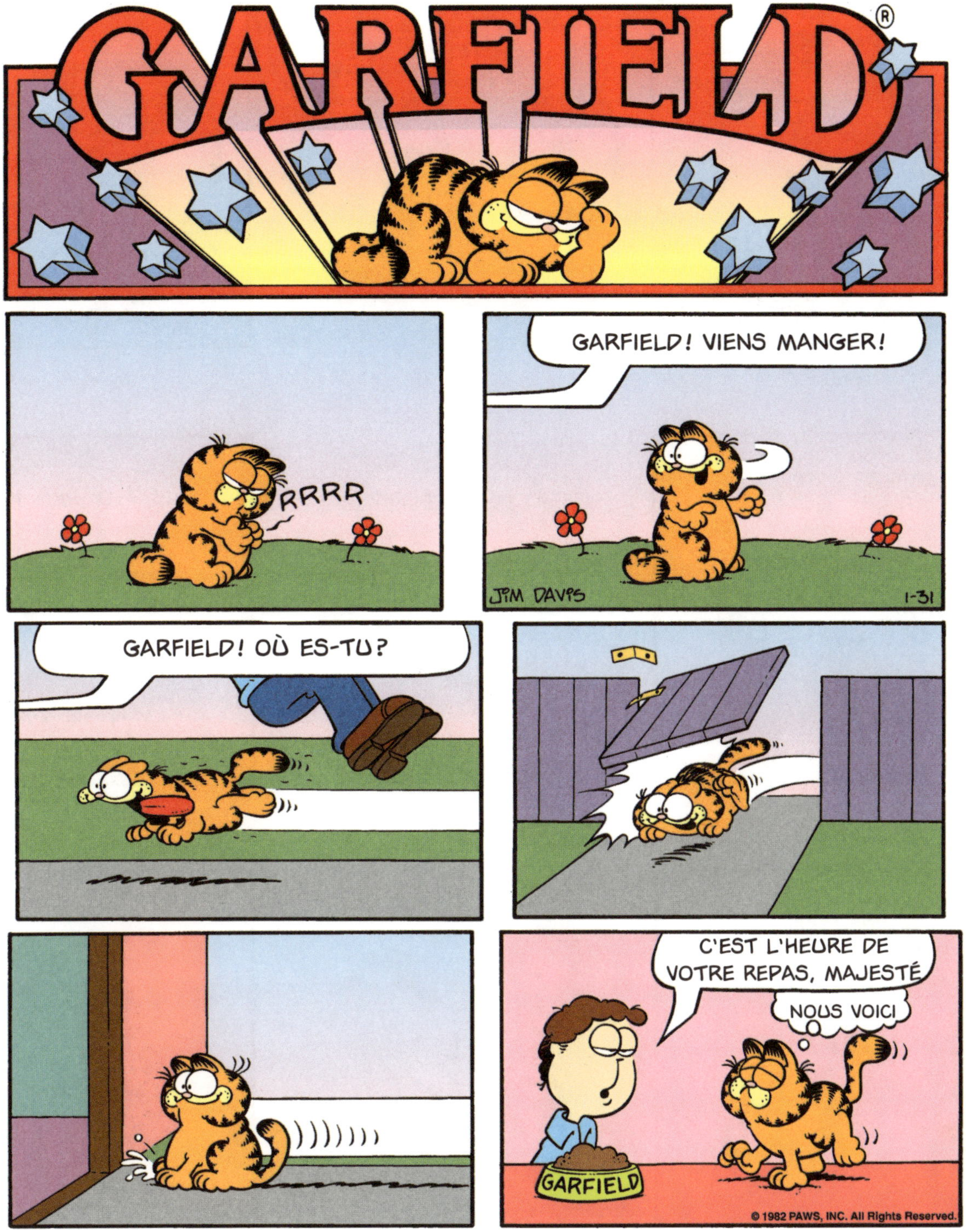
GARFIELD
RRRR
GARFIELD! VIENS MANGER!
JIM DAVIS
1-31
GARFIELD! OÙ ES-TU?
C'EST L'HEURE DE VOTRE REPAS, MAJESTÉ
NOUS VOICI
GARFIELD
© 1982 PAWS, INC. All Rights Reserved.

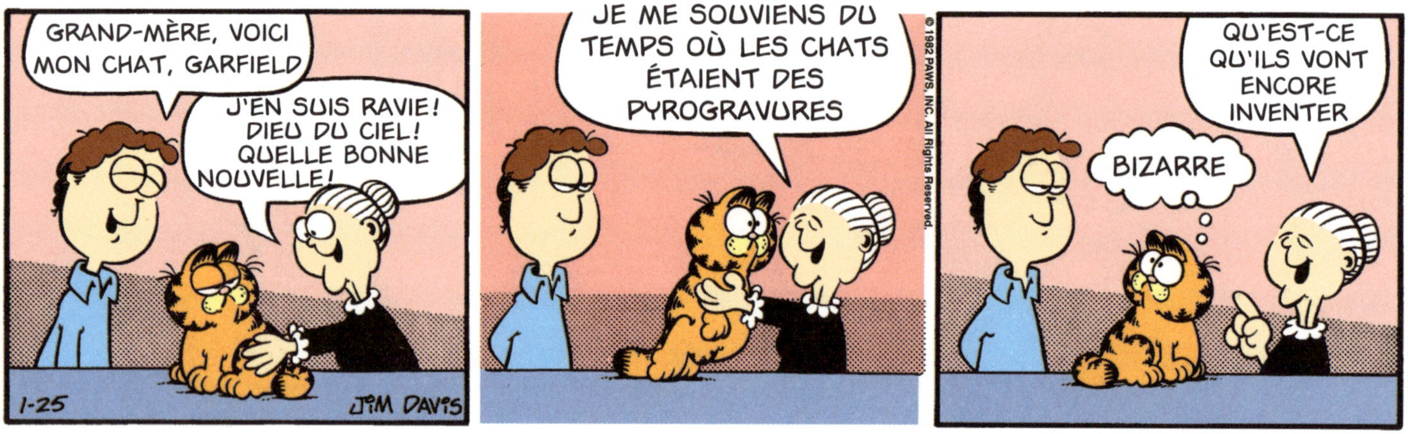
GRAND-MÈRE, VOICI MON CHAT, GARFIELD
J'EN SUIS RAVIE! DIEU DU CIEL! QUELLE BONNE NOUVELLE!
1-25
JIM DAVIS
JE ME SOUVIENS DU TEMPS OÙ LES CHATS ÉTAIENT DES PYROGRAVURES
© 1982 PAWS, INC. All Rights Reserved.
QU'EST-CE QU'ILS VONT ENCORE INVENTER
BIZARRE

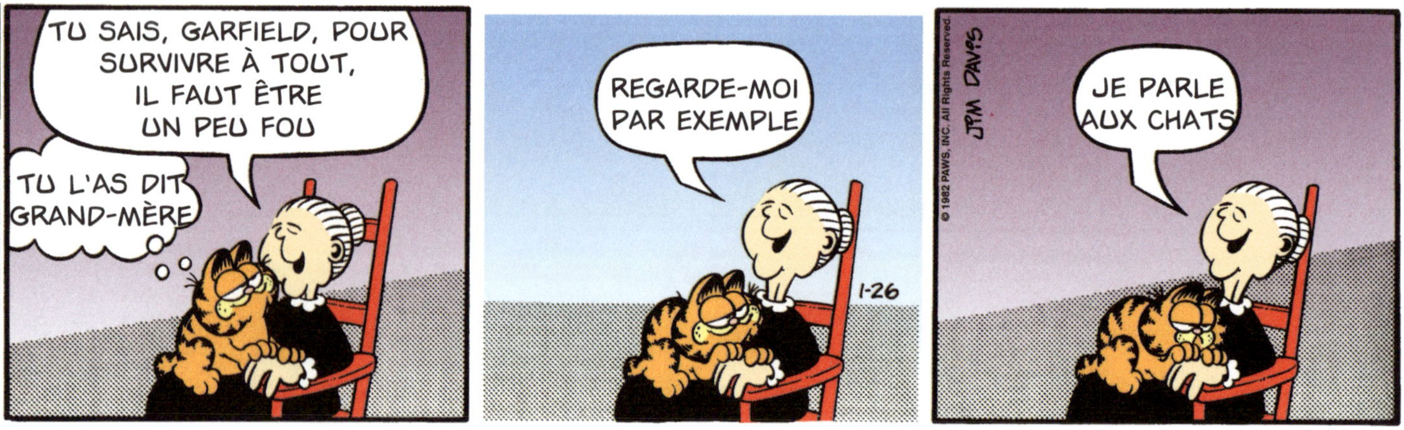
TU SAIS, GARFIELD, POUR SURVIVRE À TOUT, IL FAUT ÊTRE UN PEU FOU
TU L'AS DIT GRAND-MÈRE
REGARDE-MOI PAR EXEMPLE
1-26
© 1982 PAWS, INC. All Rights Reserved.
JIM DAVIS
JE PARLE AUX CHATS

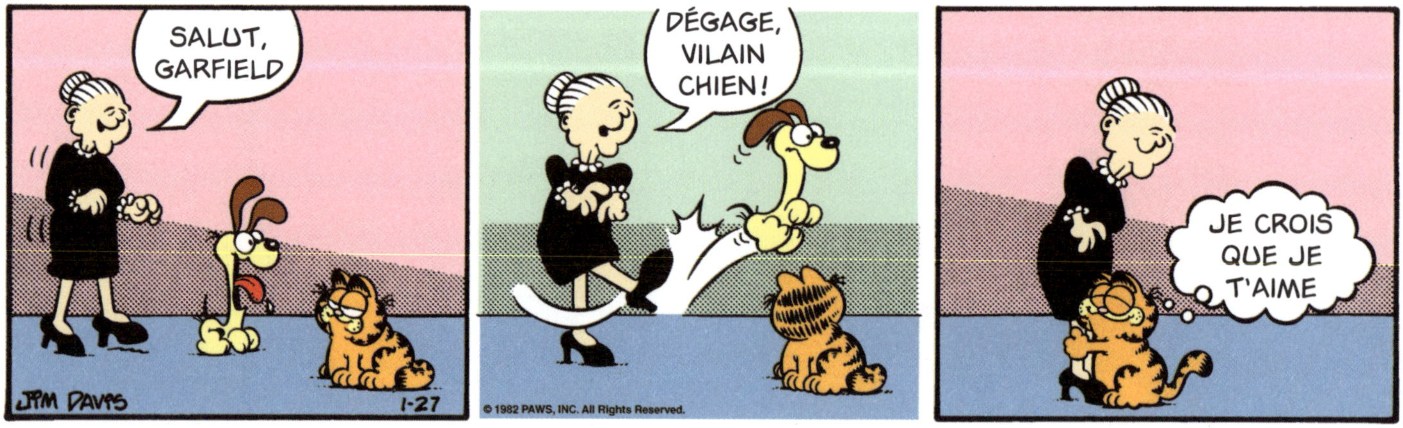
SALUT, GARFIELD
JIM DAVIS
1-27
DÉGAGE, VILAIN CHIEN!
© 1982 PAWS, INC. All Rights Reserved.
JE CROIS QUE JE T'AIME

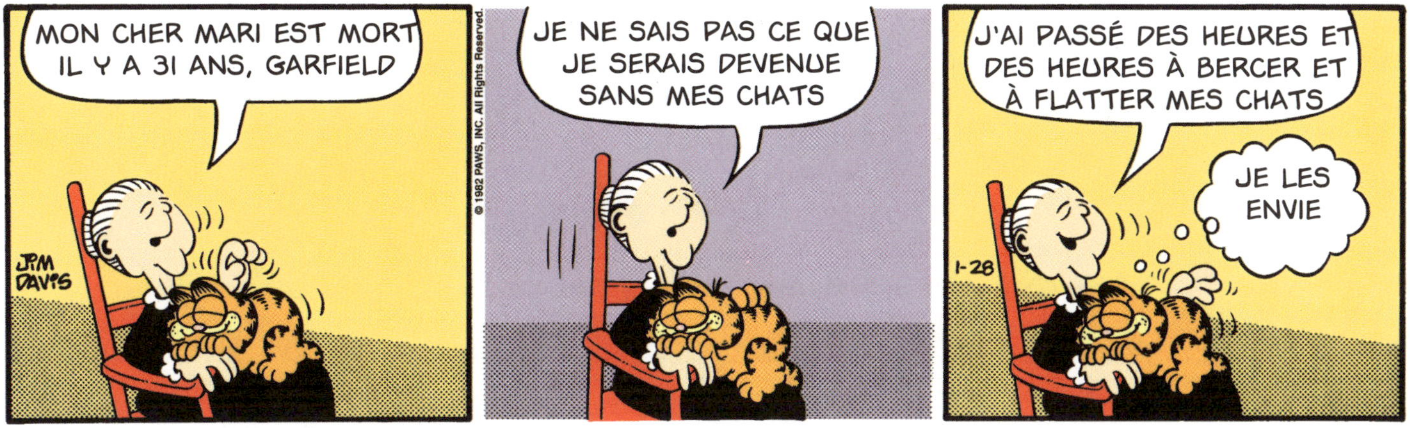
MON CHER MARI EST MORT IL Y A 31 ANS, GARFIELD
JIM DAVIS
© 1982 PAWS, INC. All Rights Reserved.
JE NE SAIS PAS CE QUE JE SERAIS DEVENUE SANS MES CHATS
J'AI PASSÉ DES HEURES ET DES HEURES À BERCER ET À FLATTER MES CHATS
JE LES ENVIE
1-28

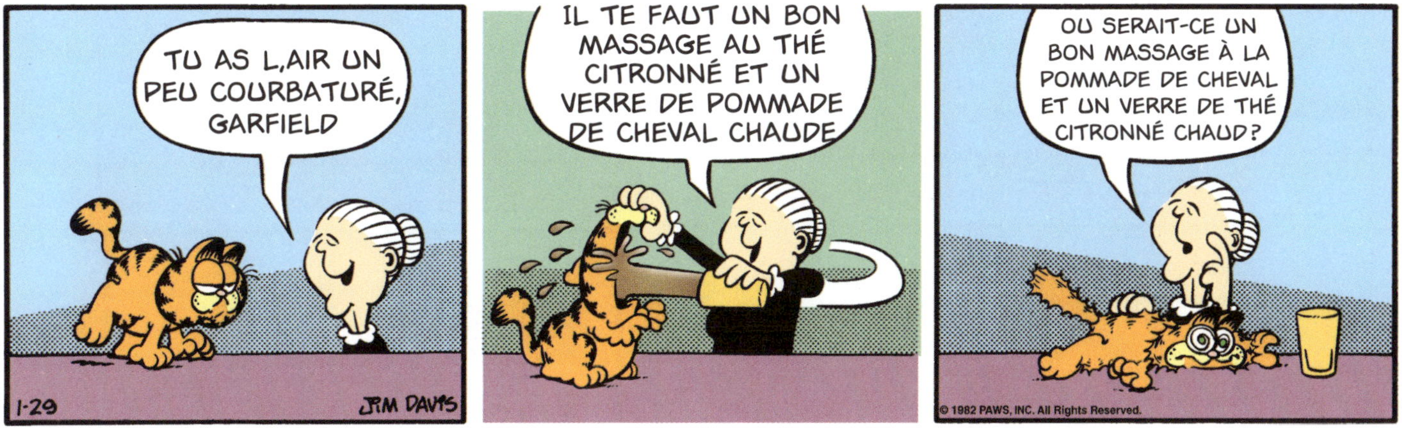
TU AS L,AIR UN PEU COURBATURÉ, GARFIELD
1-29
JIM DAVIS
IL TE FAUT UN BON MASSAGE AU THÉ CITRONNÉ ET UN VERRE DE POMMADE DE CHEVAL CHAUDE
OU SERAIT-CE UN BON MASSAGE À LA POMMADE DE CHEVAL ET UN VERRE DE THÉ CITRONNÉ CHAUD?
© 1982 PAWS, INC. All Rights Reserved.

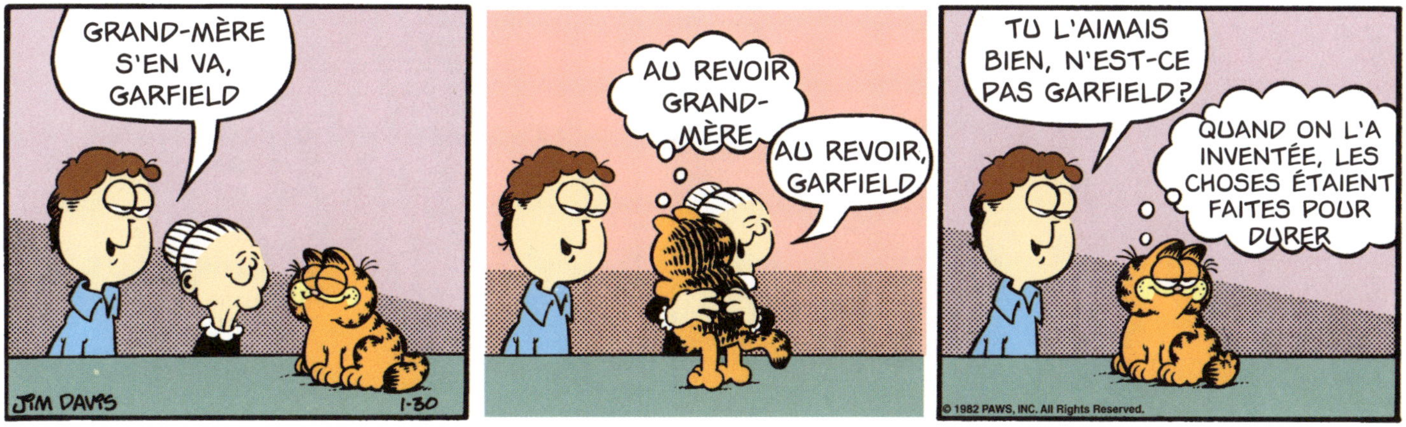
GRAND-MÈRE S'EN VA, GARFIELD
JIM DAVIS
1-30
AU REVOIR GRAND-MÈRE
AU REVOIR, GARFIELD
TU L'AIMAIS BIEN, N'EST-CE PAS GARFIELD?
QUAND ON L'A INVENTÉE, LES CHOSES ÉTAIENT FAITES POUR DURER
© 1982 PAWS, INC. All Rights Reserved.

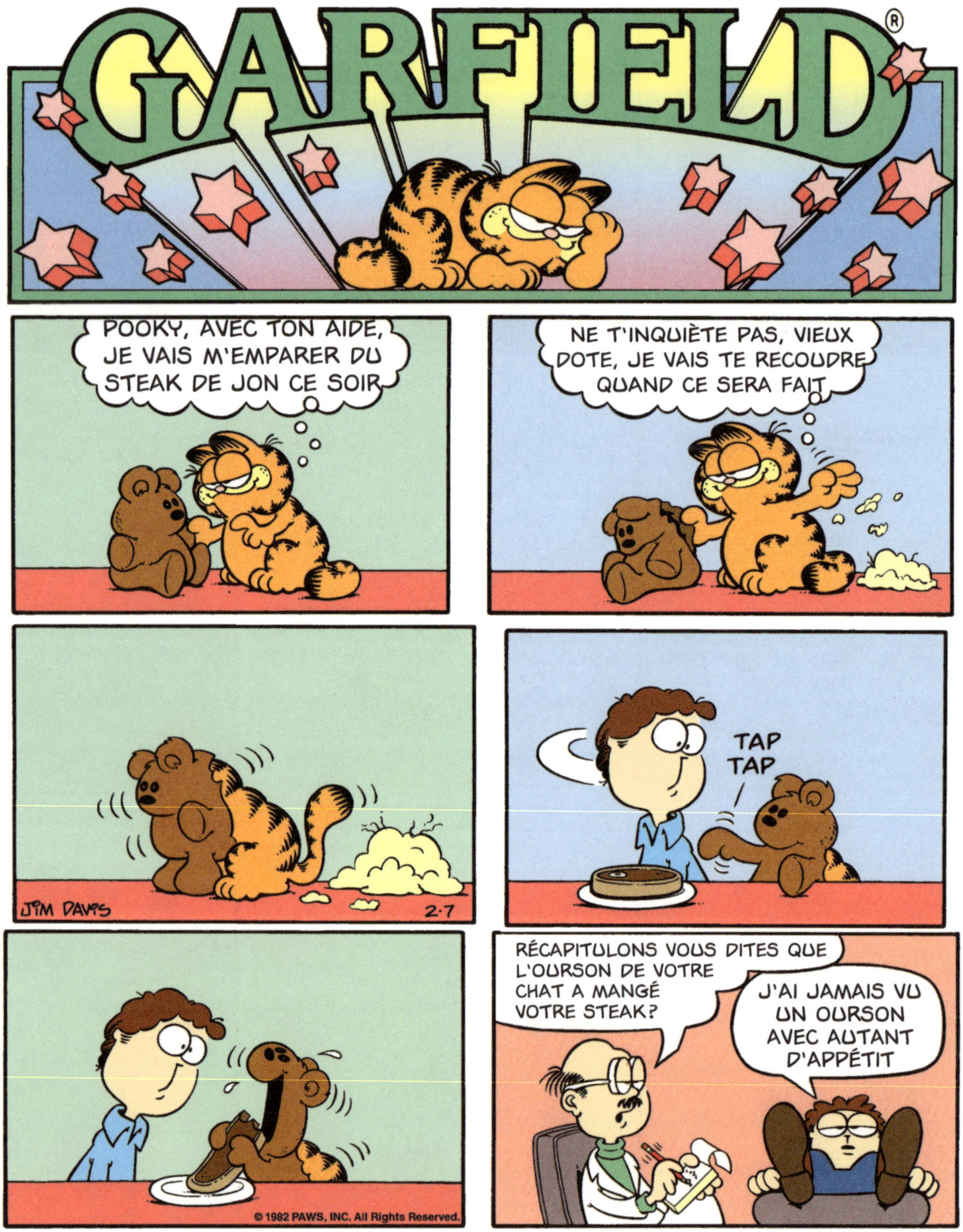
GARFIELD®
POOKY, AVEC TON AIDE, JE VAIS M'EMPARER DU STEAK DE JON CE SOIR
NE T'INQUIÈTE PAS, VIEUX DOTE, JE VAIS TE RECOUDRE QUAND CE SERA FAIT
JIM DAVIS
2·7
TAP TAP
© 1982 PAWS, INC. All Rights Reserved.
RÉCAPITULONS VOUS DITES QUE L'OURSON DE VOTRE CHAT A MANGÉ VOTRE STEAK?
J'AI JAMAIS VU UN OURSON AVEC AUTANT D'APPÉTIT

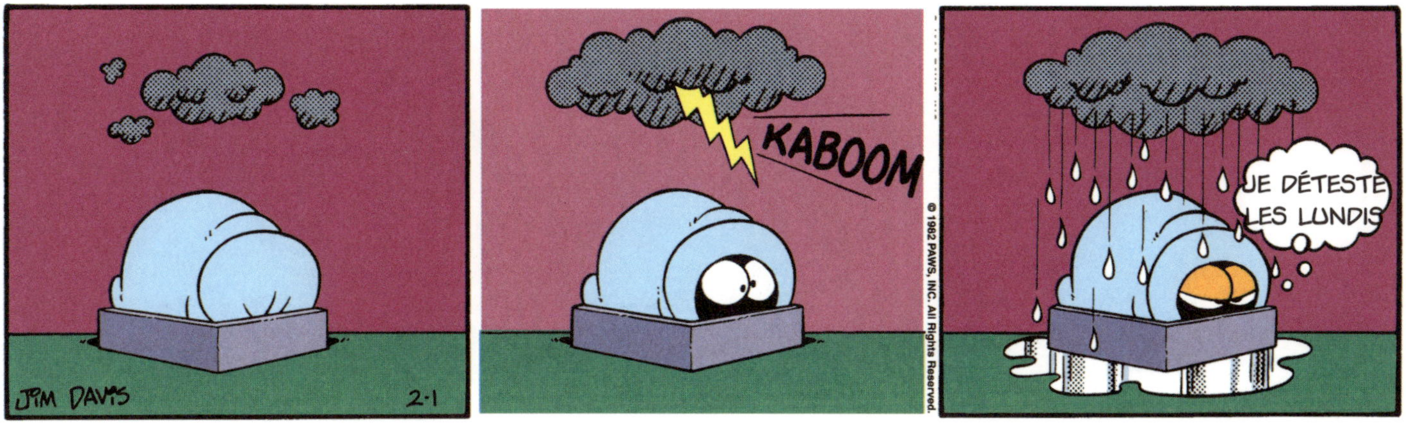
JIM DAVIS
2-1
KABOOM
© 1982 PAWS, INC. All Rights Reserved.
JE DÉTESTE LES LUNDIS

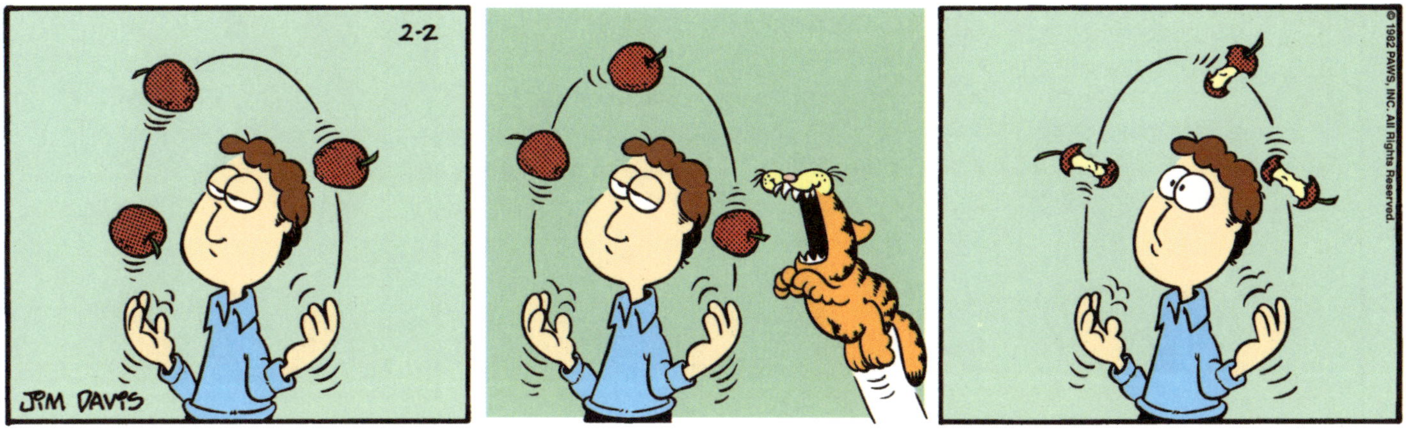
2-2
JIM DAVIS
© 1982 PAWS, INC. All Rights Reserved.

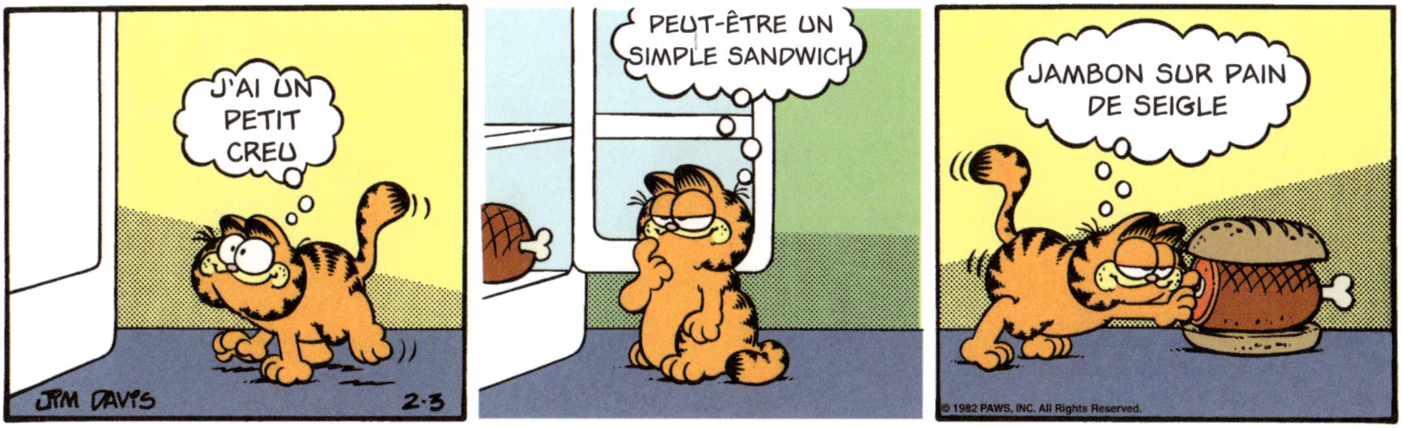
J'AI UN PETIT CREU
JIM DAVIS
2-3
PEUT-ÊTRE UN SIMPLE SANDWICH
JAMBON SUR PAIN DE SEIGLE
© 1982 PAWS, INC. All Rights Reserved.

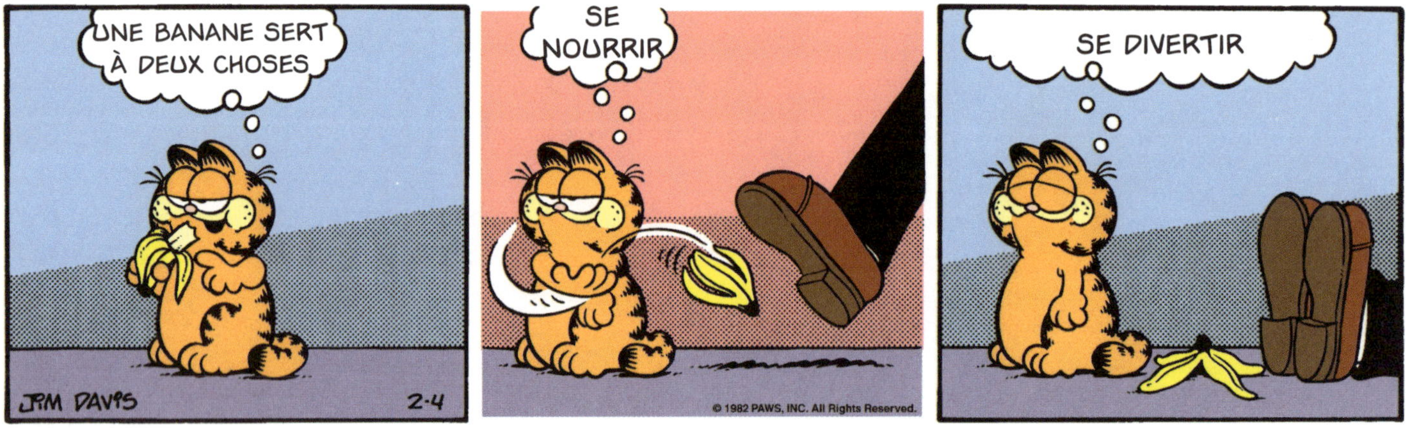
UNE BANANE SERT À DEUX CHOSES
JIM DAVIS
2-4
SE NOURRIR
© 1982 PAWS, INC. All Rights Reserved.
SE DIVERTIR

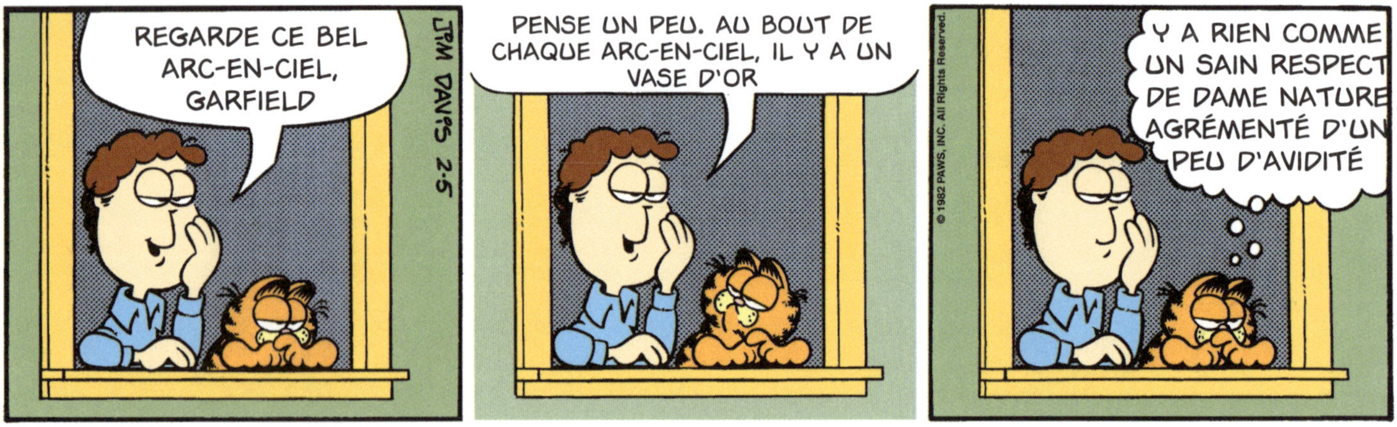
REGARDE CE BEL ARC-EN-CIEL, GARFIELD
JIM DAVIS 2-5
PENSE UN PEU. AU BOUT DE CHAQUE ARC-EN-CIEL, IL Y A UN VASE D'OR
© 1982 PAWS, INC. All Rights Reserved.
Y A RIEN COMME UN SAIN RESPECT DE DAME NATURE AGRÉMENTÉ D'UN PEU D'AVIDITÉ

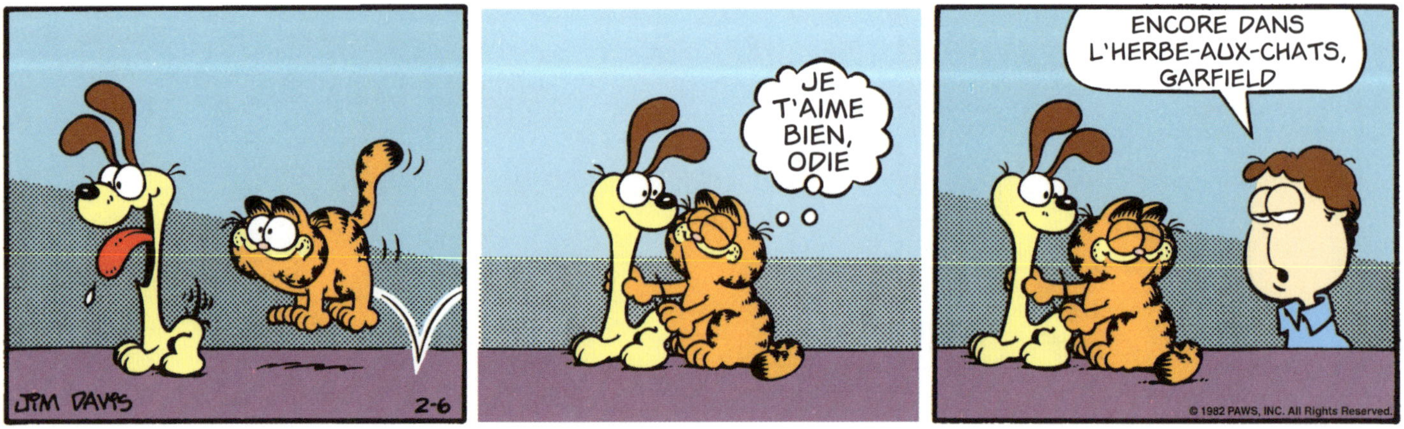
JIM DAVIS
2-6
JE T'AIME BIEN, ODIE
ENCORE DANS L'HERBE-AUX-CHATS, GARFIELD
© 1982 PAWS, INC. All Rights Reserved.

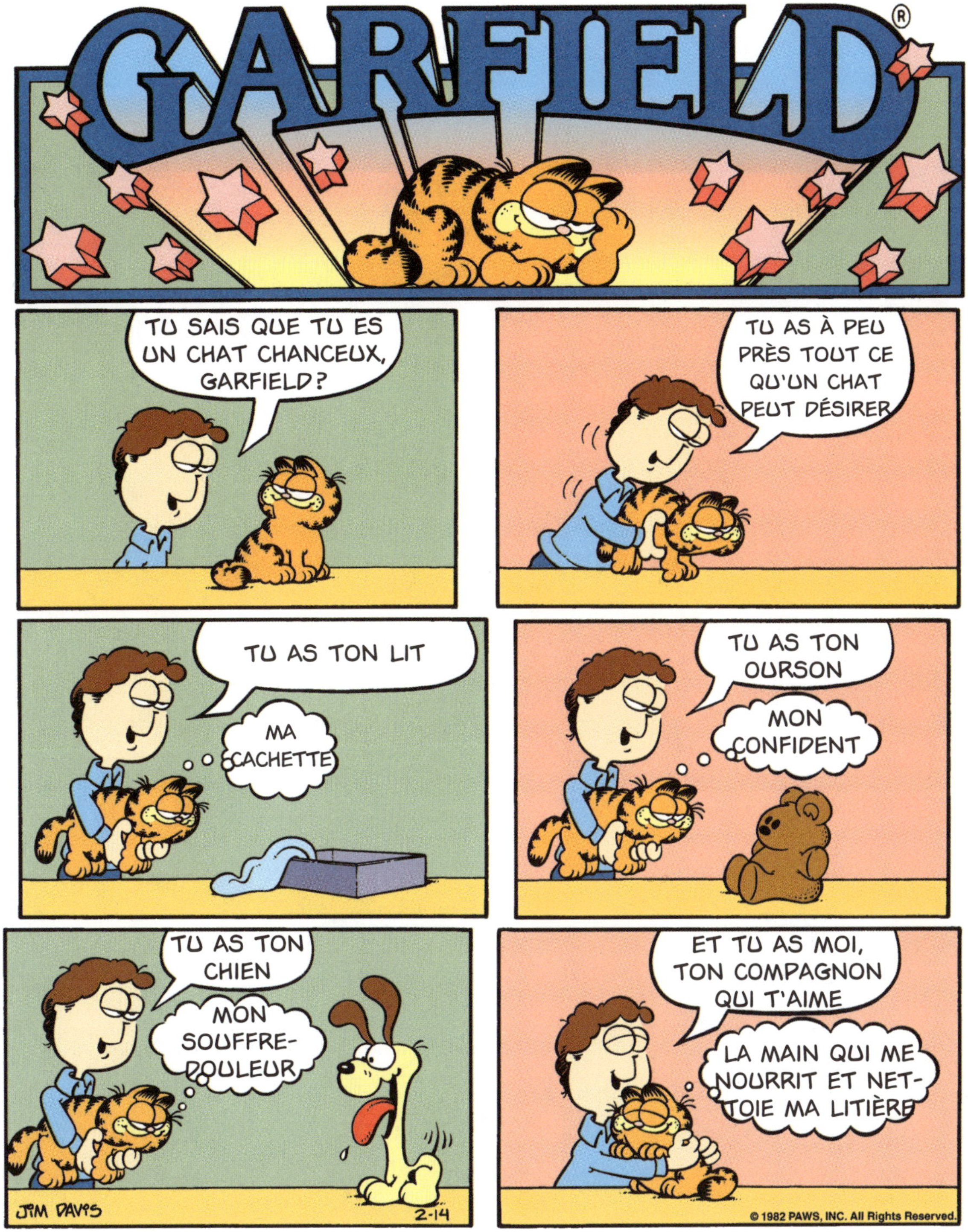

GARFIELD®
TU SAIS QUE TU ES UN CHAT CHANCEUX, GARFIELD?
TU AS À PEU PRÈS TOUT CE QU'UN CHAT PEUT DÉSIRER
TU AS TON LIT
MA CACHETTE
TU AS TON OURSON
MON CONFIDENT
TU AS TON CHIEN
MON SOUFFRE-DOULEUR
ET TU AS MOI, TON COMPAGNON QUI T'AIME
LA MAIN QUI ME NOURRIT ET NETTOIE MA LITIÈRE
JIM DAVIS
2-14

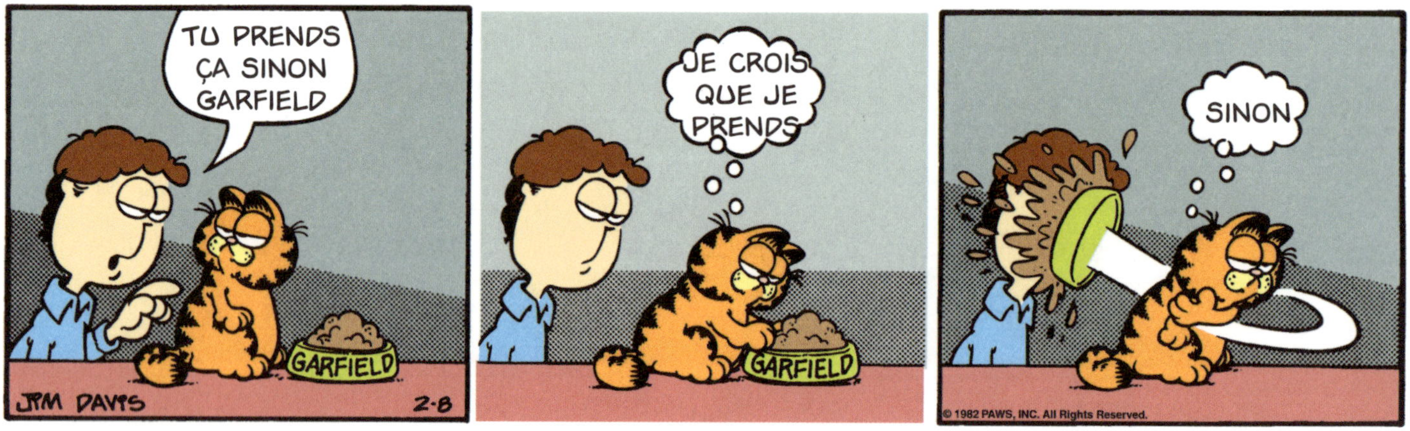
TU PRENDS ÇA SINON GARFIELD
JIM DAVIS
GARFIELD
2-8
JE CROIS QUE JE PRENDS
GARFIELD
SINON
© 1982 PAWS, INC. All Rights Reserved.

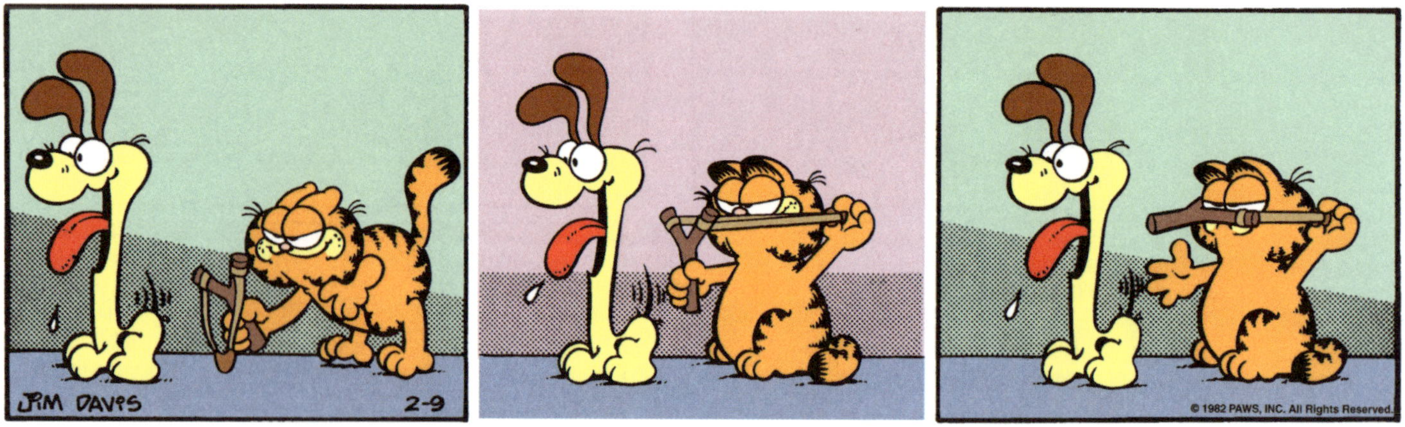
JIM DAVIS
2-9
© 1982 PAWS, INC. All Rights Reserved.

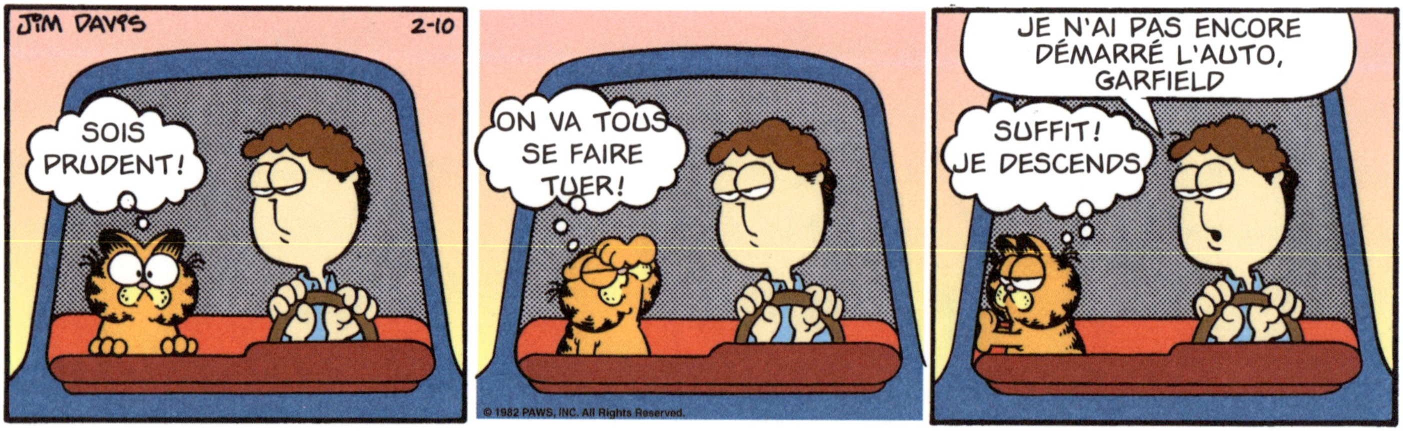
JIM DAVIS
2-10
SOIS PRUDENT!
ON VA TOUS SE FAIRE TUER!
© 1982 PAWS, INC. All Rights Reserved.
JE N'AI PAS ENCORE DÉMARRÉ L'AUTO, GARFIELD
SUFFIT! JE DESCENDS

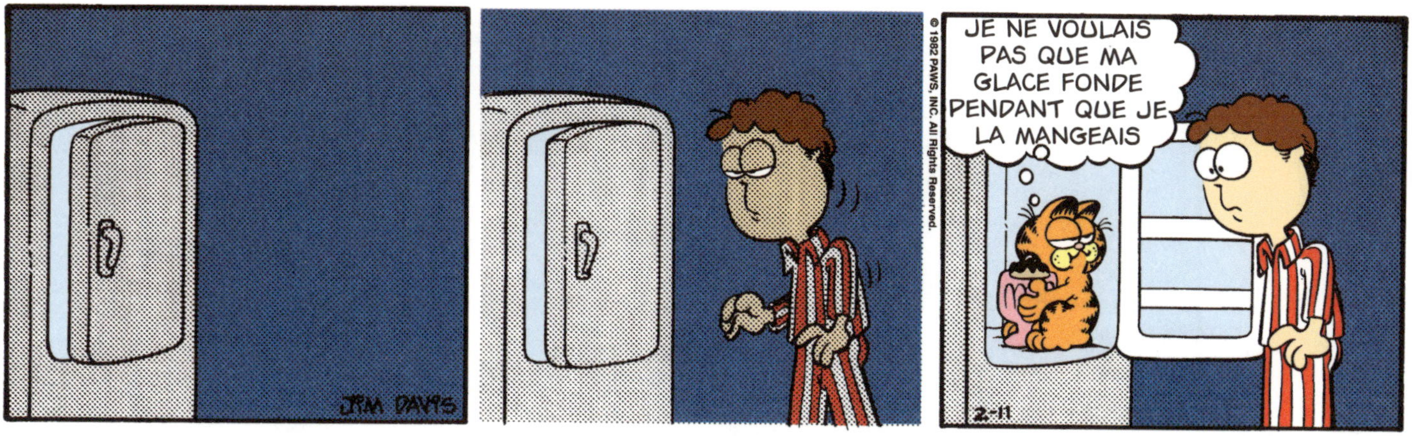
JIM DAVIS
© 1982 PAWS, INC. All Rights Reserved.
JE NE VOULAIS PAS QUE MA GLACE FONDE PENDANT QUE JE LA MANGEAIS
2-11

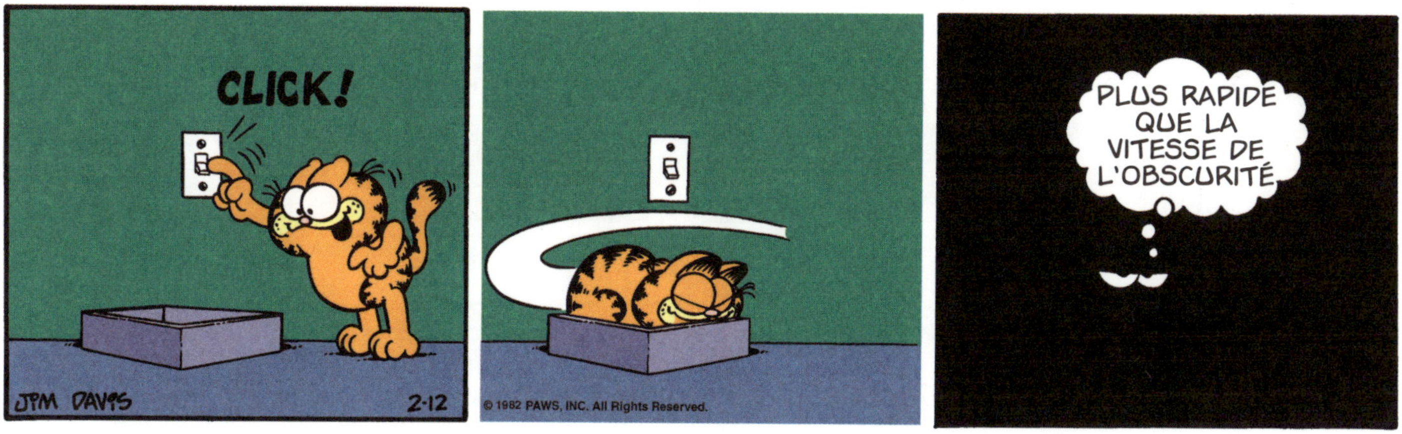
CLICK!
JIM DAVIS
2-12
© 1982 PAWS, INC. All Rights Reserved.
PLUS RAPIDE QUE LA VITESSE DE L'OBSCURITÉ

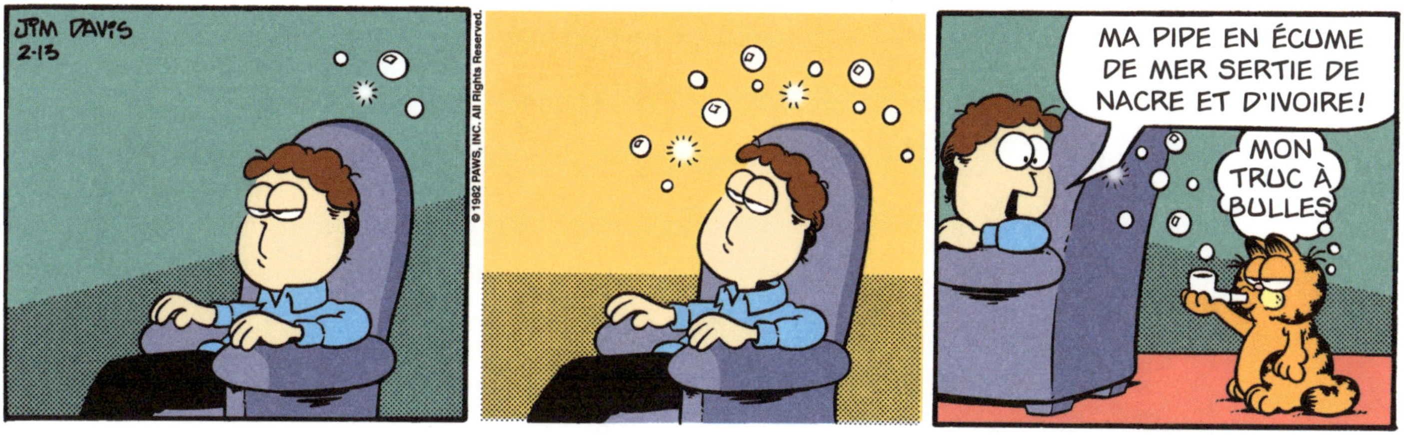
JIM DAVIS
2-13
© 1982 PAWS, INC. All Rights Reserved.
MA PIPE EN ÉCUME DE MER SERTIE DE NACRE ET D'IVOIRE!
MON TRUC À BULLES

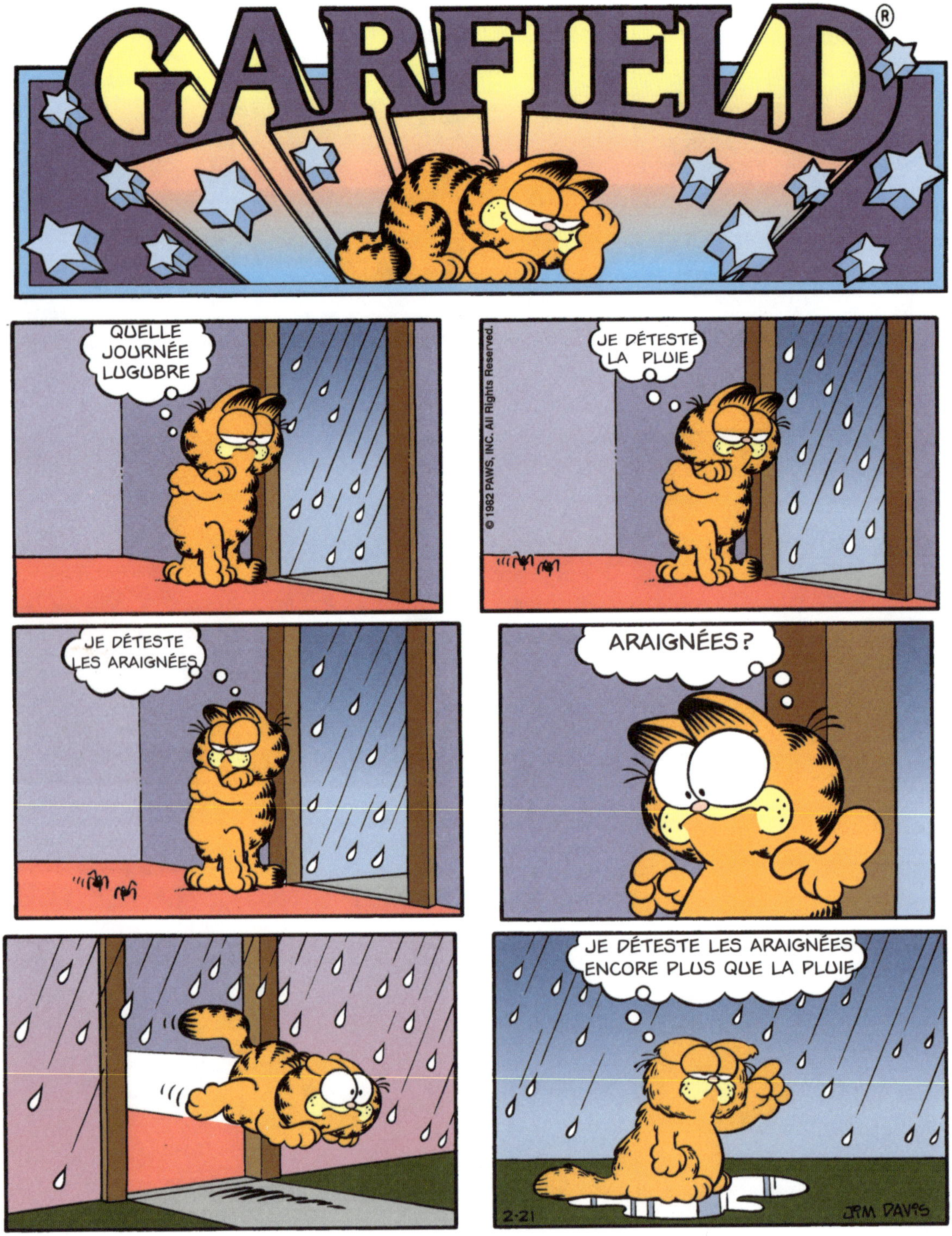
GARFIELD®
QUELLE JOURNÉE LUGUBRE
JE DÉTESTE LA PLUIE
© 1982 PAWS, INC. All Rights Reserved.
JE DÉTESTE LES ARAIGNÉES
ARAIGNÉES ?
JE DÉTESTE LES ARAIGNÉES ENCORE PLUS QUE LA PLUIE
2-21
JIM DAVIS

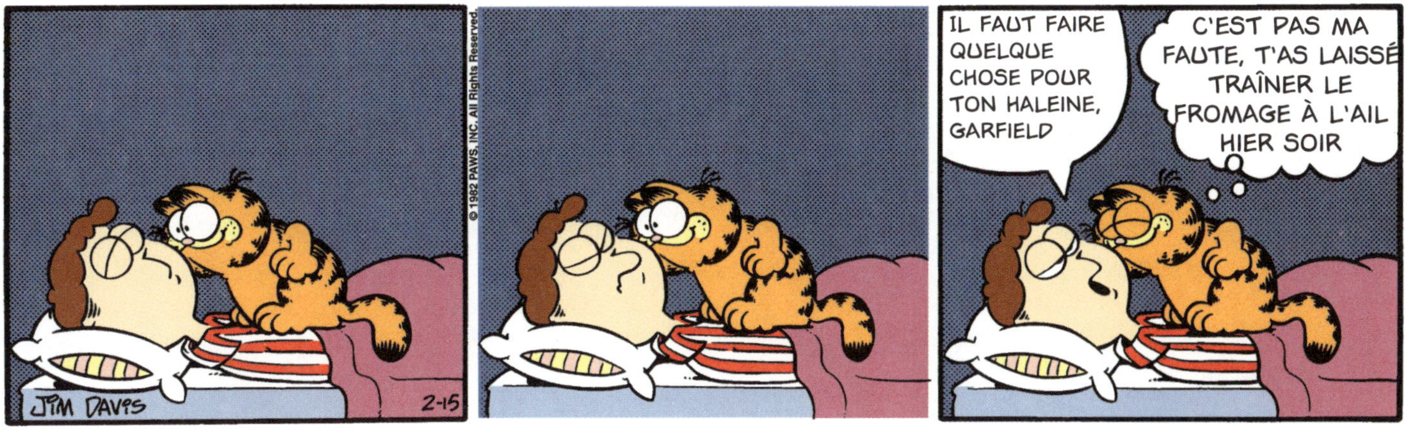
© 1982 PAWS, INC. All Rights Reserved.
IL FAUT FAIRE QUELQUE CHOSE POUR TON HALEINE, GARFIELD
C'EST PAS MA FAUTE, T'AS LAISSÉ TRAÎNER LE FROMAGE À L'AIL HIER SOIR
JIM DAVIS
2-15

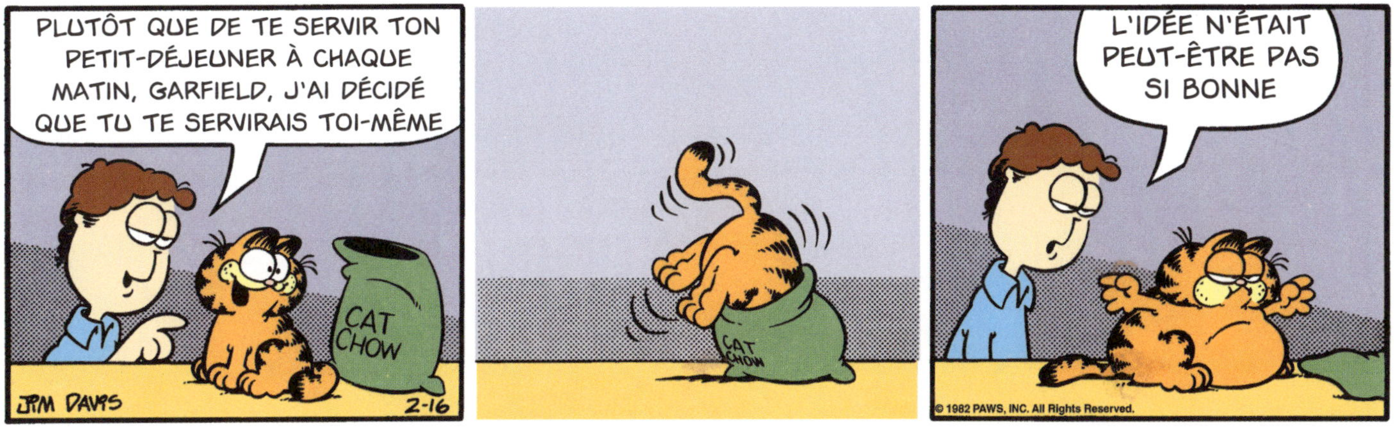
PLUTÔT QUE DE TE SERVIR TON PETIT-DÉJEUNER À CHAQUE MATIN, GARFIELD, J'AI DÉCIDÉ QUE TU TE SERVIRAIS TOI-MÊME
CAT CHOW
JIM DAVIS
2-16
CAT CHOW
L'IDÉE N'ÉTAIT PEUT-ÊTRE PAS SI BONNE
© 1982 PAWS, INC. All Rights Reserved.

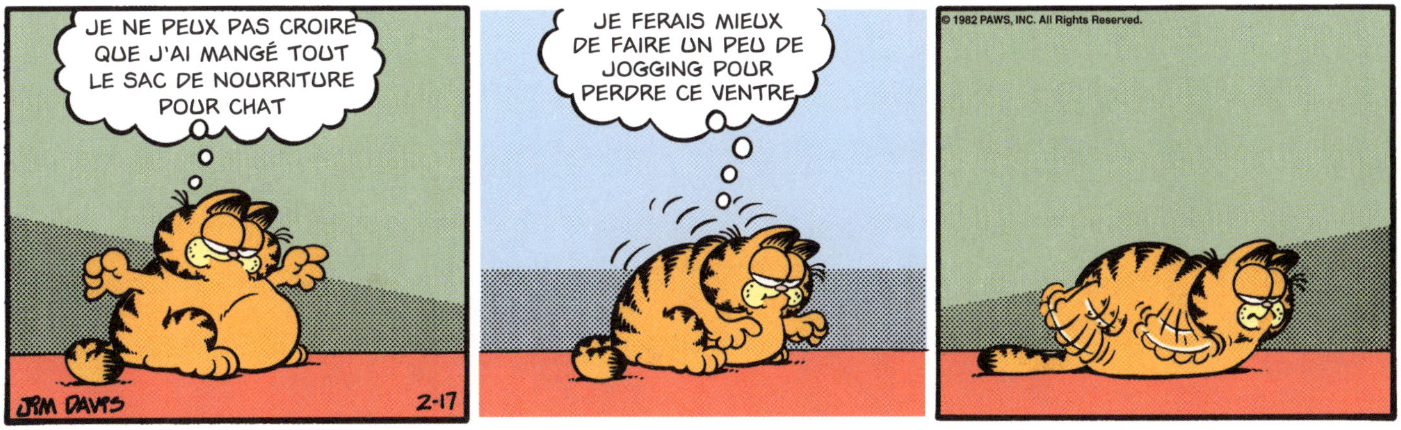
JE NE PEUX PAS CROIRE QUE J'AI MANGÉ TOUT LE SAC DE NOURRITURE POUR CHAT
JIM DAVIS
2-17
JE FERAIS MIEUX DE FAIRE UN PEU DE JOGGING POUR PERDRE CE VENTRE
© 1982 PAWS, INC. All Rights Reserved.

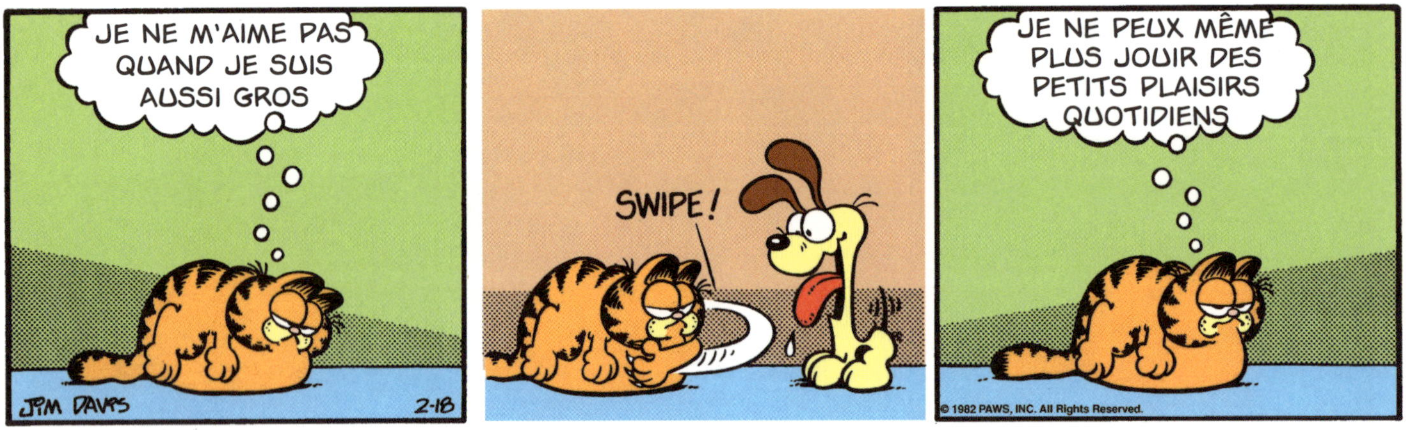
JE NE M'AIME PAS QUAND JE SUIS AUSSI GROS
JIM DAVIS
2-18
SWIPE!
JE NE PEUX MÊME PLUS JOUIR DES PETITS PLAISIRS QUOTIDIENS
© 1982 PAWS, INC. All Rights Reserved.

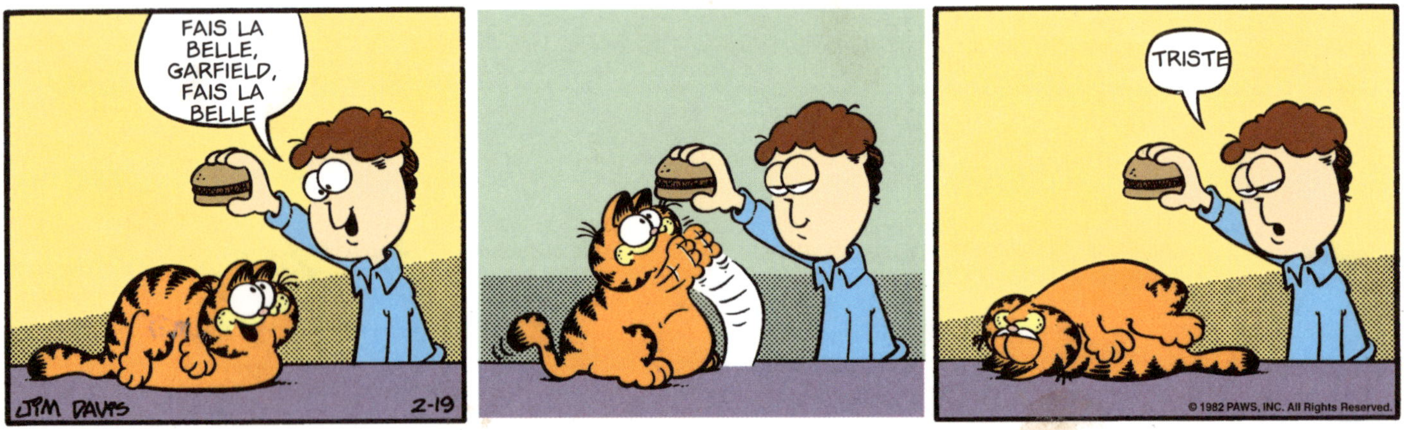
FAIS LA BELLE, GARFIELD, FAIS LA BELLE
JIM DAVIS
2-19
TRISTE
© 1982 PAWS, INC. All Rights Reserved.

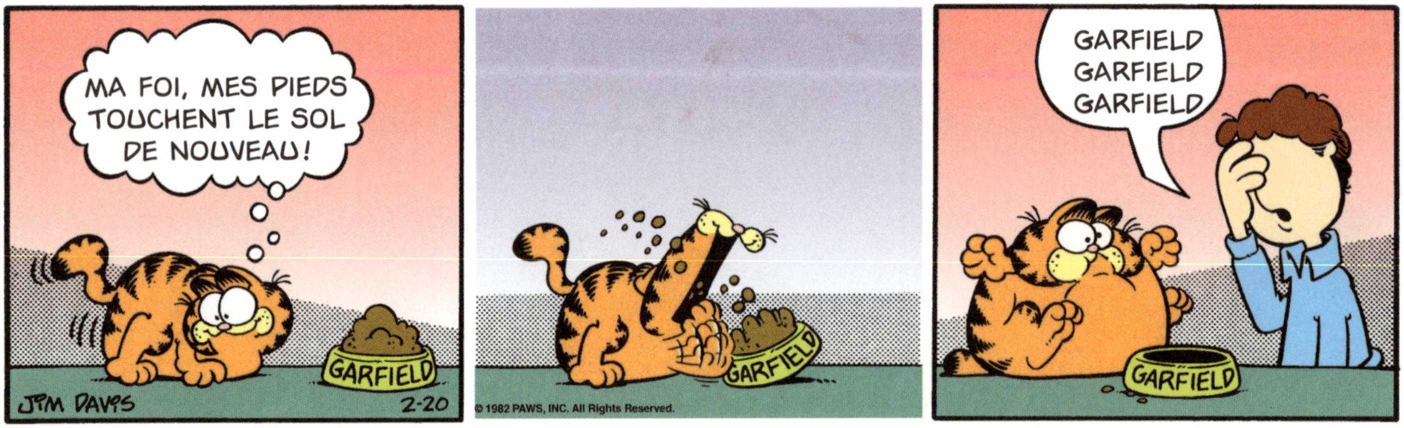
MA FOI, MES PIEDS TOUCHENT LE SOL DE NOUVEAU!
GARFIELD
JIM DAVIS
2-20
© 1982 PAWS, INC. All Rights Reserved.
GARFIELD
GARFIELD GARFIELD GARFIELD
GARFIELD

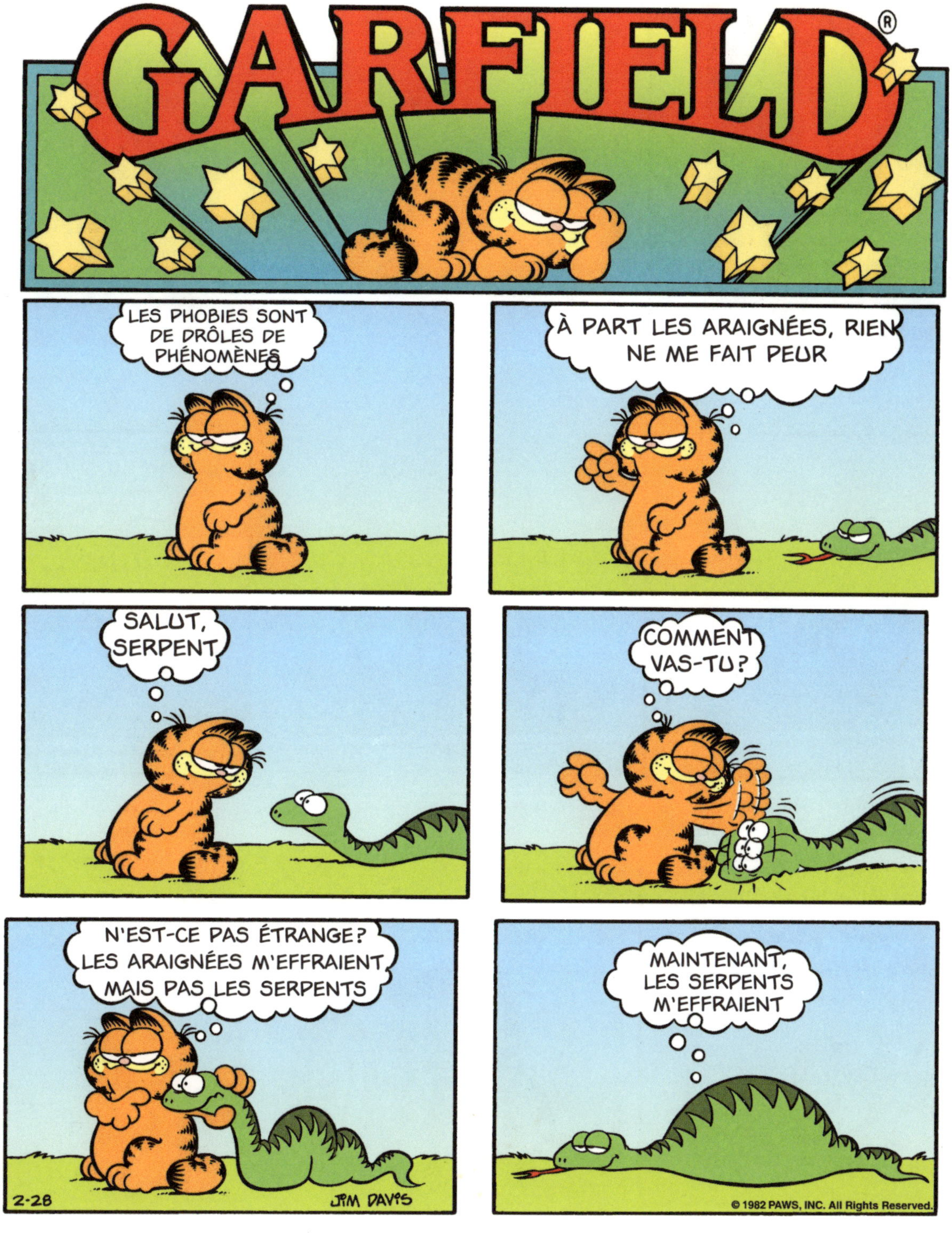
GARFIELD®
LES PHOBIES SONT DE DRÔLES DE PHÉNOMÈNES
À PART LES ARAIGNÉES, RIEN NE ME FAIT PEUR
SALUT, SERPENT
COMMENT VAS-TU?
N'EST-CE PAS ÉTRANGE? LES ARAIGNÉES M'EFFRAIENT MAIS PAS LES SERPENTS
MAINTENANT, LES SERPENTS M'EFFRAIENT
2-28
JIM DAVIS
© 1982 PAWS, INC. All Rights Reserved.

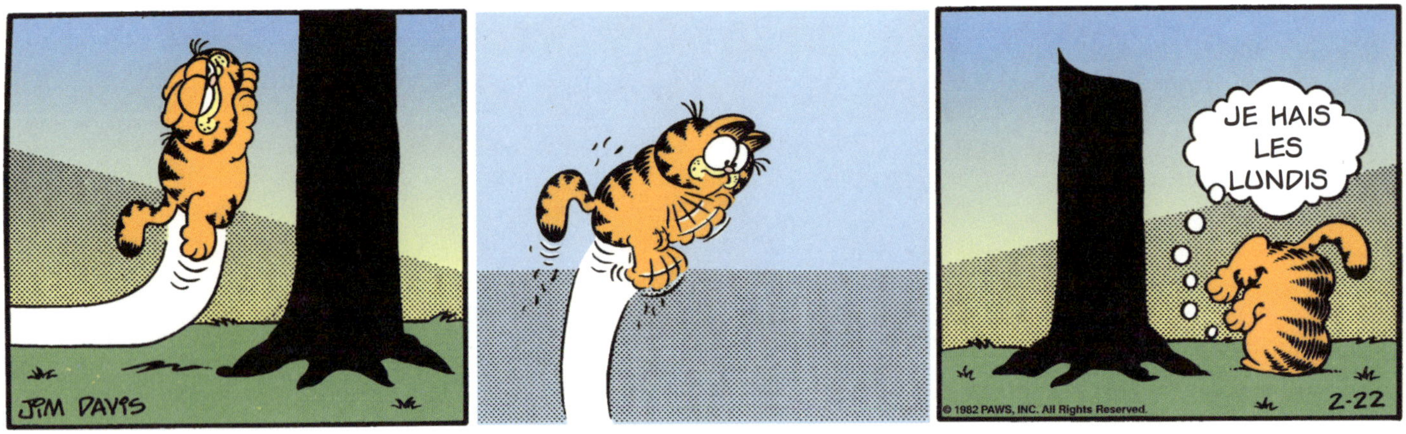
JIM DAVIS
JE HAIS LES LUNDIS
© 1982 PAWS, INC. All Rights Reserved.
2-22

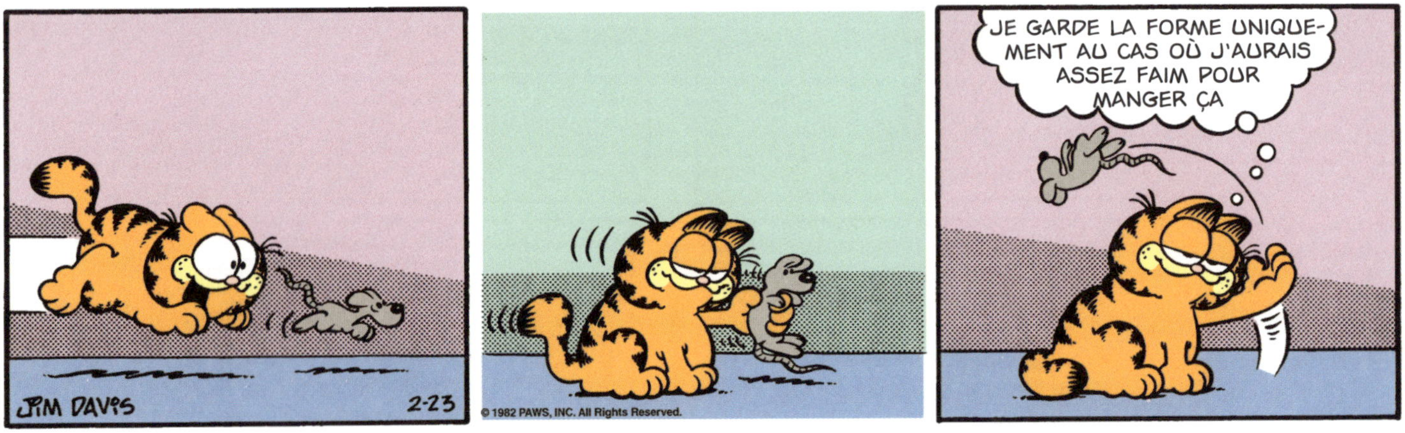
JIM DAVIS
2-23
© 1982 PAWS, INC. All Rights Reserved.
JE GARDE LA FORME UNIQUEMENT AU CAS OÙ J'AURAIS ASSEZ FAIM POUR MANGER ÇA

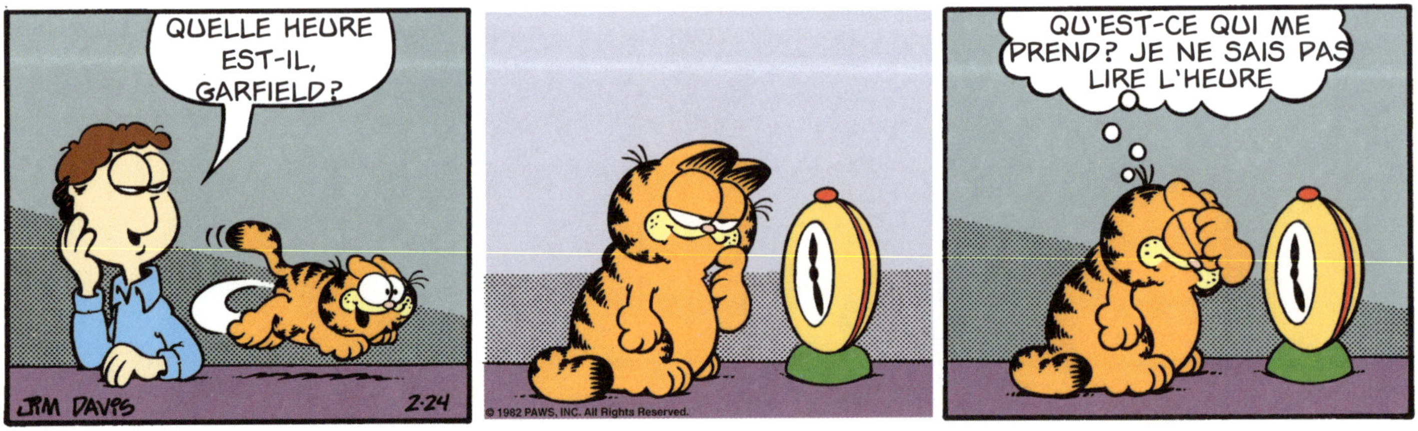
QUELLE HEURE EST-IL, GARFIELD?
JIM DAVIS
2-24
© 1982 PAWS, INC. All Rights Reserved.
QU'EST-CE QUI ME PREND? JE NE SAIS PAS LIRE L'HEURE

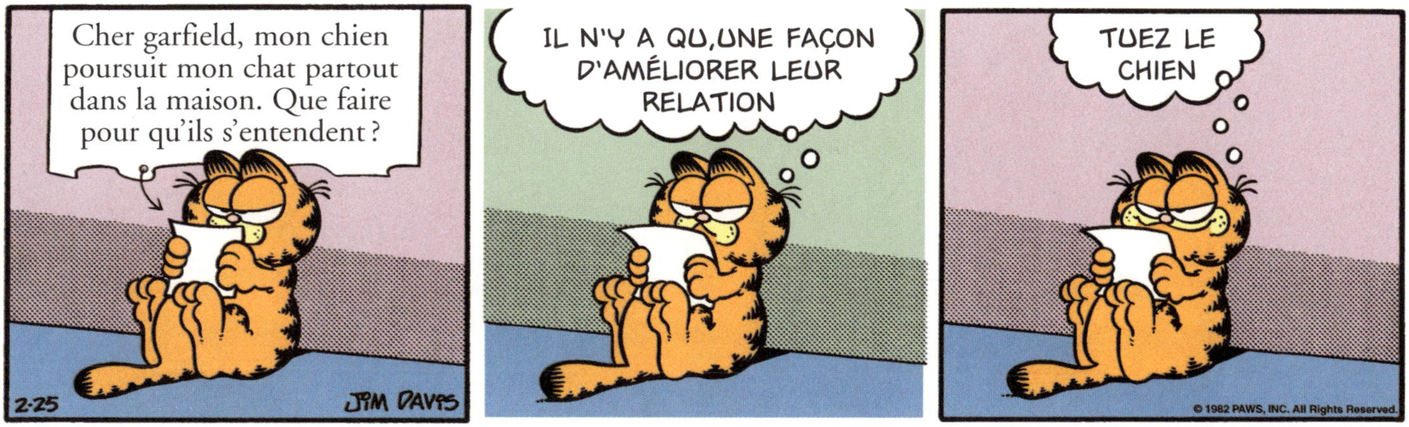
Cher garfield, mon chien poursuit mon chat partout dans la maison. Que faire pour qu'ils s'entendent ?
IL N'Y A QU,UNE FAÇON D'AMÉLIORER LEUR RELATION
TUEZ LE CHIEN
© 1982 PAWS, INC. All Rights Reserved.

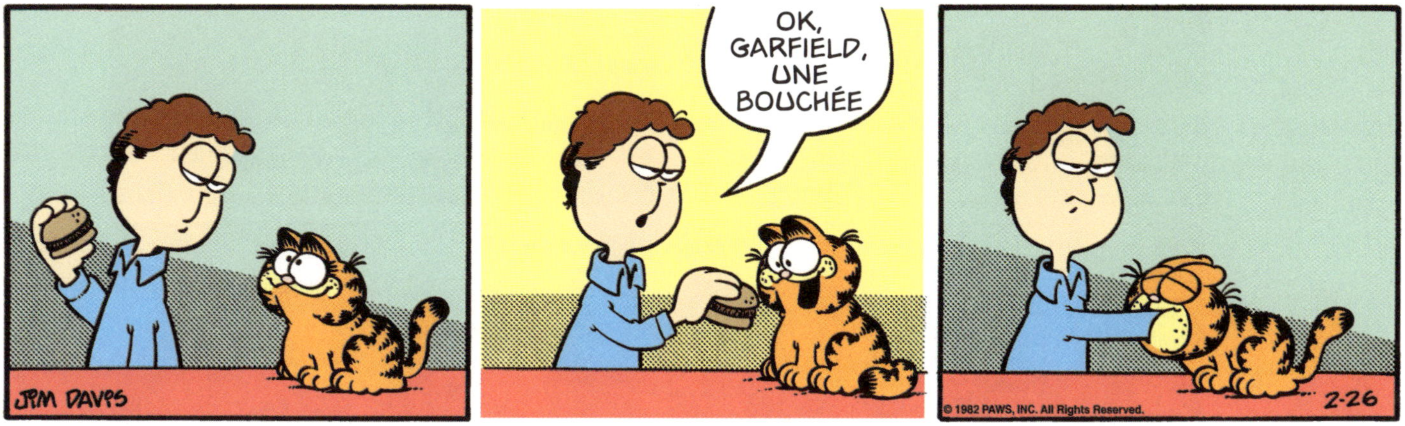
OK, GARFIELD, UNE BOUCHÉE
© 1982 PAWS, INC. All Rights Reserved.

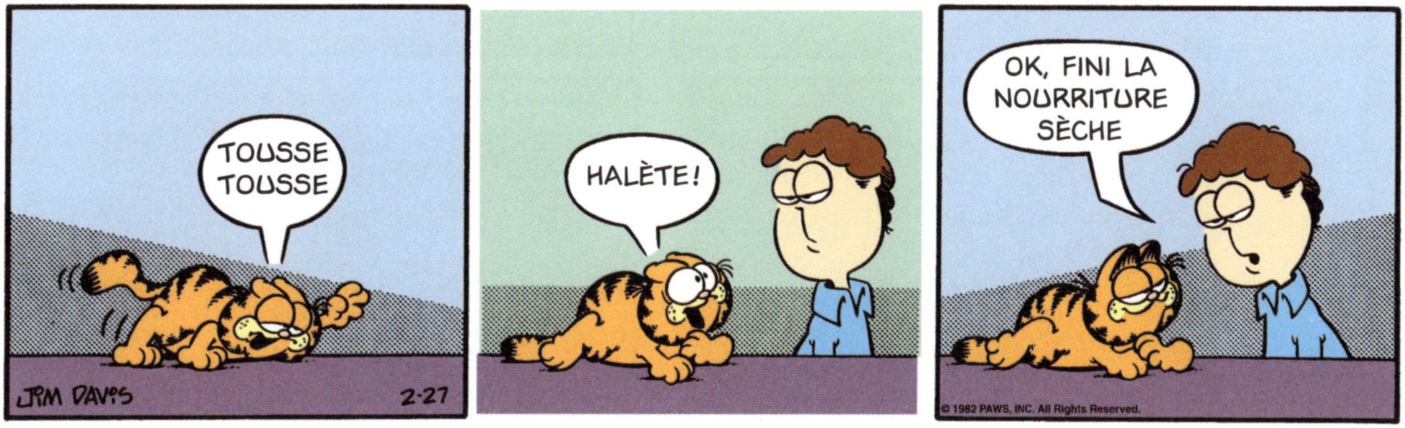
TOUSSE TOUSSE
HALÈTE !
OK, FINI LA NOURRITURE SÈCHE
© 1982 PAWS, INC. All Rights Reserved.

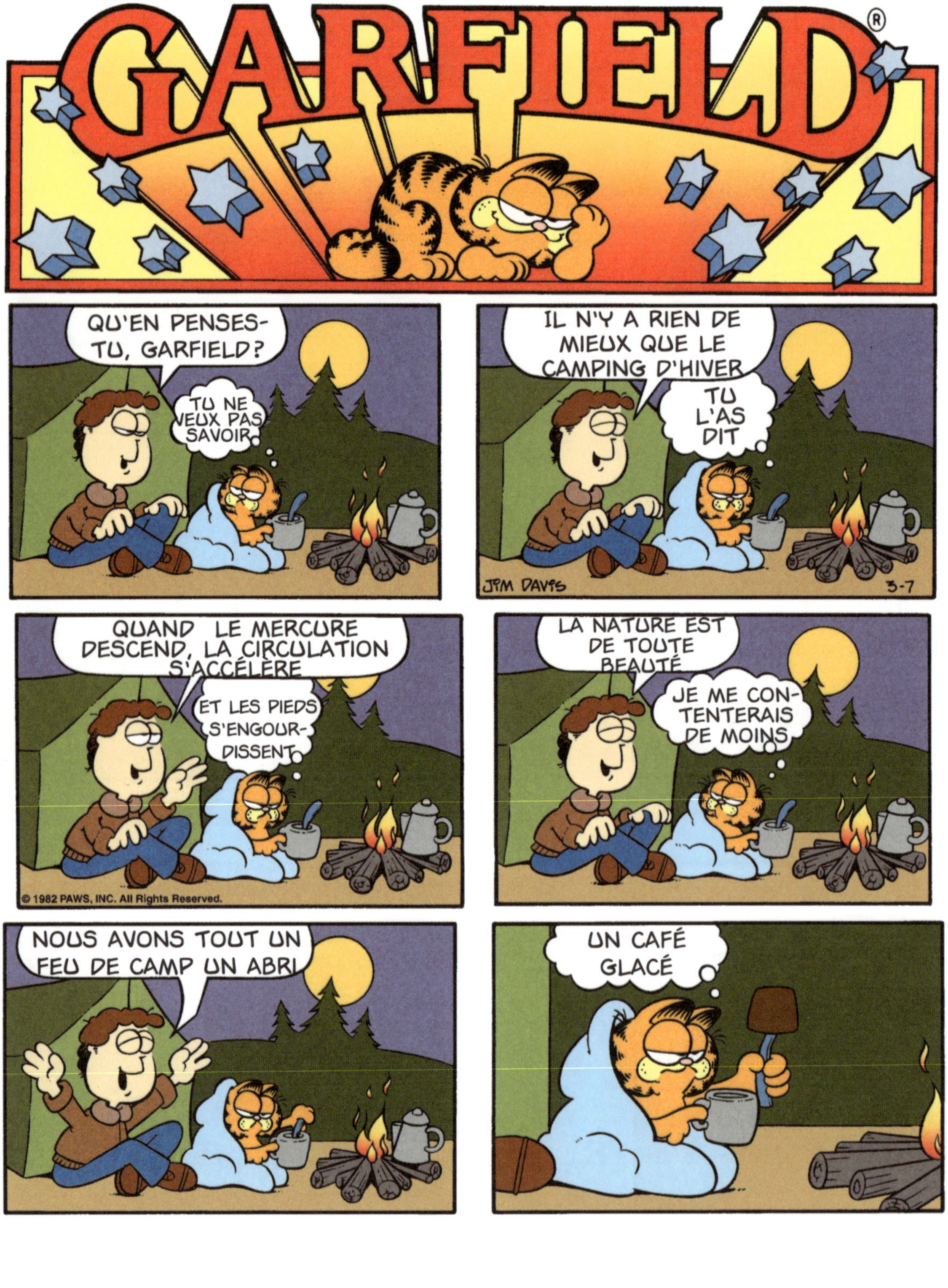
GARFIELD®
QU'EN PENSES-TU, GARFIELD?
TU NE VEUX PAS SAVOIR
IL N'Y A RIEN DE MIEUX QUE LE CAMPING D'HIVER
TU L'AS DIT
JIM DAVIS
3-7
QUAND LE MERCURE DESCEND, LA CIRCULATION S'ACCÉLÈRE
ET LES PIEDS S'ENGOURDISSENT
© 1982 PAWS, INC. All Rights Reserved.
LA NATURE EST DE TOUTE BEAUTÉ
JE ME CONTENTERAIS DE MOINS
NOUS AVONS TOUT UN FEU DE CAMP UN ABRI
UN CAFÉ GLACÉ

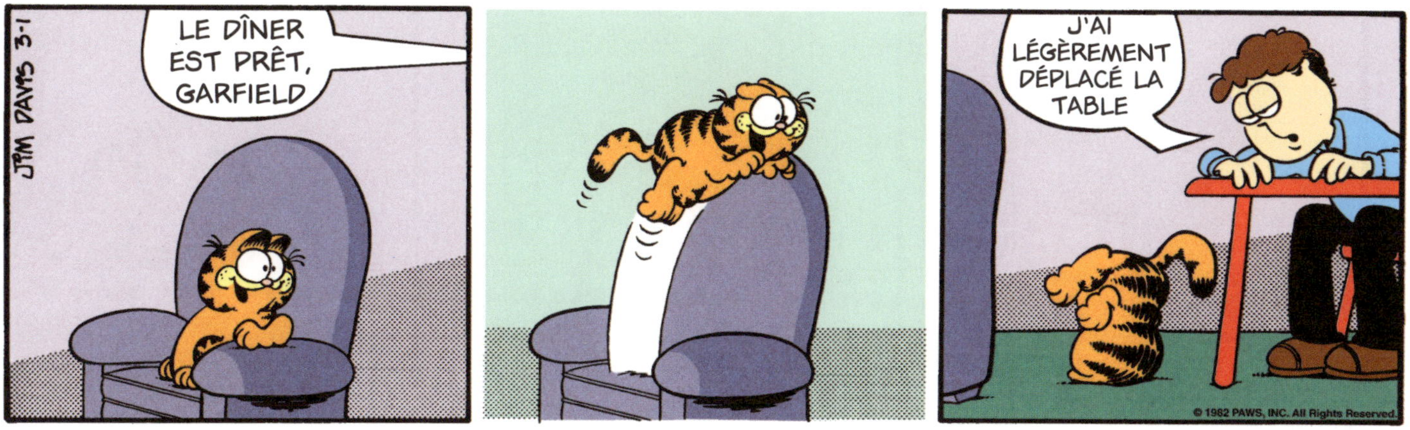
JIM DAVIS 3-1
LE DÎNER EST PRÊT, GARFIELD
J'AI LÉGÈREMENT DÉPLACÉ LA TABLE
© 1982 PAWS, INC. All Rights Reserved.

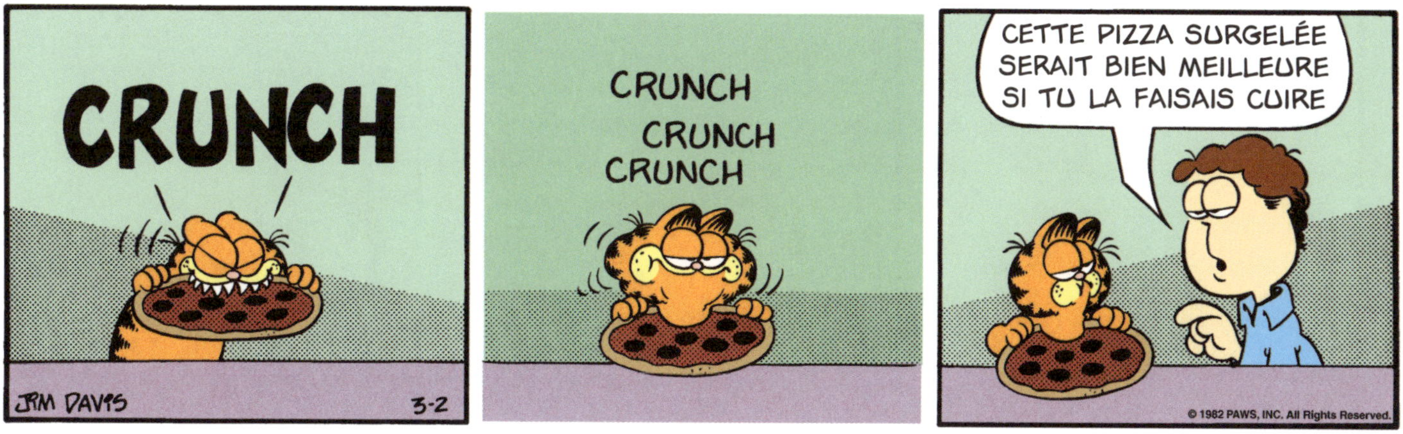
CRUNCH
JIM DAVIS
3-2
CRUNCH
CRUNCH
CRUNCH
CETTE PIZZA SURGELÉE SERAIT BIEN MEILLEURE SI TU LA FAISAIS CUIRE
© 1982 PAWS, INC. All Rights Reserved.

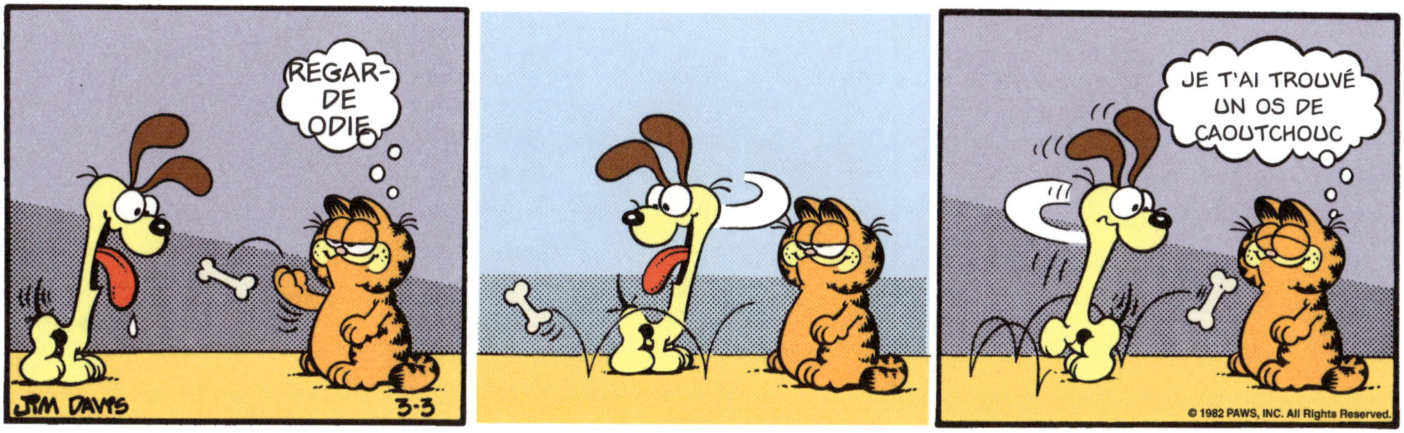
REGAR-DE ODIE
JIM DAVIS
3-3
JE T'AI TROUVÉ UN OS DE CAOUTCHOUC
© 1982 PAWS, INC. All Rights Reserved.

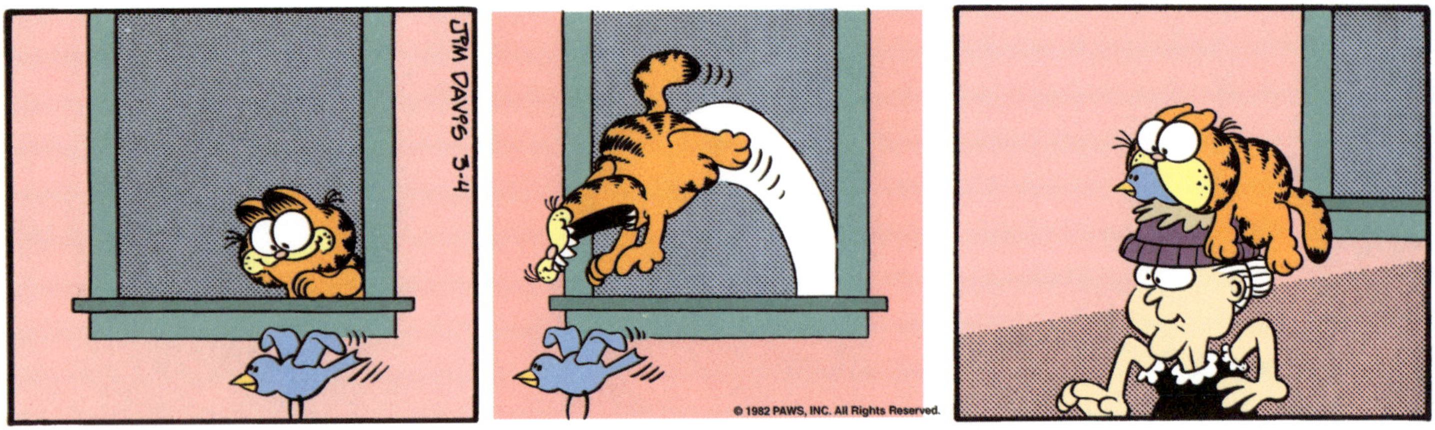
JIM DAVIS 3-4
© 1982 PAWS, INC. All Rights Reserved.

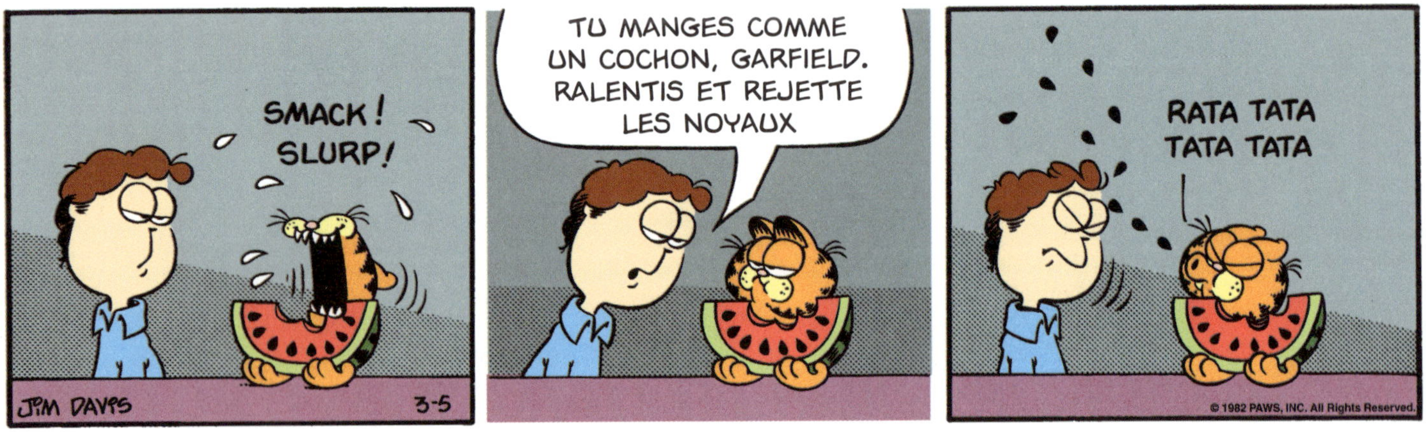
SMACK! SLURP!
JIM DAVIS 3-5
TU MANGES COMME UN COCHON, GARFIELD. RALENTIS ET REJETTE LES NOYAUX
RATA TATA TATA TATA
© 1982 PAWS, INC. All Rights Reserved.

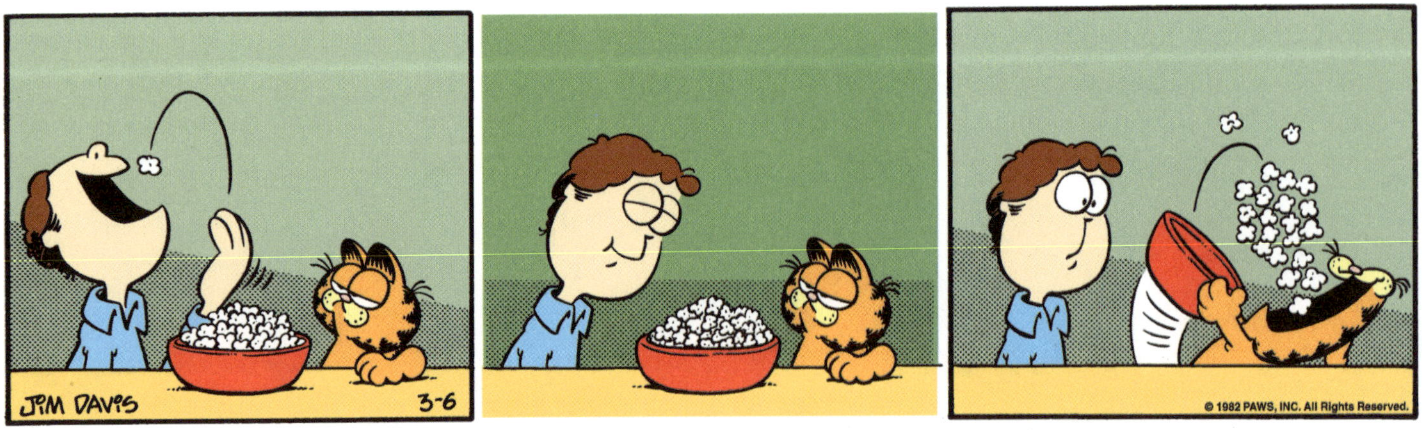
JIM DAVIS 3-6
© 1982 PAWS, INC. All Rights Reserved.

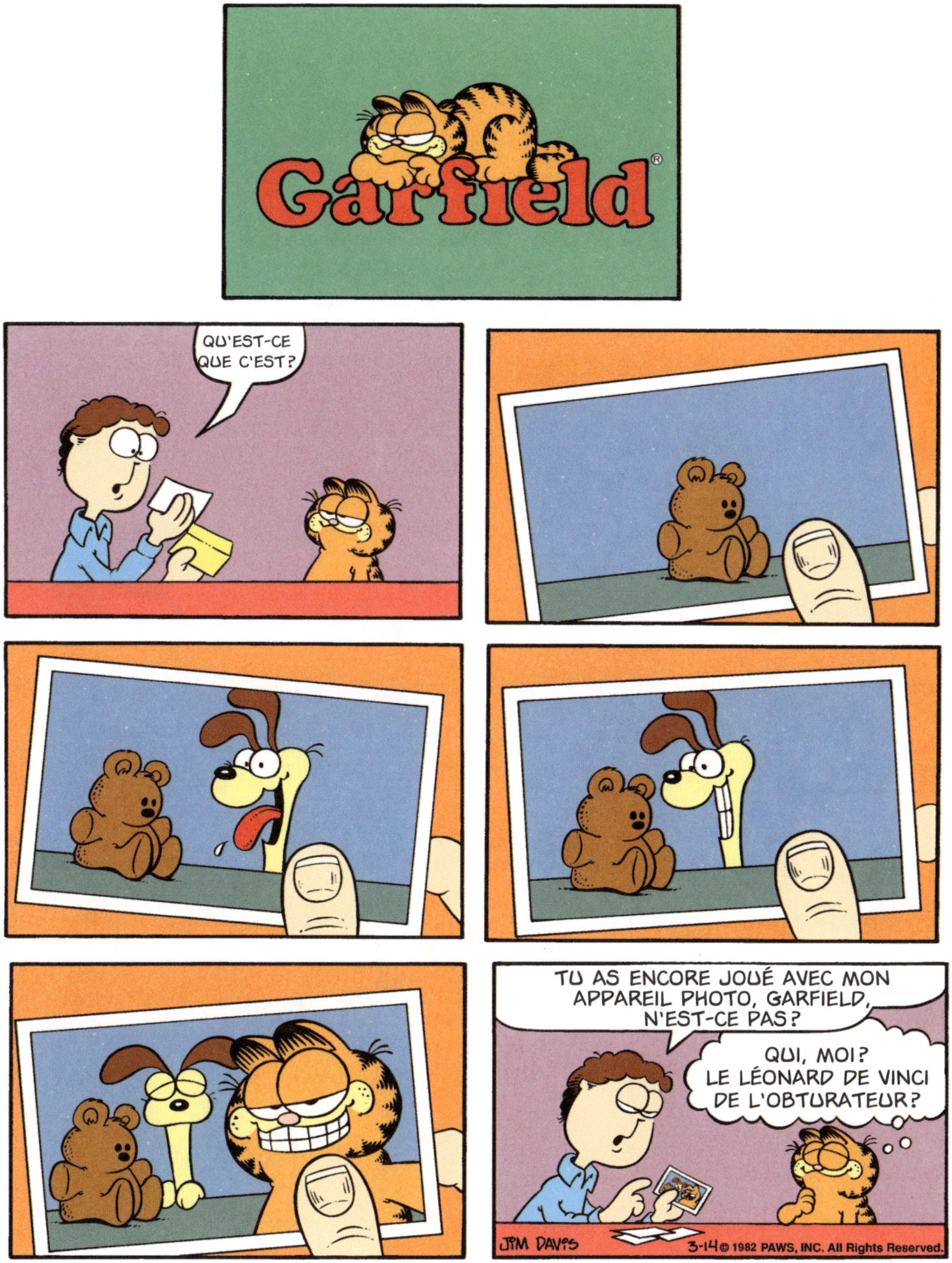
Garfield
QU'EST-CE QUE C'EST?
TU AS ENCORE JOUÉ AVEC MON APPAREIL PHOTO, GARFIELD, N'EST-CE PAS?
QUI, MOI? LE LÉONARD DE VINCI DE L'OBTURATEUR?
JIM DAVIS
3-14 © 1982 PAWS, INC. All Rights Reserved.

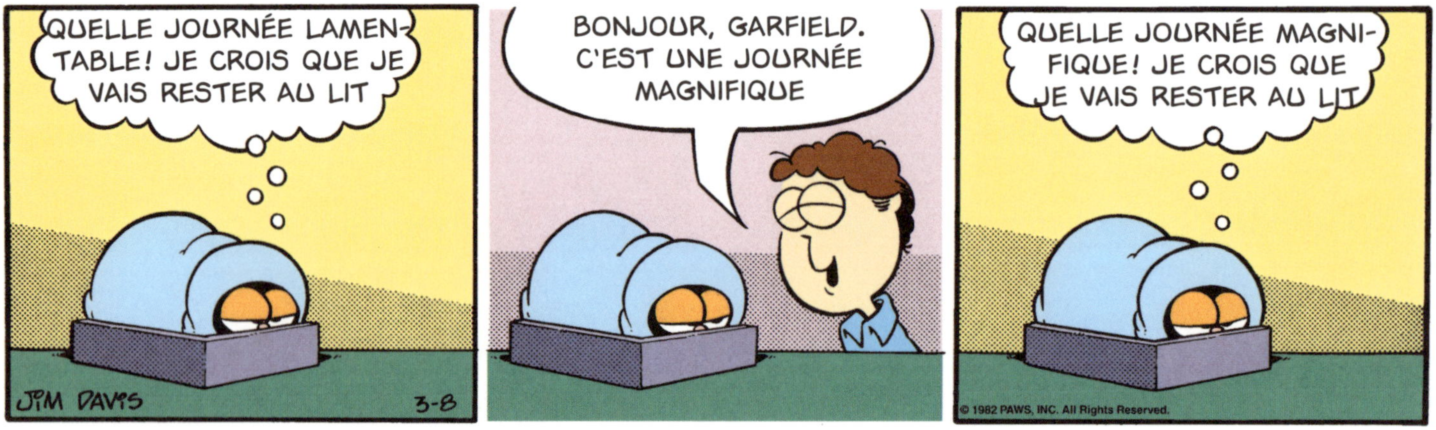
QUELLE JOURNÉE LAMENTABLE! JE CROIS QUE JE VAIS RESTER AU LIT
JIM DAVIS
3-8
BONJOUR, GARFIELD. C'EST UNE JOURNÉE MAGNIFIQUE
QUELLE JOURNÉE MAGNIFIQUE! JE CROIS QUE JE VAIS RESTER AU LIT
© 1982 PAWS, INC. All Rights Reserved.

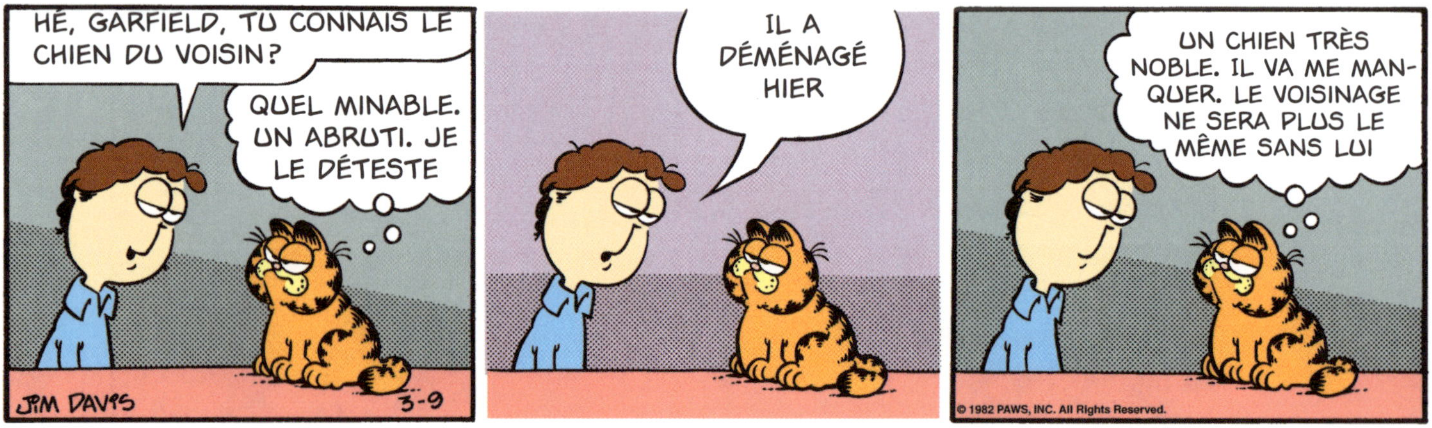
HÉ, GARFIELD, TU CONNAIS LE CHIEN DU VOISIN?
QUEL MINABLE. UN ABRUTI. JE LE DÉTESTE
JIM DAVIS
3-9
IL A DÉMÉNAGÉ HIER
UN CHIEN TRÈS NOBLE. IL VA ME MANQUER. LE VOISINAGE NE SERA PLUS LE MÊME SANS LUI
© 1982 PAWS, INC. All Rights Reserved.

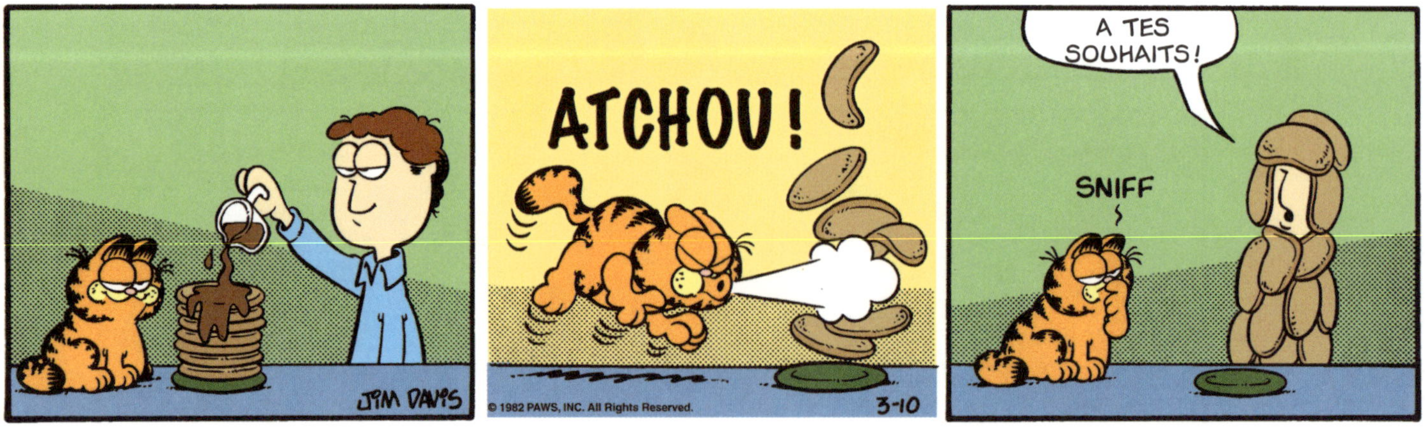
JIM DAVIS
ATCHOU!
© 1982 PAWS, INC. All Rights Reserved.
3-10
A TES SOUHAITS!
SNIFF

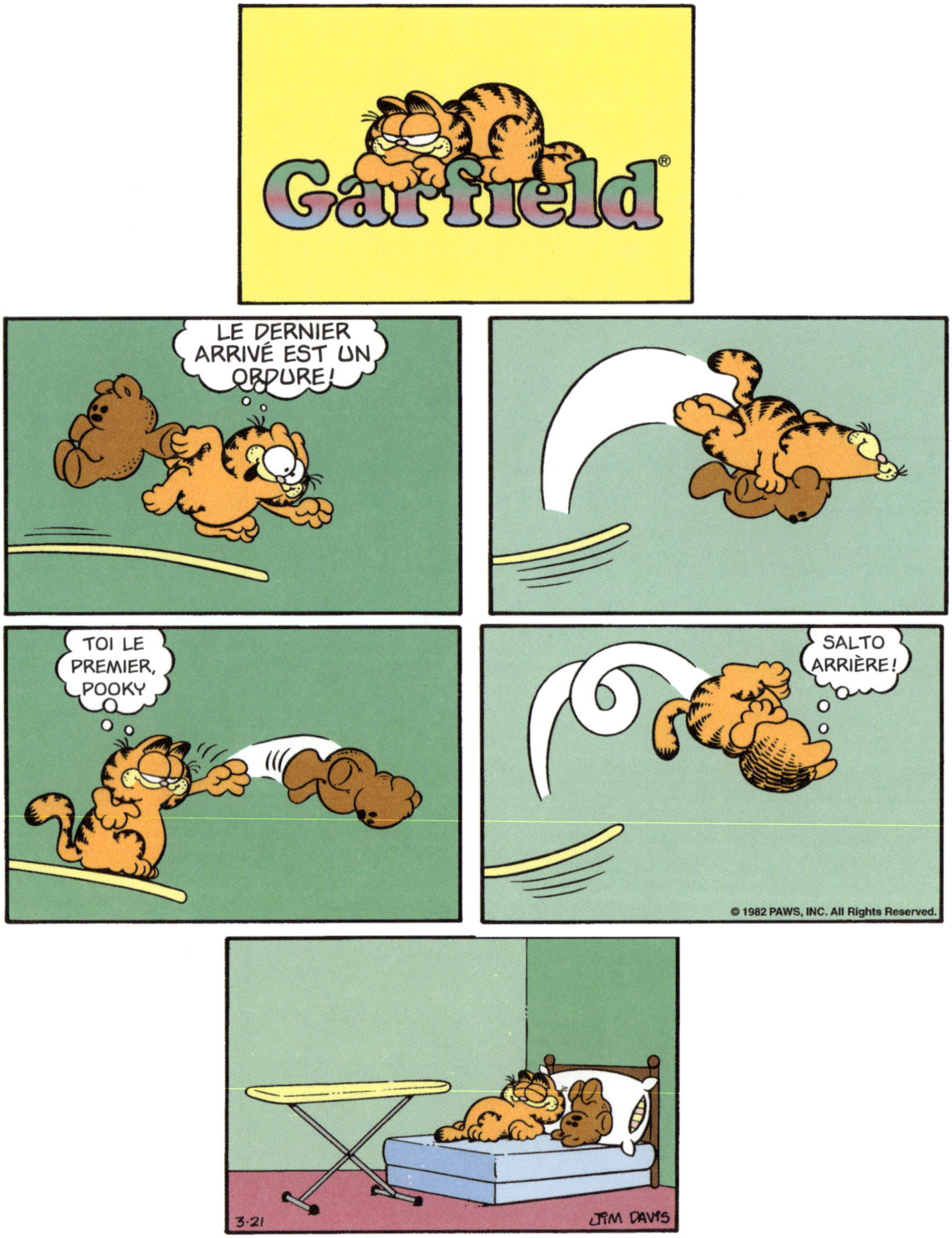
Garfield®
LE DERNIER ARRIVÉ EST UN ORDURE!
TOI LE PREMIER, POOKY
SALTO ARRIÈRE!
© 1982 PAWS, INC. All Rights Reserved.
3-21
JIM DAVIS

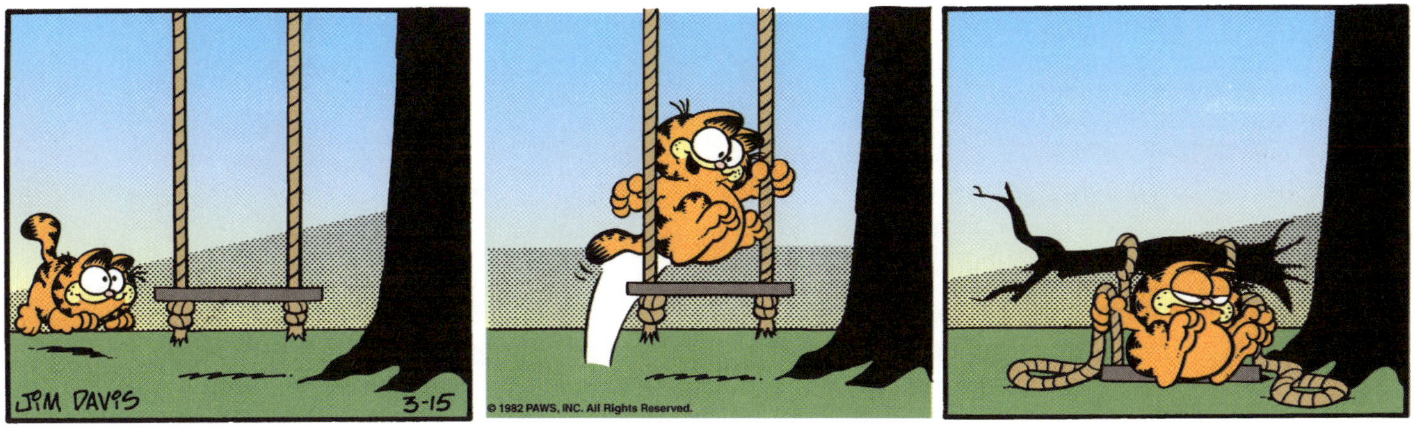
JIM DAVIS
3-15
© 1982 PAWS, INC. All Rights Reserved.

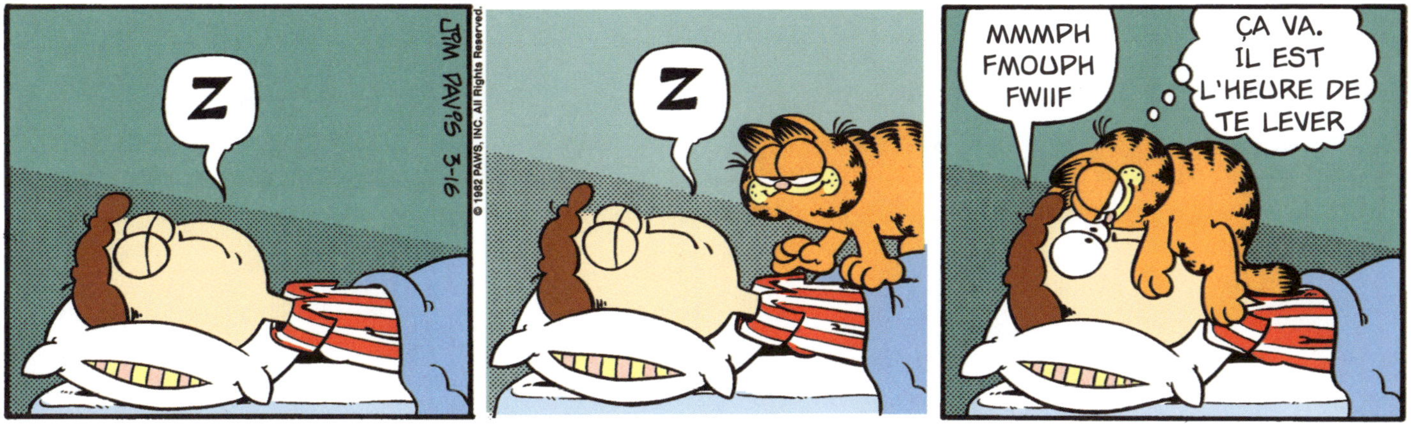
JIM DAVIS 3-16
© 1982 PAWS, INC. All Rights Reserved.
Z
Z
MMMPH FMOUPH FWIIF
ÇA VA. IL EST L'HEURE DE TE LEVER

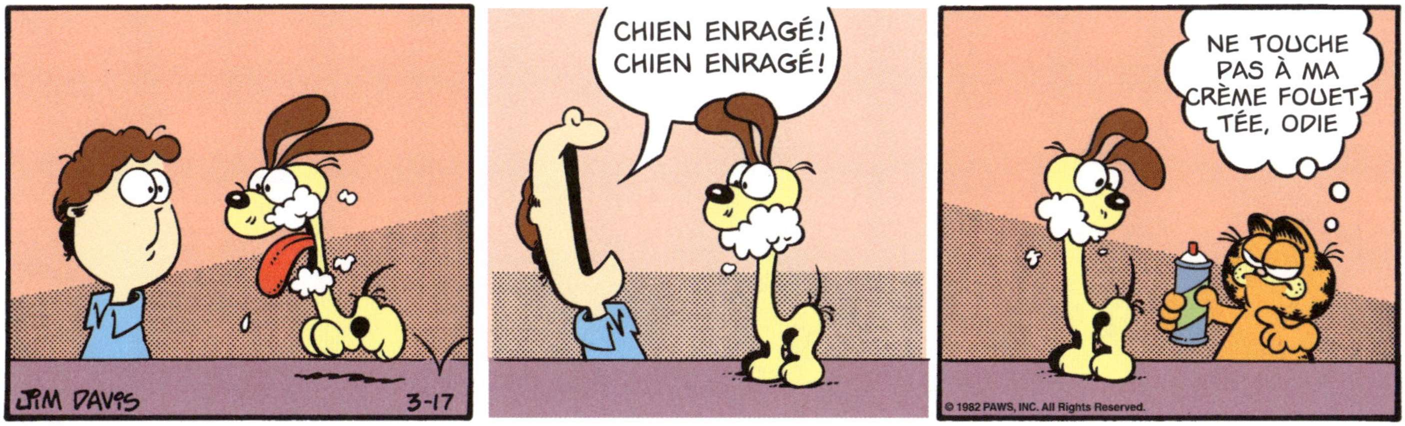
JIM DAVIS
3-17
CHIEN ENRAGÉ! CHIEN ENRAGÉ!
NE TOUCHE PAS À MA CRÈME FOUETTÉE, ODIE
© 1982 PAWS, INC. All Rights Reserved.

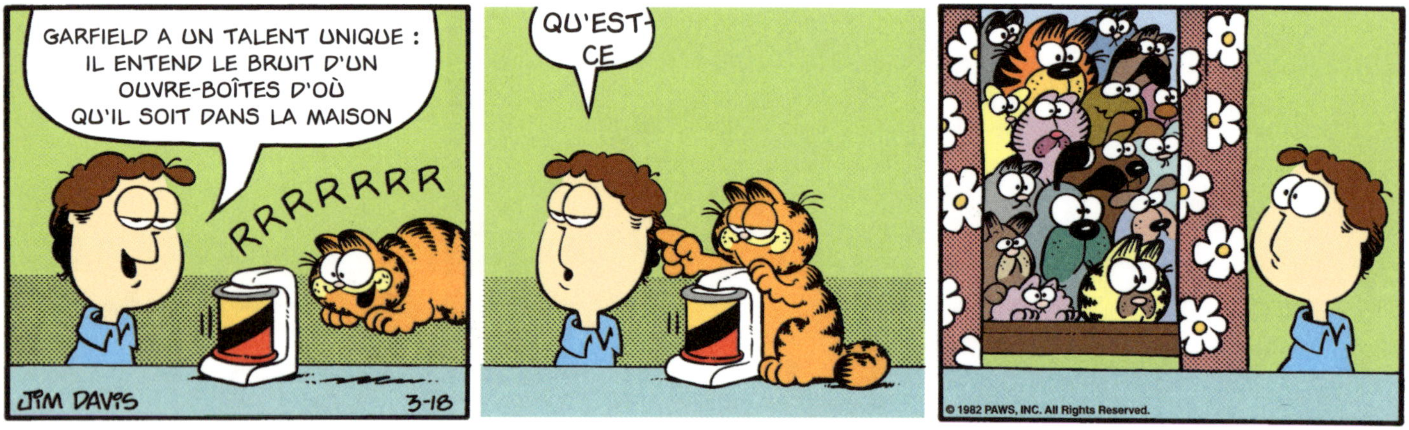
GARFIELD A UN TALENT UNIQUE : IL ENTEND LE BRUIT D'UN OUVRE-BOÎTES D'OÙ QU'IL SOIT DANS LA MAISON
RRRRRRRR
JIM DAVIS 3-18
QU'EST-CE
© 1982 PAWS, INC. All Rights Reserved.

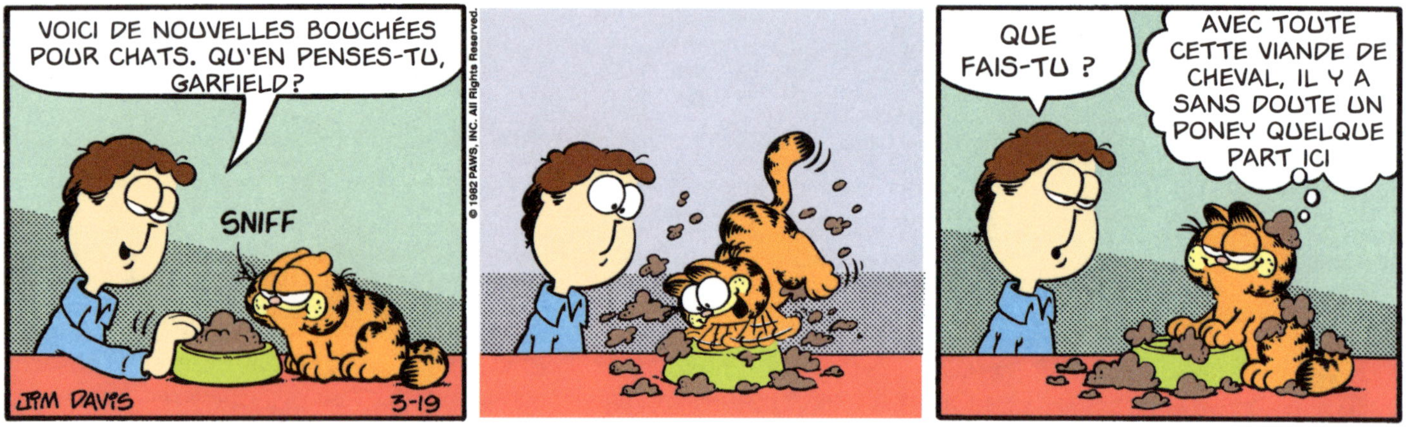
VOICI DE NOUVELLES BOUCHÉES POUR CHATS. QU'EN PENSES-TU, GARFIELD?
SNIFF
JIM DAVIS 3-19
© 1982 PAWS, INC. All Rights Reserved.
QUE FAIS-TU ?
AVEC TOUTE CETTE VIANDE DE CHEVAL, IL Y A SANS DOUTE UN PONEY QUELQUE PART ICI

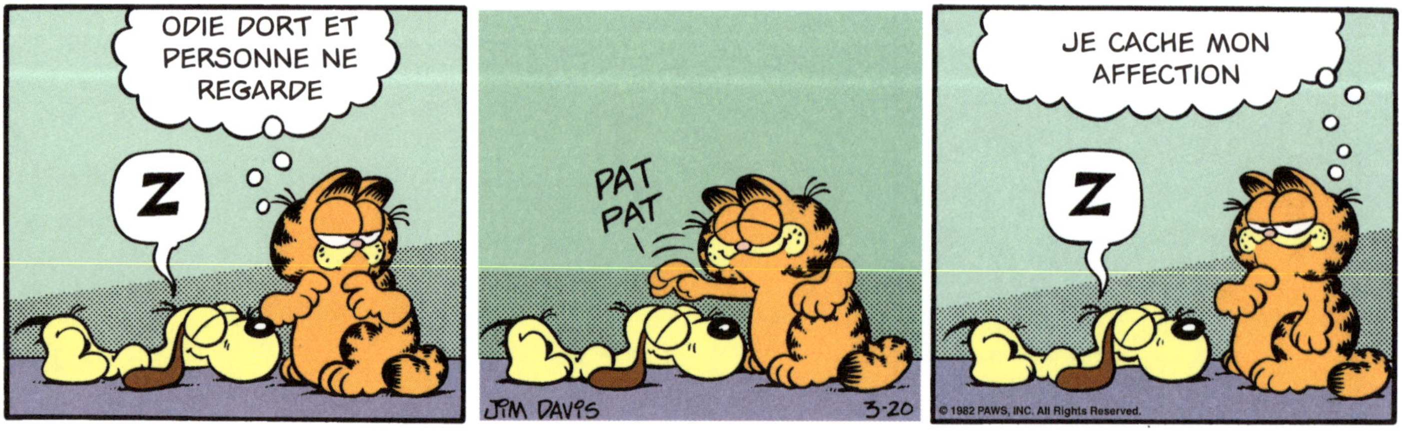
ODIE DORT ET PERSONNE NE REGARDE
Z
PAT PAT
JIM DAVIS 3-20
JE CACHE MON AFFECTION
Z
© 1982 PAWS, INC. All Rights Reserved.

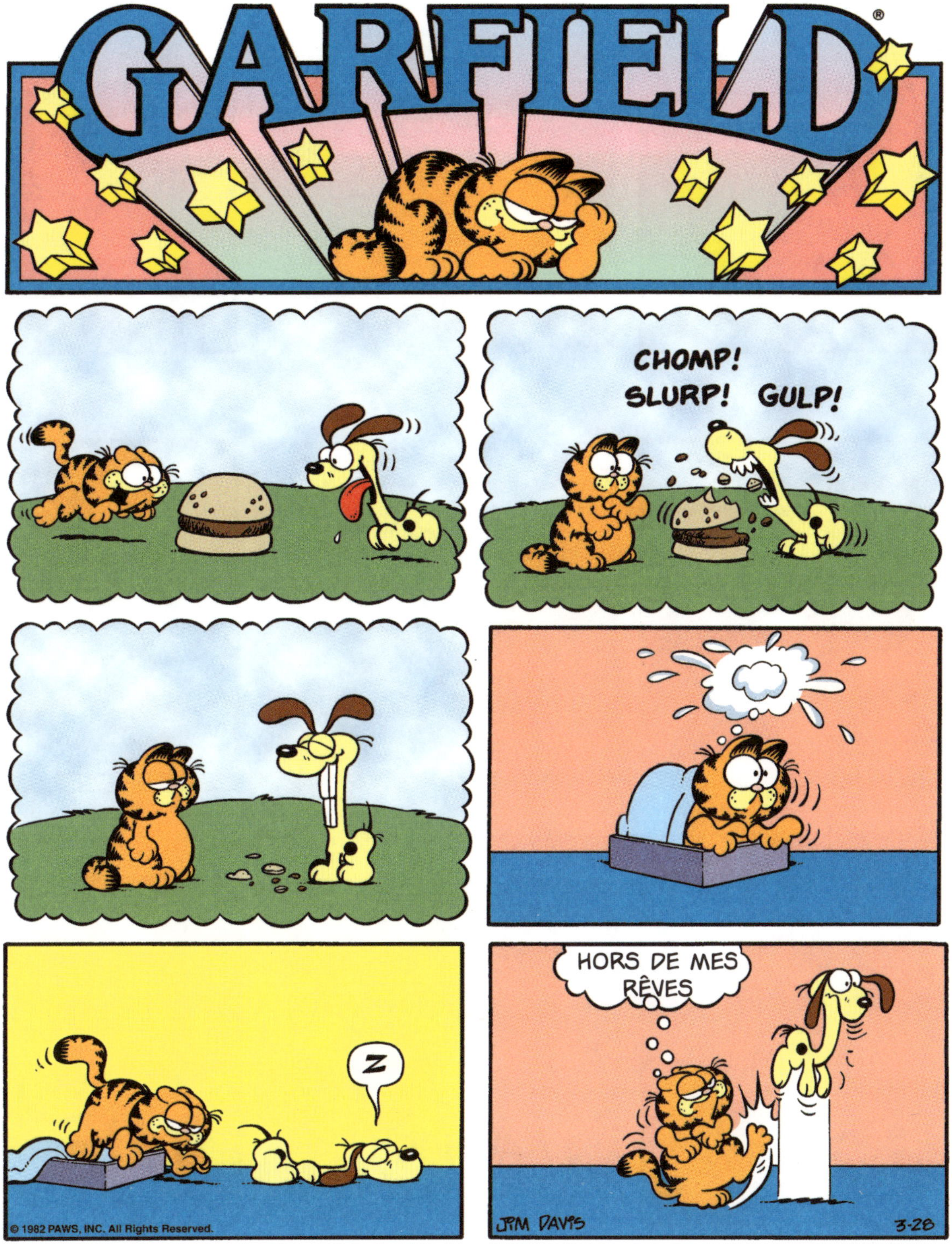
GARFIELD
CHOMP! SLURP! GULP!
Z
HORS DE MES RÊVES
JIM DAVIS
3-28
© 1982 PAWS, INC. All Rights Reserved.

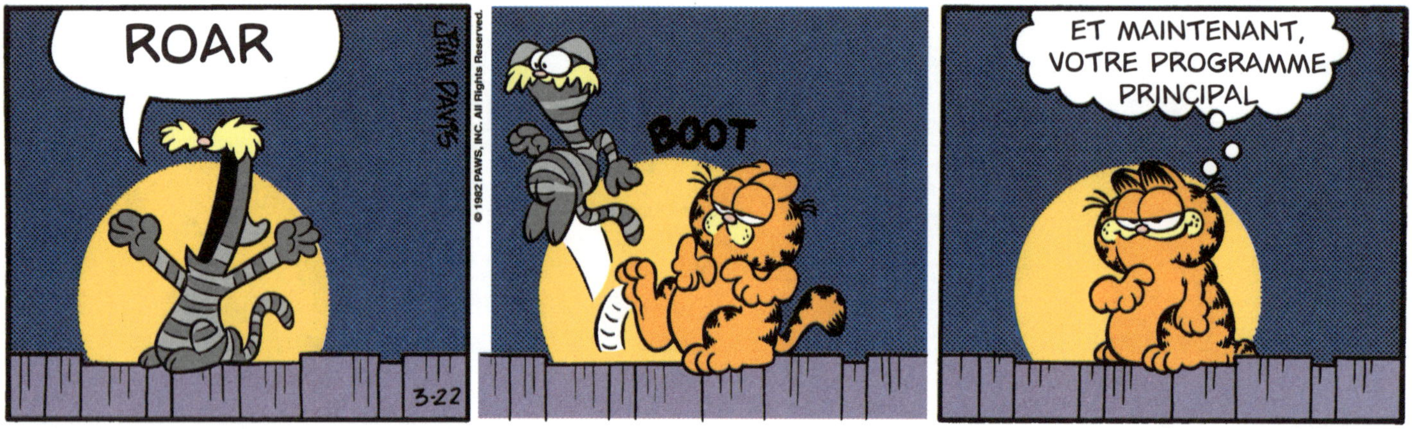
ROAR
JIM DAVIS
3-22
© 1982 PAWS, INC. All Rights Reserved.
BOOT
ET MAINTENANT, VOTRE PROGRAMME PRINCIPAL

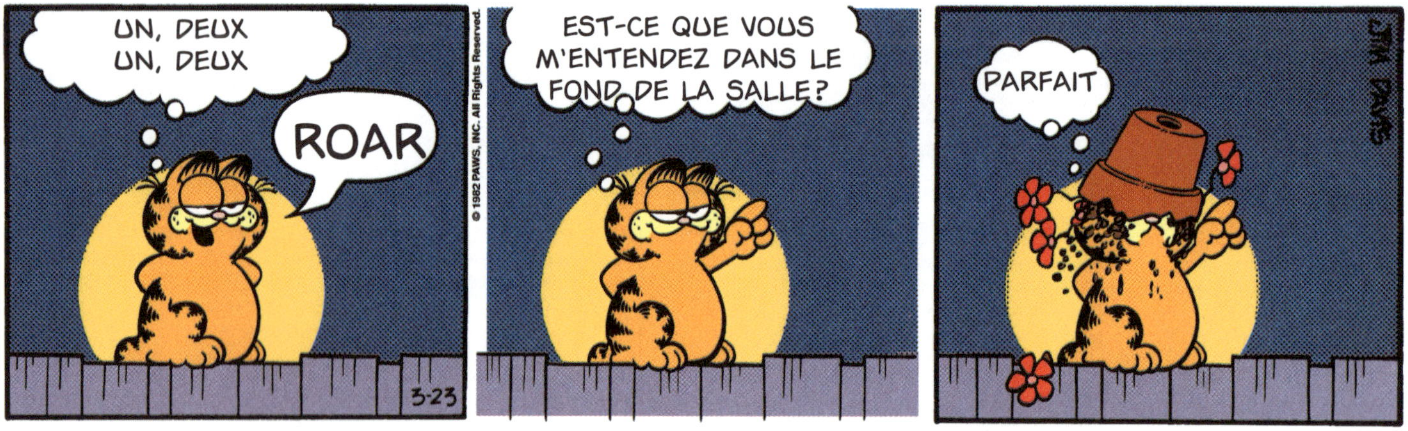
UN, DEUX
UN, DEUX
ROAR
3-23
© 1982 PAWS, INC. All Rights Reserved.
EST-CE QUE VOUS M'ENTENDEZ DANS LE FOND DE LA SALLE?
JIM DAVIS
PARFAIT

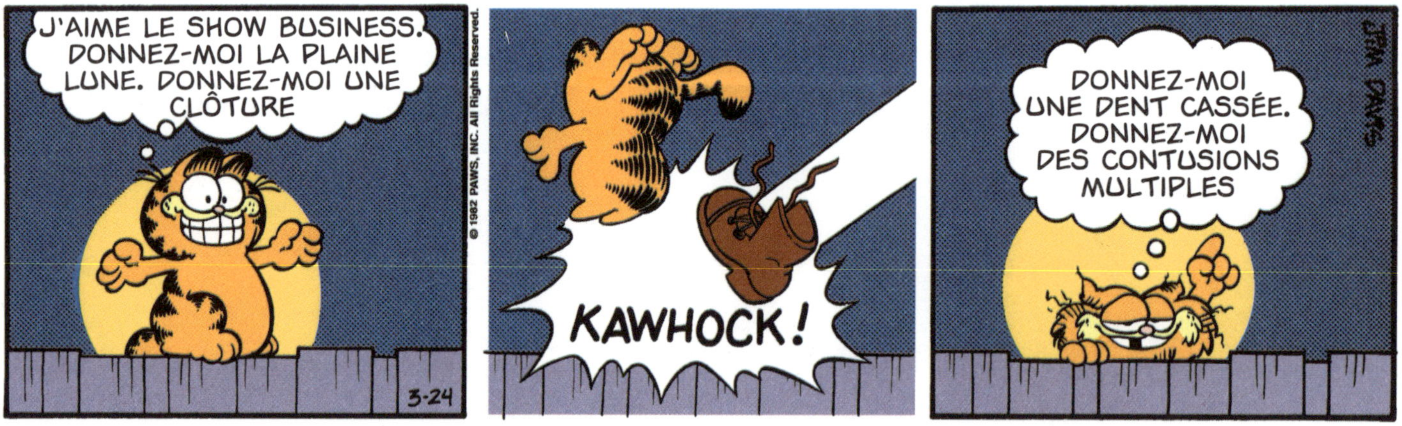
J'AIME LE SHOW BUSINESS. DONNEZ-MOI LA PLAINE LUNE. DONNEZ-MOI UNE CLÔTURE
3-24
© 1982 PAWS, INC. All Rights Reserved.
KAWHOCK!
JIM DAVIS
DONNEZ-MOI UNE DENT CASSÉE. DONNEZ-MOI DES CONTUSIONS MULTIPLES

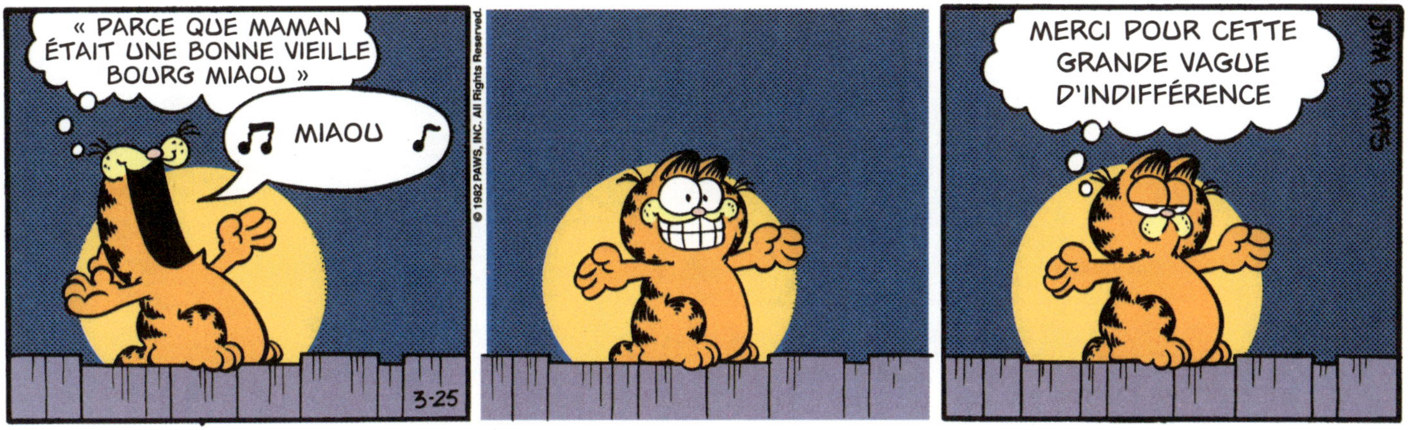
« PARCE QUE MAMAN ÉTAIT UNE BONNE VIEILLE BOURG MIAOU »
MIAOU
MERCI POUR CETTE GRANDE VAGUE D'INDIFFÉRENCE
JIM DAVIS
3-25
© 1982 PAWS, INC. All Rights Reserved.

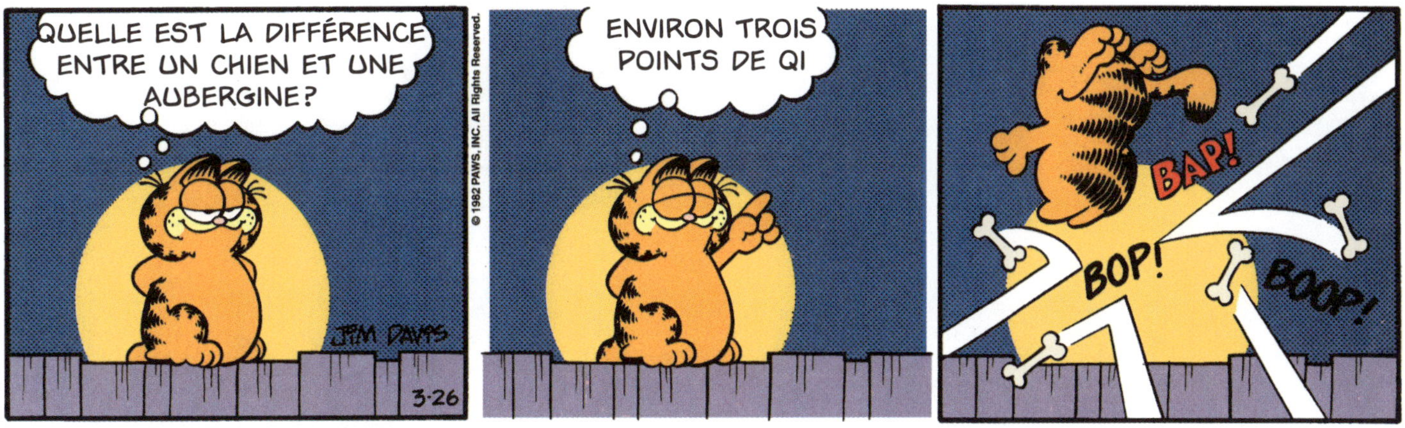
QUELLE EST LA DIFFÉRENCE ENTRE UN CHIEN ET UNE AUBERGINE?
JIM DAVIS
3-26
© 1982 PAWS, INC. All Rights Reserved.
ENVIRON TROIS POINTS DE QI
BAP!
BOP!
BOOP!

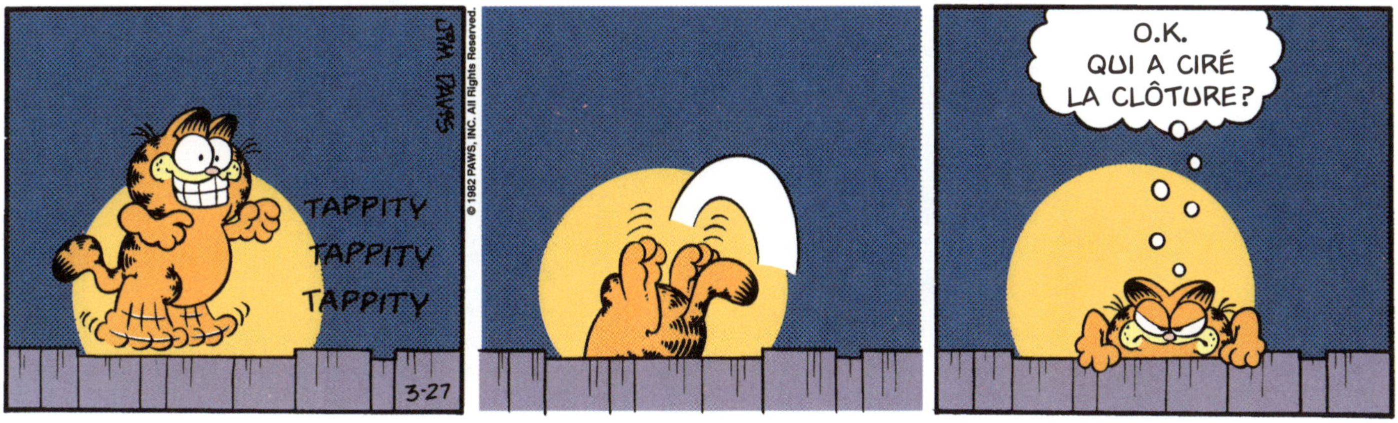
JIM DAVIS
TAPPITY
TAPPITY
TAPPITY
3-27
© 1982 PAWS, INC. All Rights Reserved.
O.K. QUI A CIRÉ LA CLÔTURE?

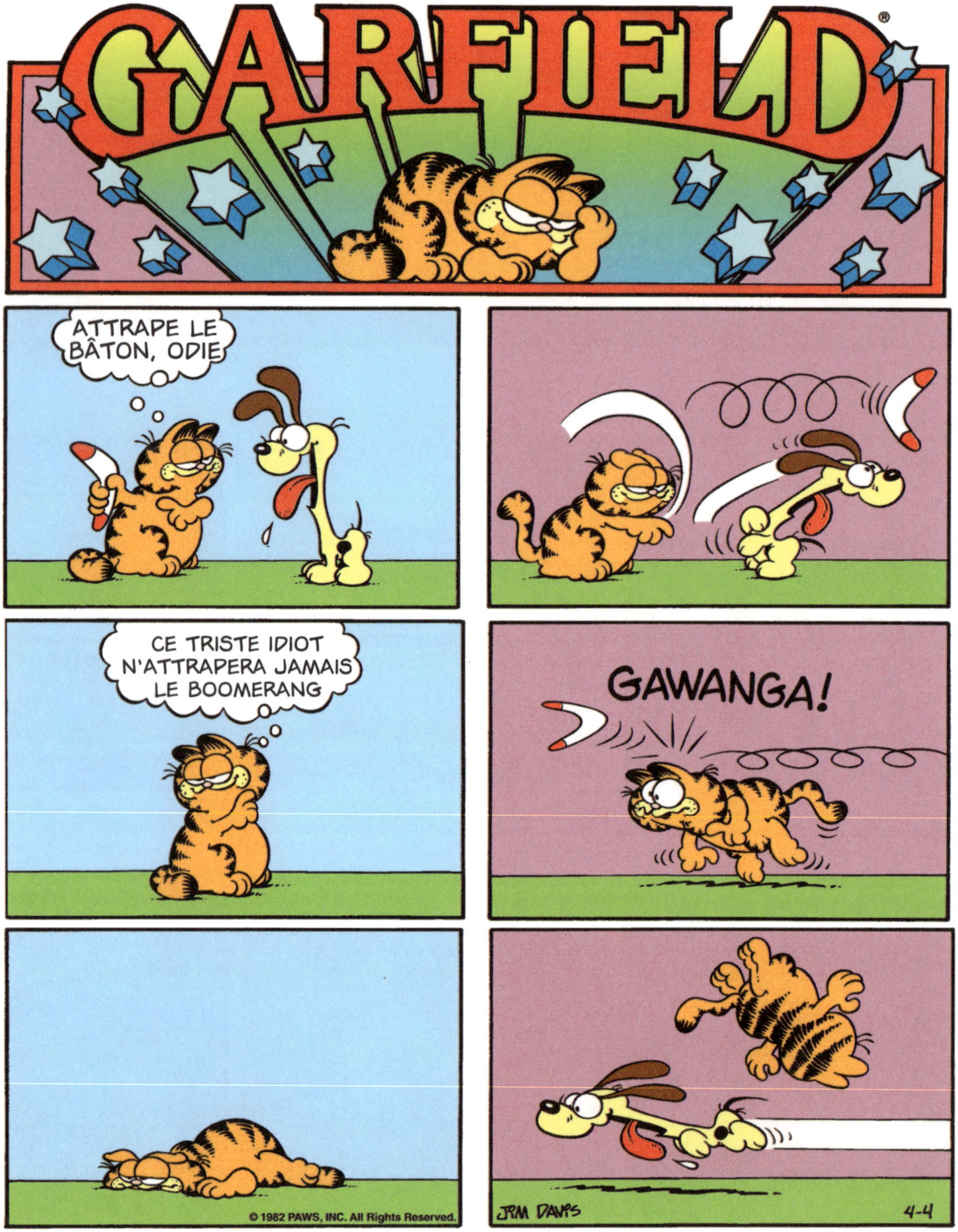
GARFIELD
ATTRAPE LE BÂTON, ODIE
CE TRISTE IDIOT N'ATTRAPERA JAMAIS LE BOOMERANG
GAWANGA!
© 1982 PAWS, INC. All Rights Reserved.
JIM DAVIS
4-4

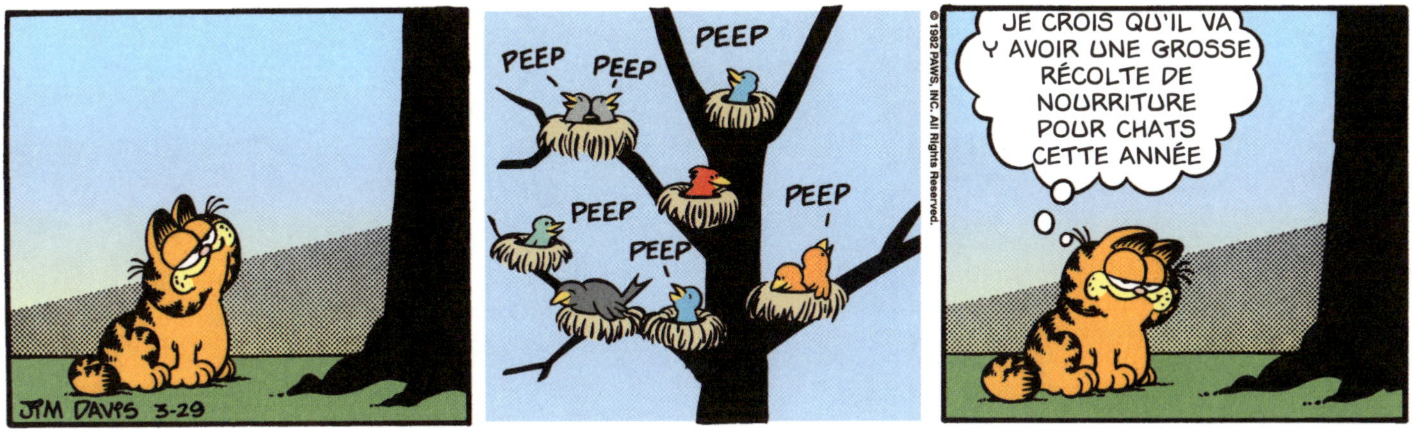
JIM DAVIS 3-29
PEEP
PEEP
PEEP
PEEP
PEEP
PEEP
© 1982 PAWS, INC. All Rights Reserved.
JE CROIS QU'IL VA Y AVOIR UNE GROSSE RÉCOLTE DE NOURRITURE POUR CHATS CETTE ANNÉE

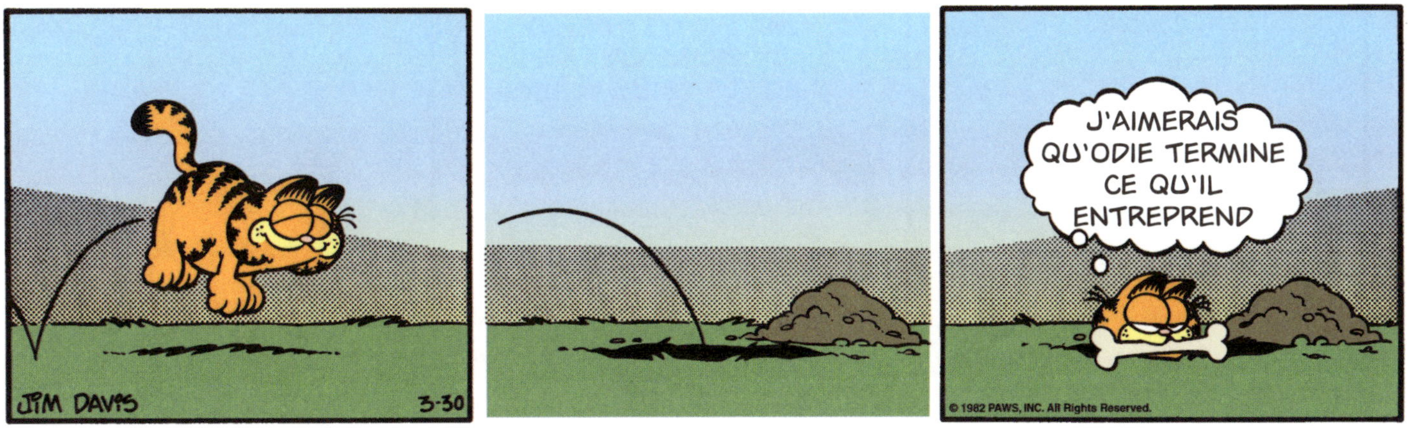
JIM DAVIS
3-30
J'AIMERAIS QU'ODIE TERMINE CE QU'IL ENTREPREND
© 1982 PAWS, INC. All Rights Reserved.

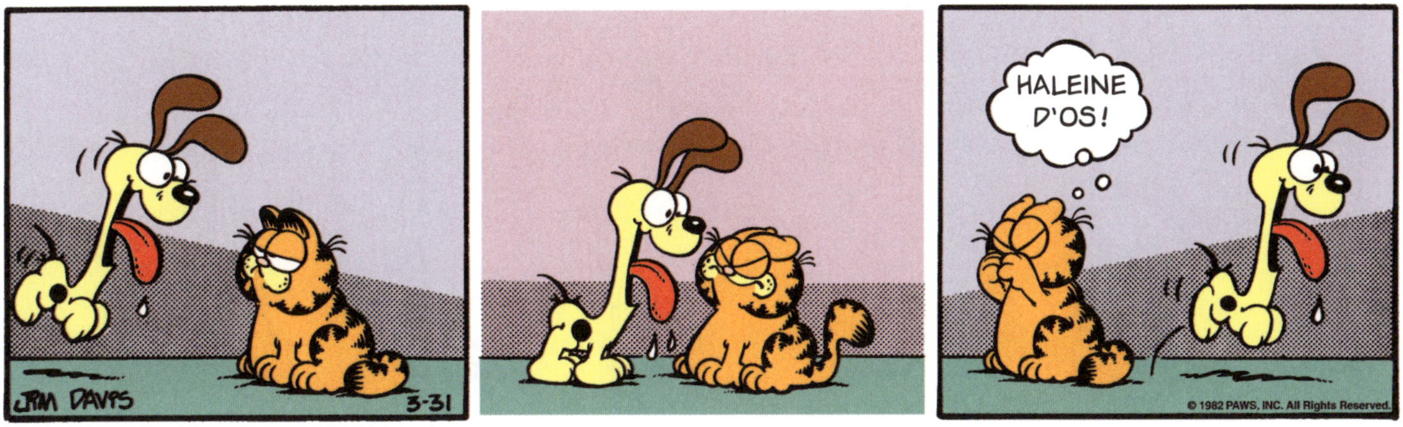
JIM DAVIS
3-31
HALEINE D'OS!
© 1982 PAWS, INC. All Rights Reserved.

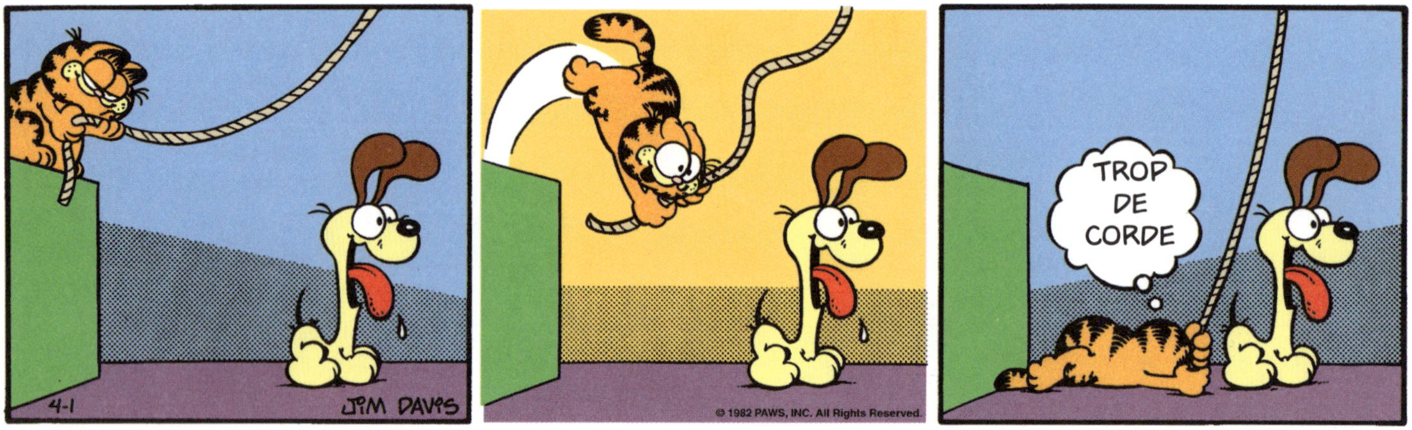
4-1
JIM DAVIS
© 1982 PAWS, INC. All Rights Reserved.
TROP DE CORDE

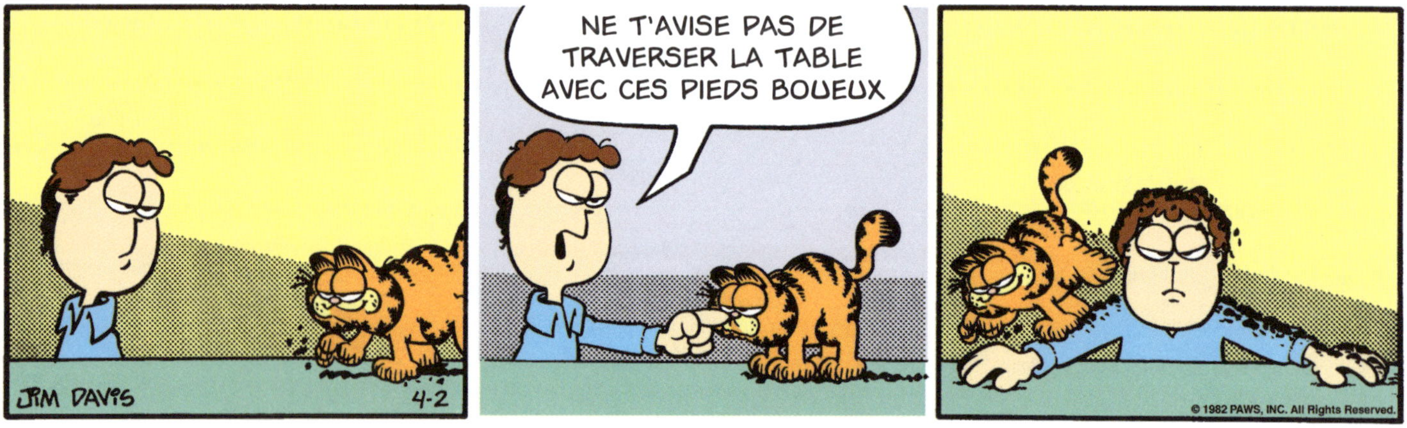
JIM DAVIS
4-2
NE T'AVISE PAS DE TRAVERSER LA TABLE AVEC CES PIEDS BOUEUX
© 1982 PAWS, INC. All Rights Reserved.

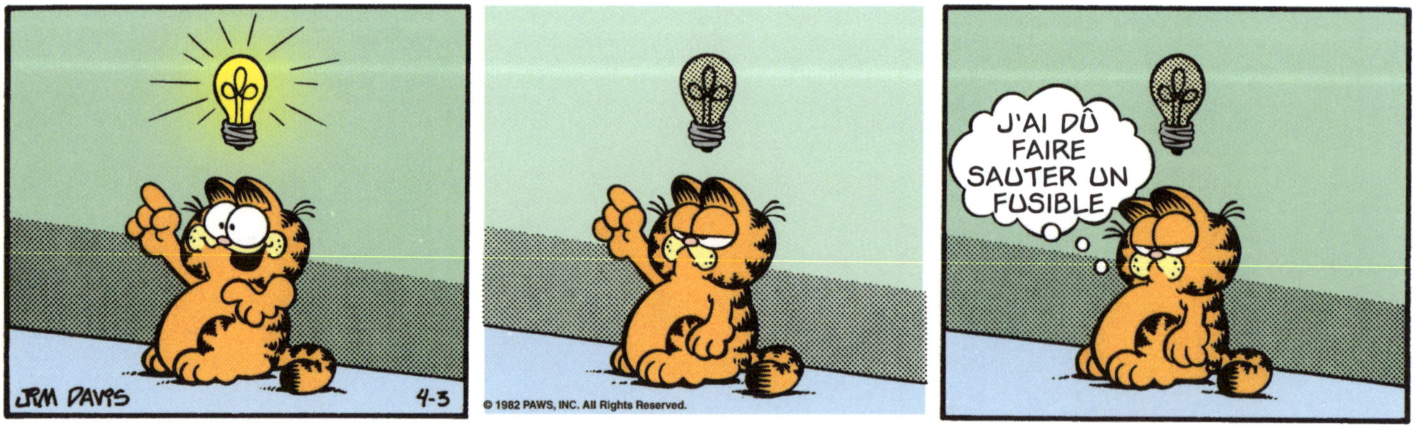
JIM DAVIS
4-3
© 1982 PAWS, INC. All Rights Reserved.
J'AI DÛ FAIRE SAUTER UN FUSIBLE

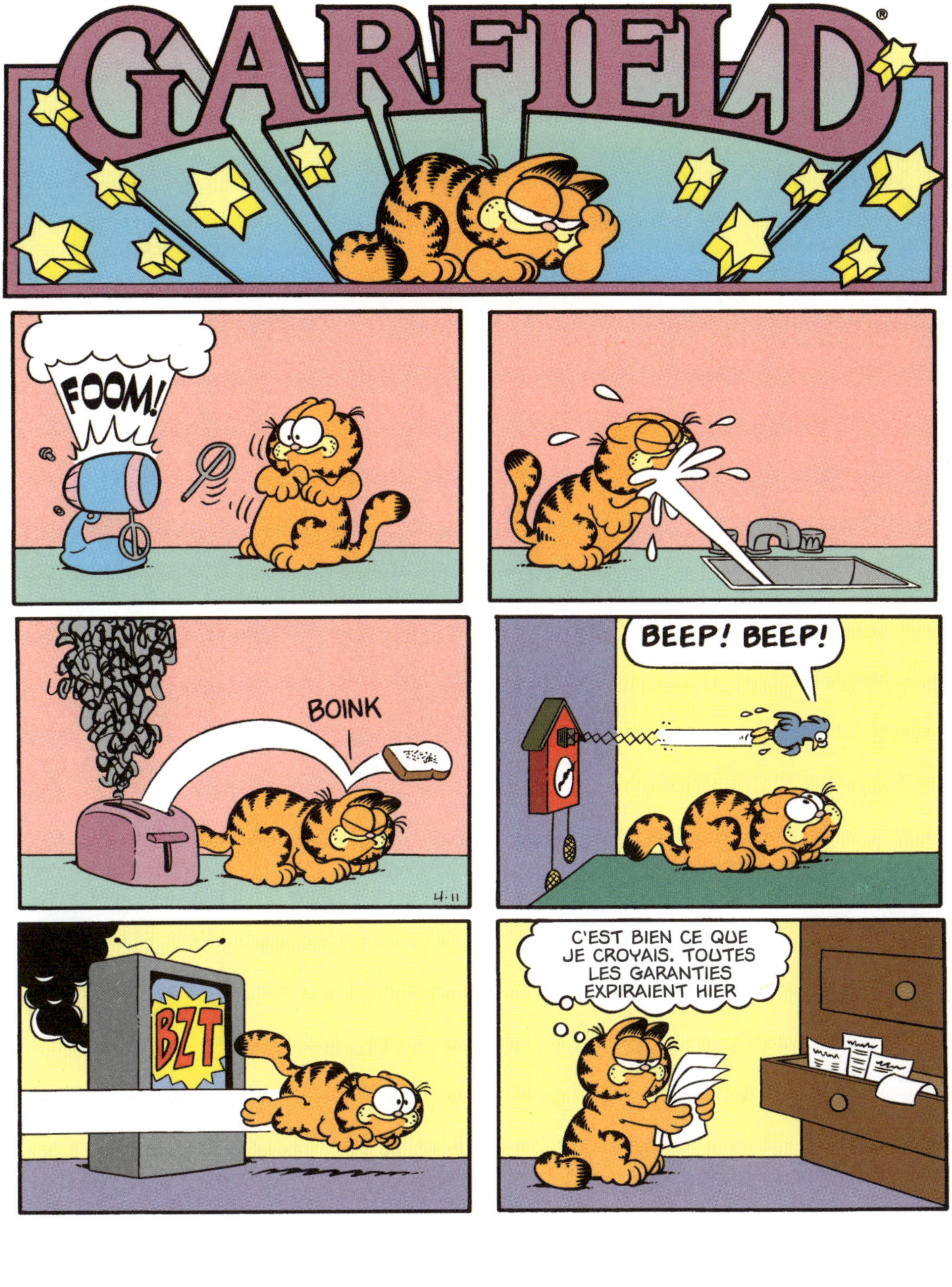
GARFIELD®
FOOM!
BOINK
4·11
BEEP! BEEP!
BZT
C'EST BIEN CE QUE JE CROYAIS. TOUTES LES GARANTIES EXPIRAIENT HIER

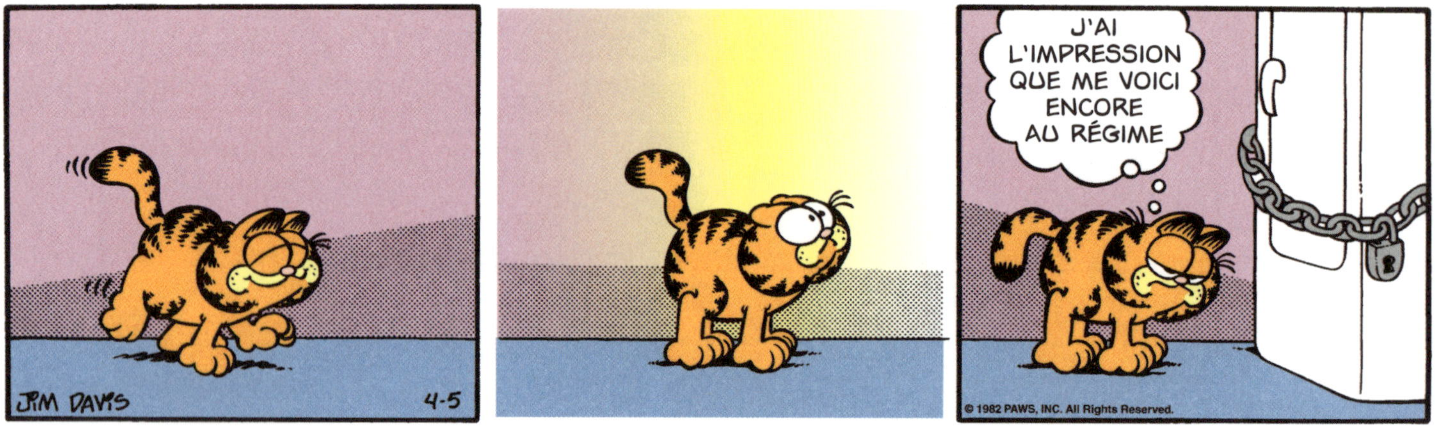
JIM DAVIS
4-5
J'AI L'IMPRESSION QUE ME VOICI ENCORE AU RÉGIME
© 1982 PAWS, INC. All Rights Reserved.

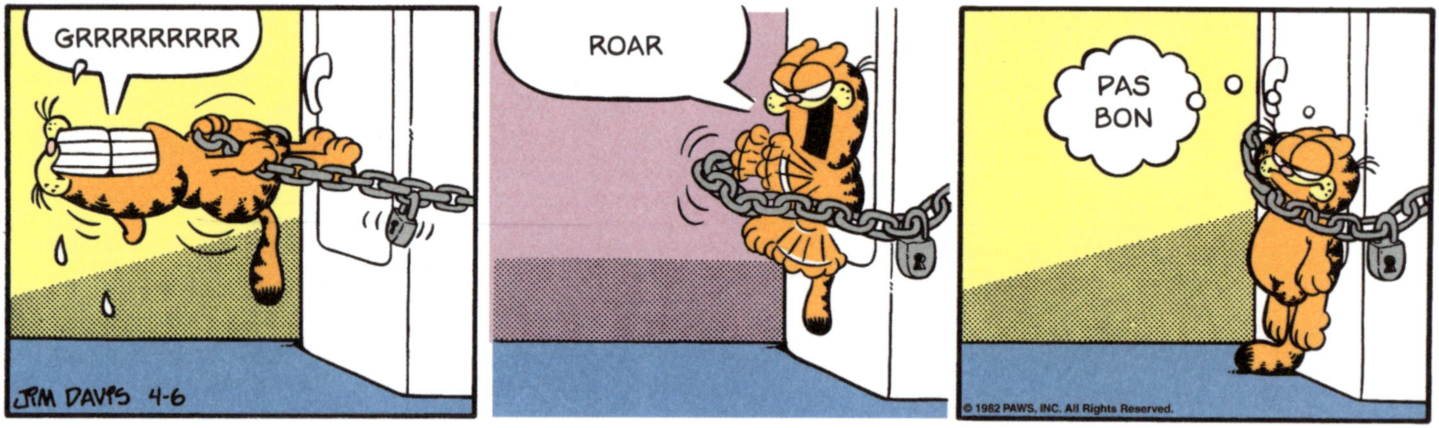
GRRRRRRRRR
JIM DAVIS 4-6
ROAR
PAS BON
© 1982 PAWS, INC. All Rights Reserved.

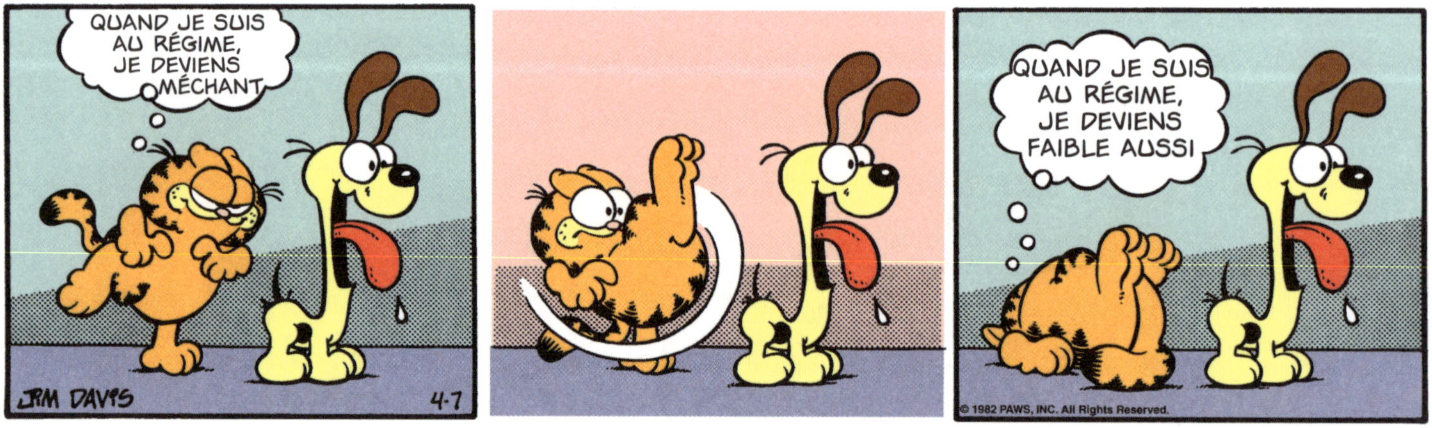
QUAND JE SUIS AU RÉGIME, JE DEVIENS MÉCHANT
JIM DAVIS
4-7
QUAND JE SUIS AU RÉGIME, JE DEVIENS FAIBLE AUSSI
© 1982 PAWS, INC. All Rights Reserved.

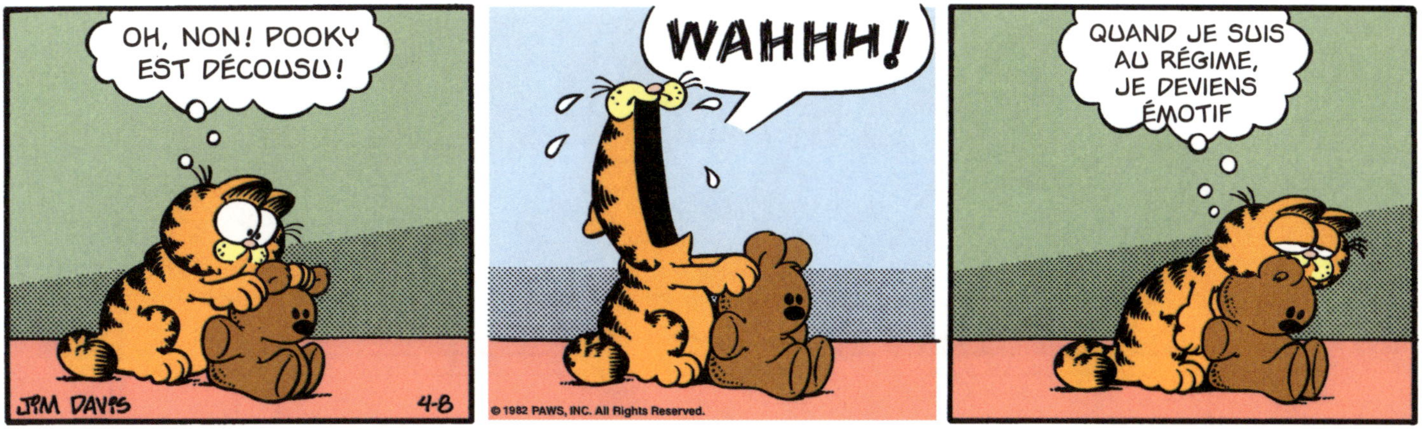
OH, NON! POOKY EST DÉCOUSU!
JIM DAVIS
4-8
WAHHH!
© 1982 PAWS, INC. All Rights Reserved.
QUAND JE SUIS AU RÉGIME, JE DEVIENS ÉMOTIF

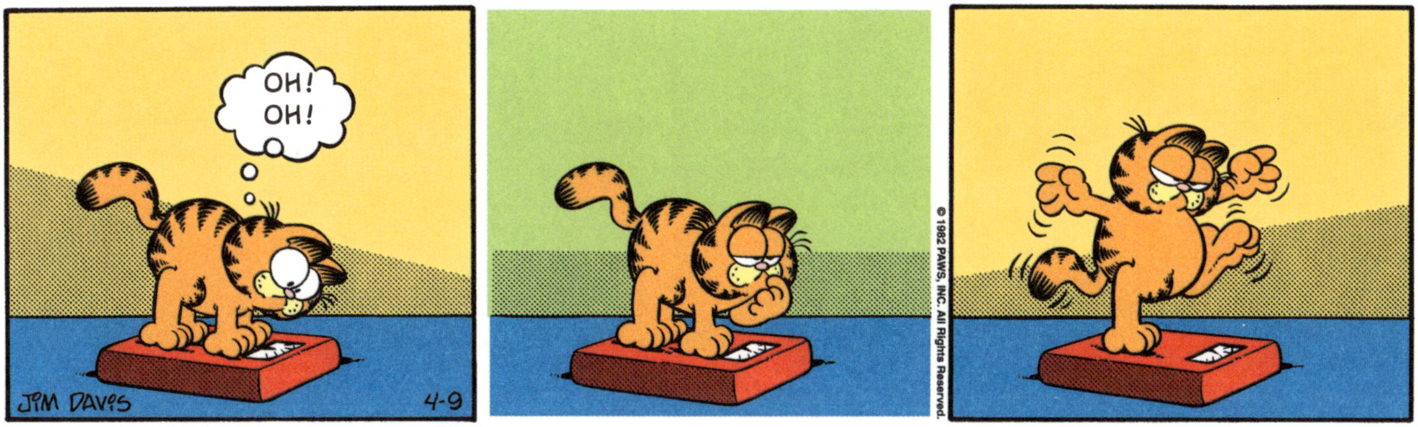
OH! OH!
JIM DAVIS
4-9
© 1982 PAWS, INC. All Rights Reserved.

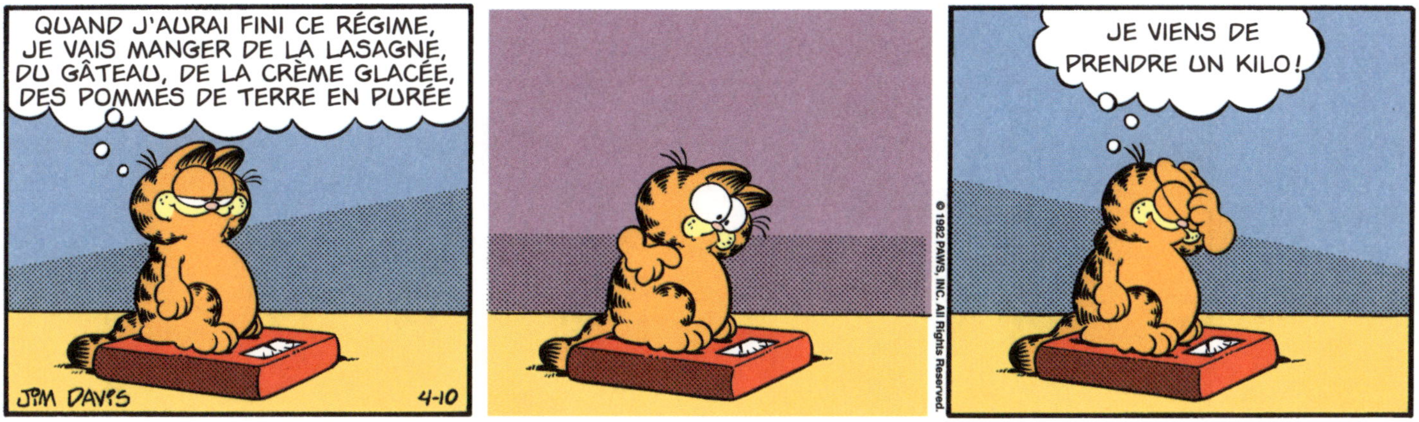
QUAND J'AURAI FINI CE RÉGIME, JE VAIS MANGER DE LA LASAGNE, DU GÂTEAU, DE LA CRÈME GLACÉE, DES POMMES DE TERRE EN PURÉE
JIM DAVIS
4-10
© 1982 PAWS, INC. All Rights Reserved.
JE VIENS DE PRENDRE UN KILO!

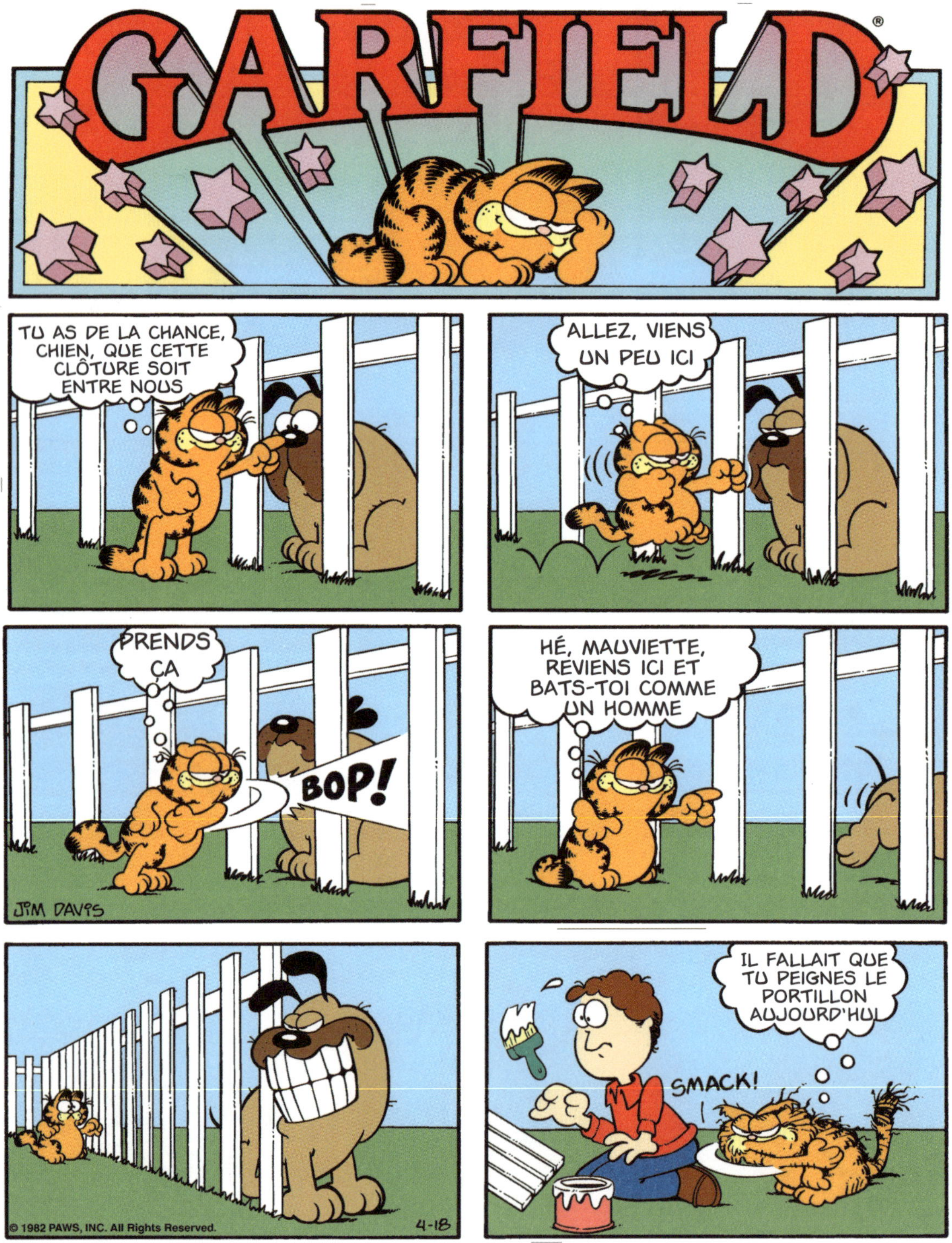
GARFIELD
TU AS DE LA CHANCE, CHIEN, QUE CETTE CLÔTURE SOIT ENTRE NOUS
ALLEZ, VIENS UN PEU ICI
PRENDS ÇA
BOP!
JIM DAVIS
HÉ, MAUVIETTE, REVIENS ICI ET BATS-TOI COMME UN HOMME
© 1982 PAWS, INC. All Rights Reserved.
4-18
IL FALLAIT QUE TU PEIGNES LE PORTILLON AUJOURD'HUI
SMACK!

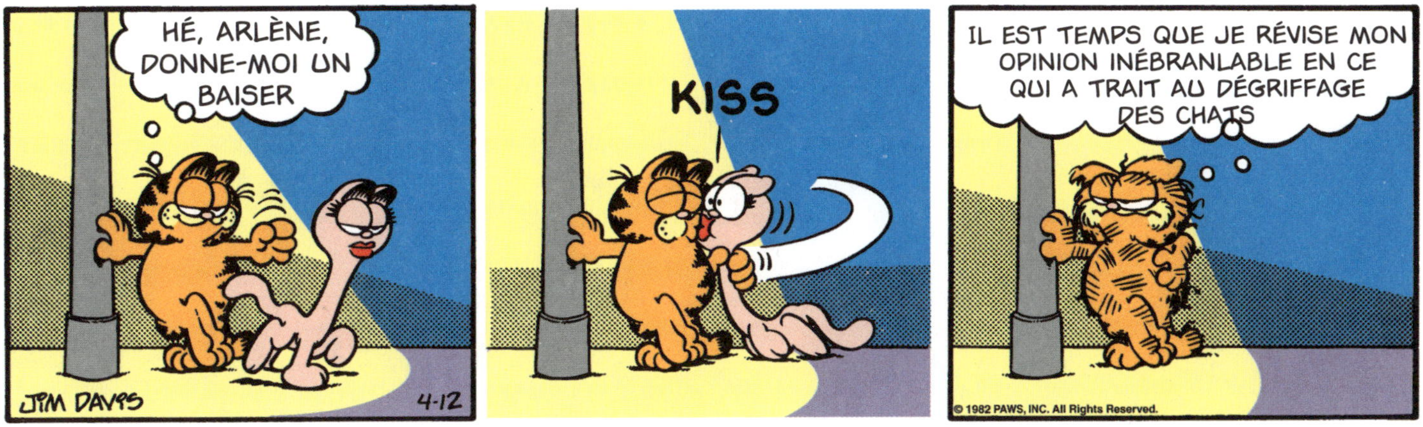
HÉ, ARLÈNE, DONNE-MOI UN BAISER
JIM DAVIS
4-12
KISS
IL EST TEMPS QUE JE RÉVISE MON OPINION INÉBRANLABLE EN CE QUI A TRAIT AU DÉGRIFFAGE DES CHATS
© 1982 PAWS, INC. All Rights Reserved.

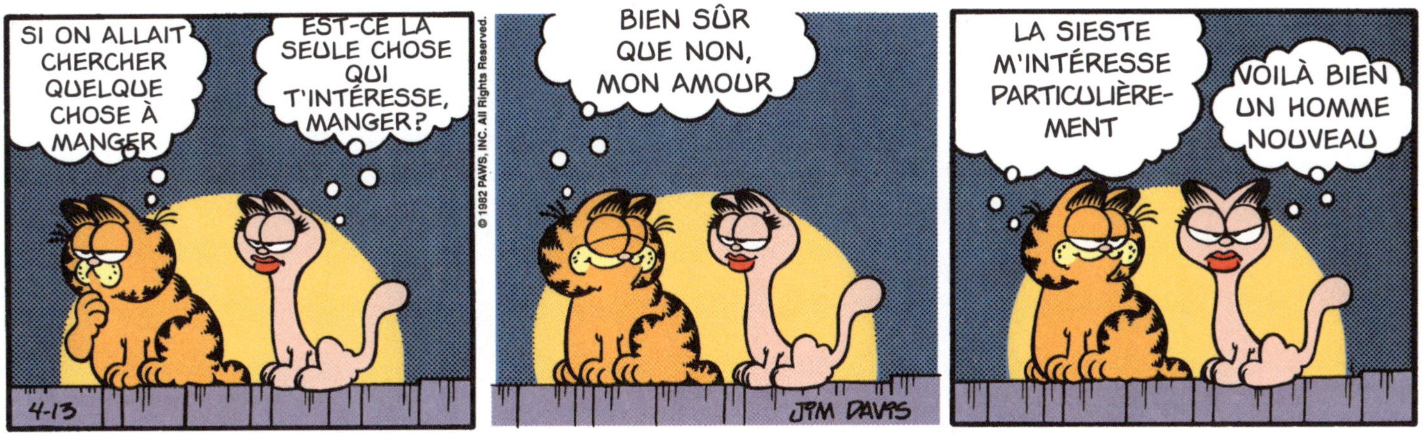
SI ON ALLAIT CHERCHER QUELQUE CHOSE À MANGER
EST-CE LA SEULE CHOSE QUI T'INTÉRESSE, MANGER?
4-13
© 1982 PAWS, INC. All Rights Reserved.
BIEN SÛR QUE NON, MON AMOUR
JIM DAVIS
LA SIESTE M'INTÉRESSE PARTICULIÈRE-MENT
VOILÀ BIEN UN HOMME NOUVEAU

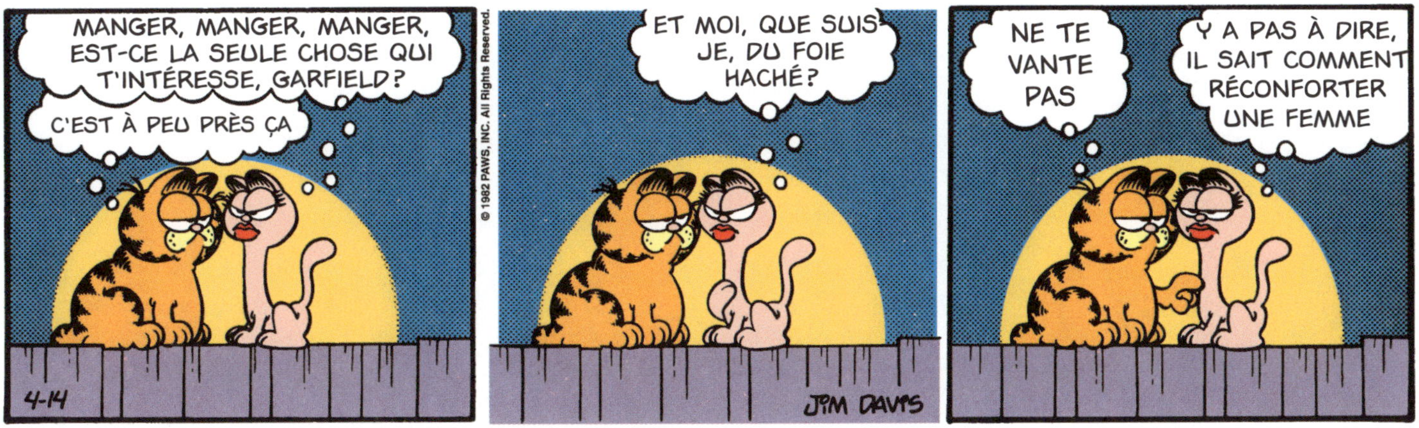
MANGER, MANGER, MANGER, EST-CE LA SEULE CHOSE QUI T'INTÉRESSE, GARFIELD?
C'EST À PEU PRÈS ÇA
4-14
© 1982 PAWS, INC. All Rights Reserved.
ET MOI, QUE SUIS JE, DU FOIE HACHÉ?
JIM DAVIS
NE TE VANTE PAS
Y A PAS À DIRE, IL SAIT COMMENT RÉCONFORTER UNE FEMME

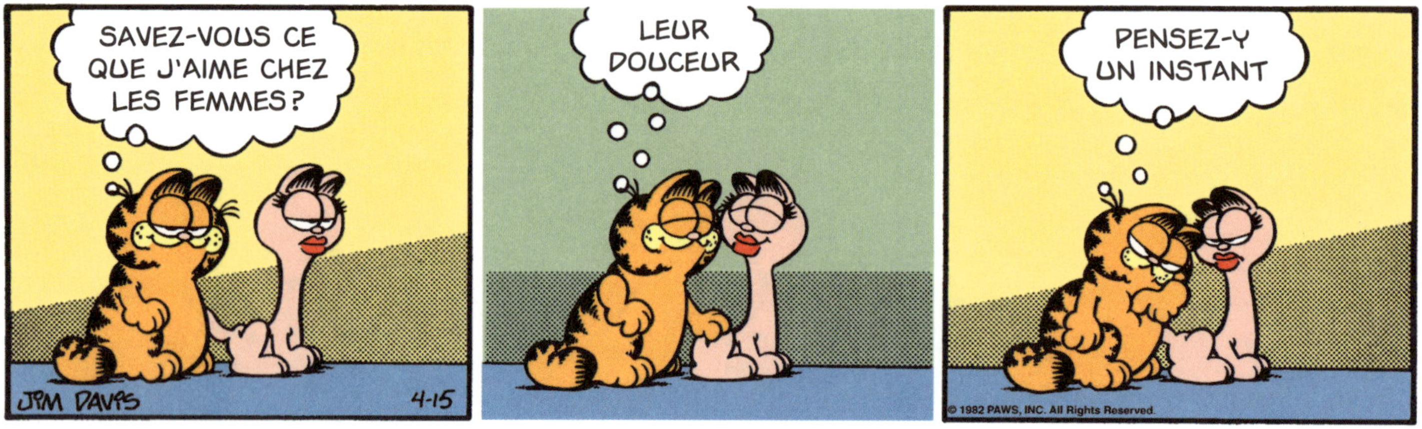
SAVEZ-VOUS CE QUE J'AIME CHEZ LES FEMMES?
JIM DAVIS
4-15
LEUR DOUCEUR
PENSEZ-Y UN INSTANT
© 1982 PAWS, INC. All Rights Reserved.

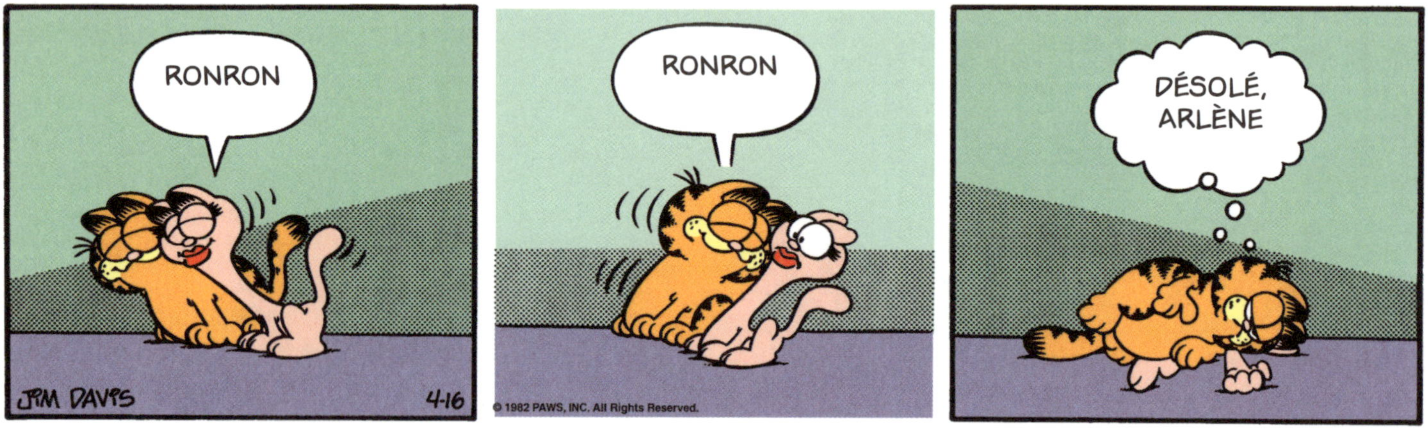
RONRON
JIM DAVIS
4-16
RONRON
© 1982 PAWS, INC. All Rights Reserved.
DÉSOLÉ, ARLÈNE

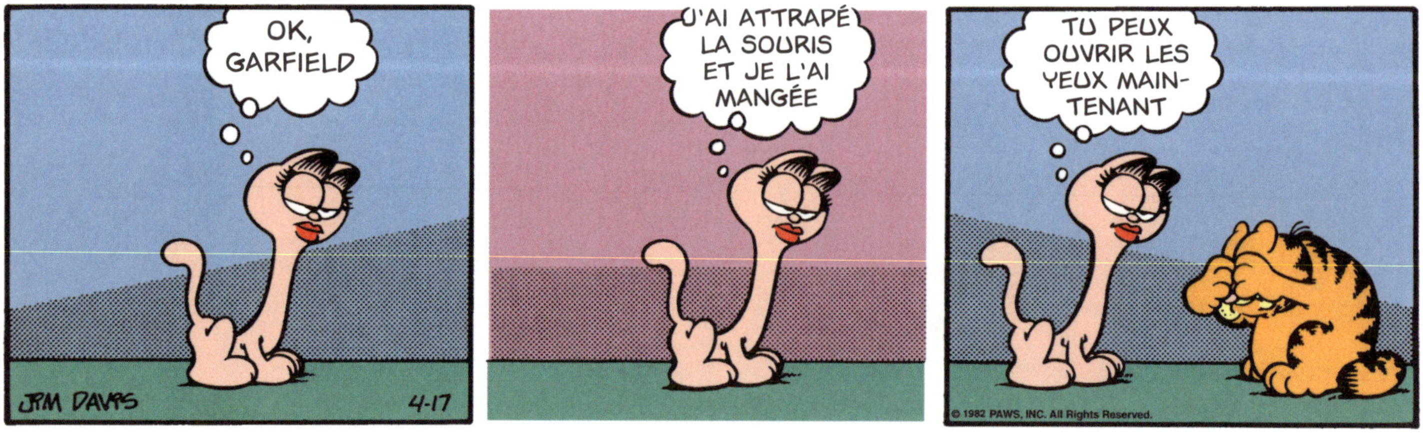
OK, GARFIELD
JIM DAVIS
4-17
J'AI ATTRAPÉ LA SOURIS ET JE L'AI MANGÉE
TU PEUX OUVRIR LES YEUX MAIN-TENANT
© 1982 PAWS, INC. All Rights Reserved.

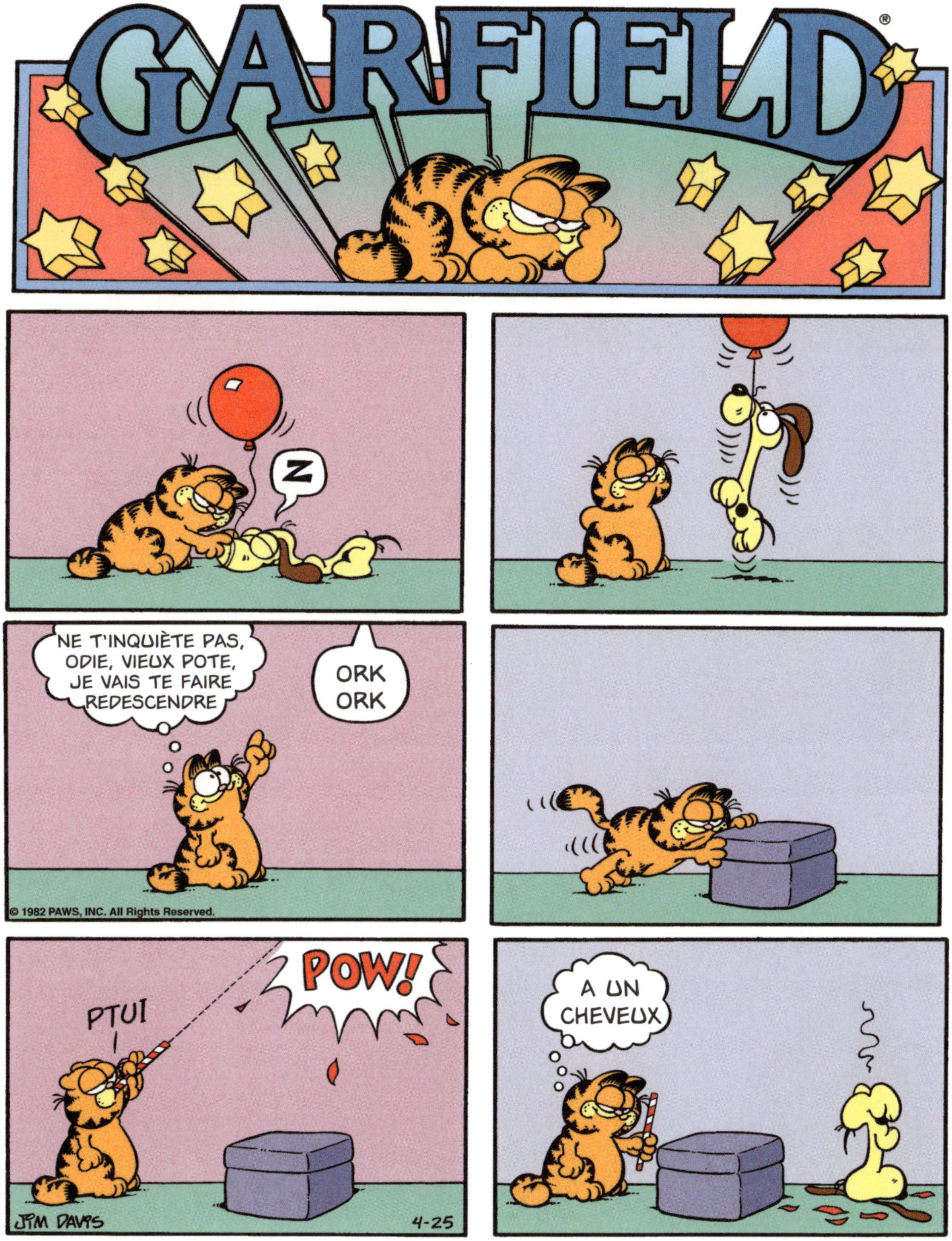
GARFIELD®
Z
NE T'INQUIÈTE PAS, ODIE, VIEUX POTE, JE VAIS TE FAIRE REDESCENDRE
ORK ORK
© 1982 PAWS, INC. All Rights Reserved.
PTUI
POW!
JIM DAVIS
4-25
A UN CHEVEUX

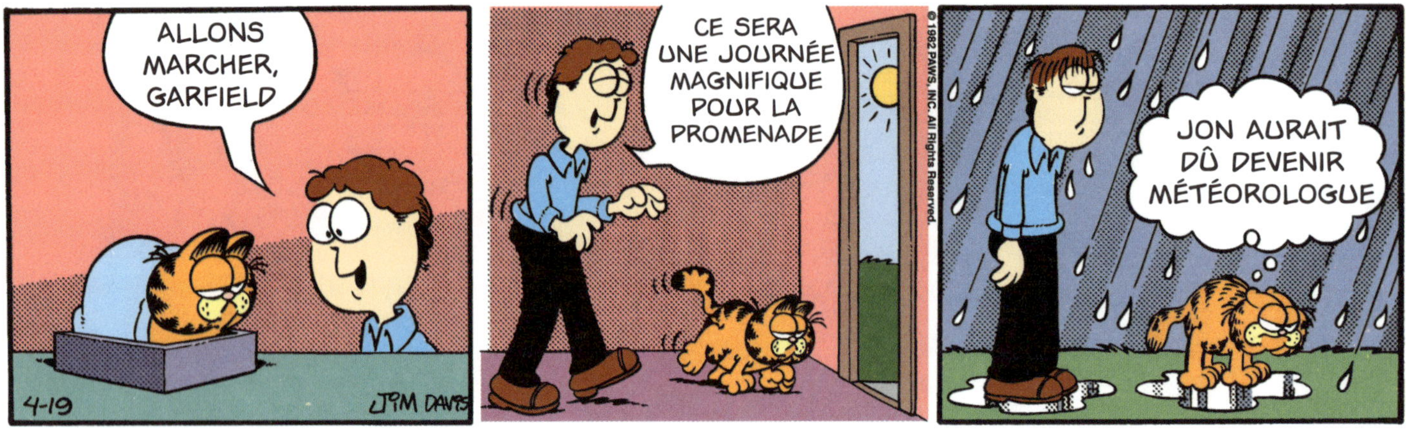
ALLONS MARCHER, GARFIELD
4-19
JIM DAVIS
CE SERA UNE JOURNÉE MAGNIFIQUE POUR LA PROMENADE
© 1982 PAWS, INC. All Rights Reserved.
JON AURAIT DÛ DEVENIR MÉTÉOROLOGUE

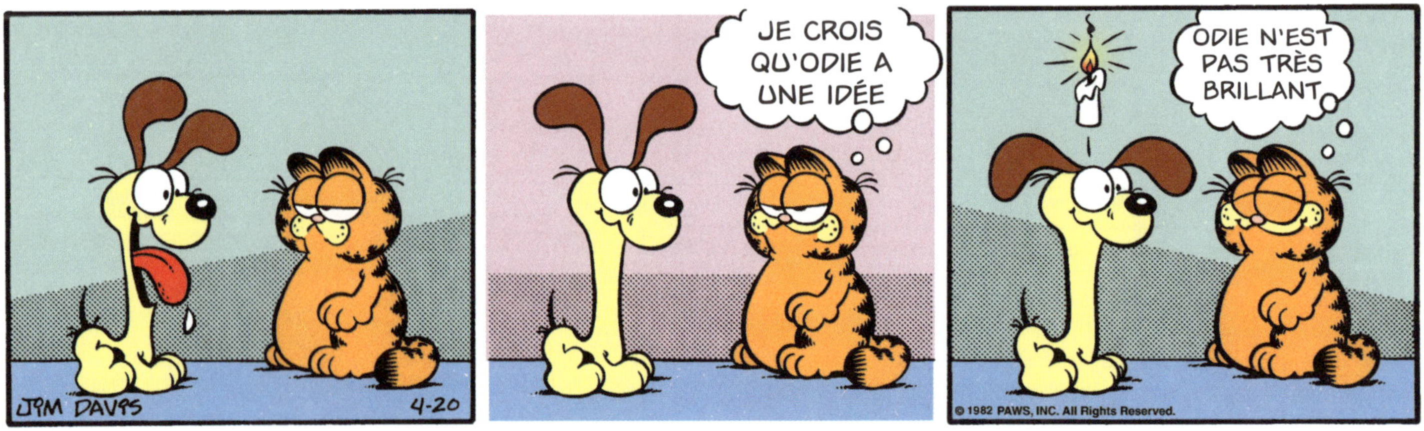
JIM DAVIS
4-20
JE CROIS QU'ODIE A UNE IDÉE
ODIE N'EST PAS TRÈS BRILLANT
© 1982 PAWS, INC. All Rights Reserved.

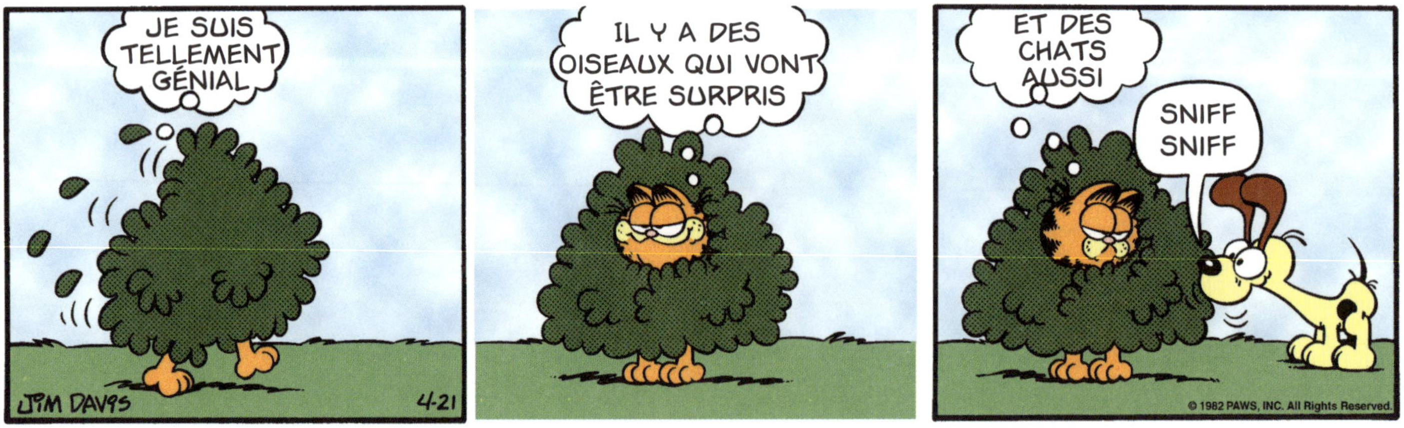
JE SUIS TELLEMENT GÉNIAL
JIM DAVIS
4-21
IL Y A DES OISEAUX QUI VONT ÊTRE SURPRIS
ET DES CHATS AUSSI
SNIFF SNIFF
© 1982 PAWS, INC. All Rights Reserved.

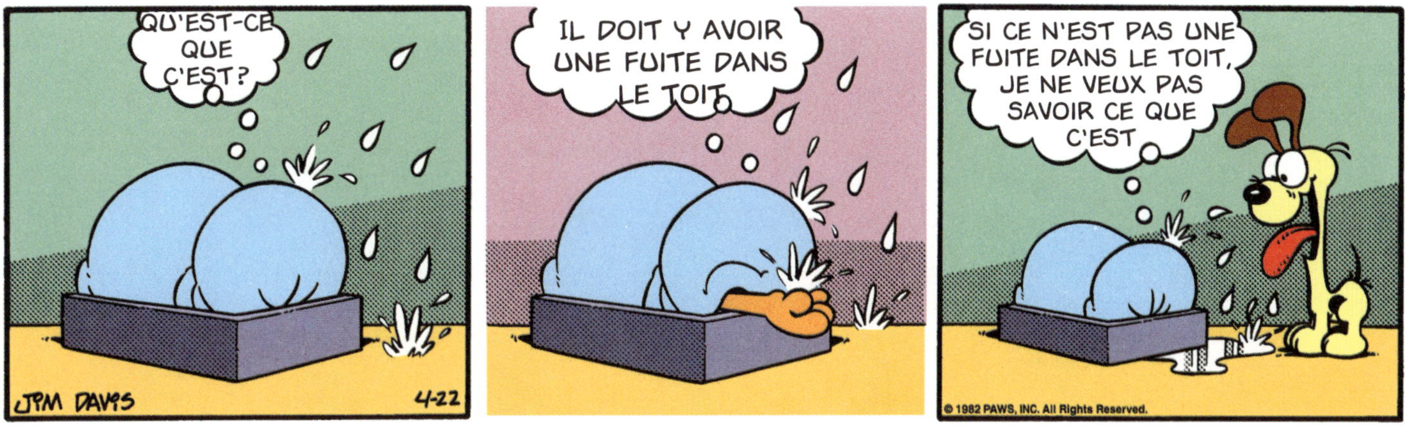
QU'EST-CE QUE C'EST?
JIM DAVIS
4-22
IL DOIT Y AVOIR UNE FUITE DANS LE TOIT
SI CE N'EST PAS UNE FUITE DANS LE TOIT, JE NE VEUX PAS SAVOIR CE QUE C'EST
© 1982 PAWS, INC. All Rights Reserved.

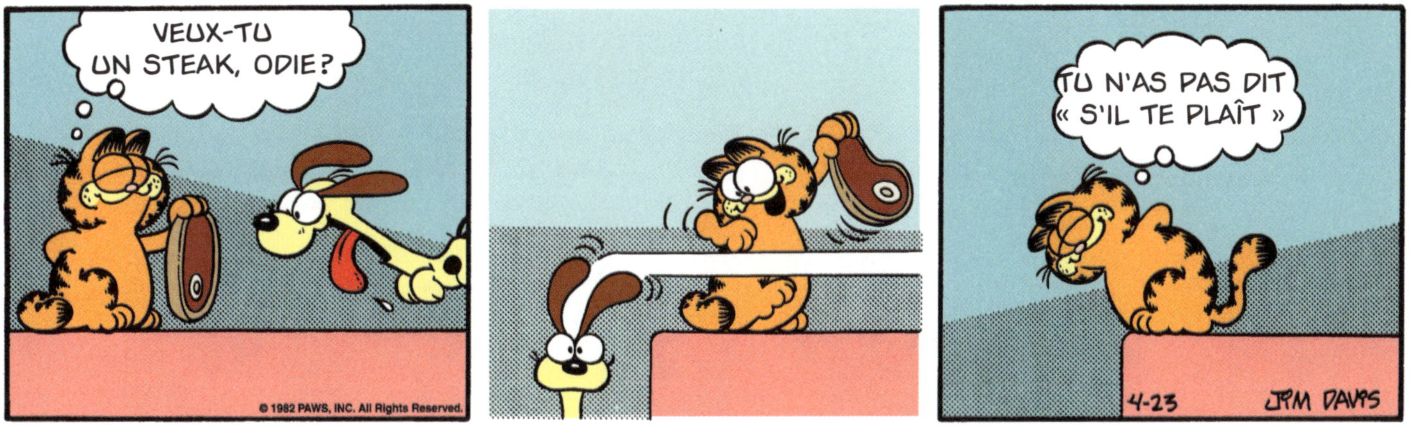
VEUX-TU UN STEAK, ODIE?
© 1982 PAWS, INC. All Rights Reserved.
TU N'AS PAS DIT « S'IL TE PLAÎT »
4-23
JIM DAVIS

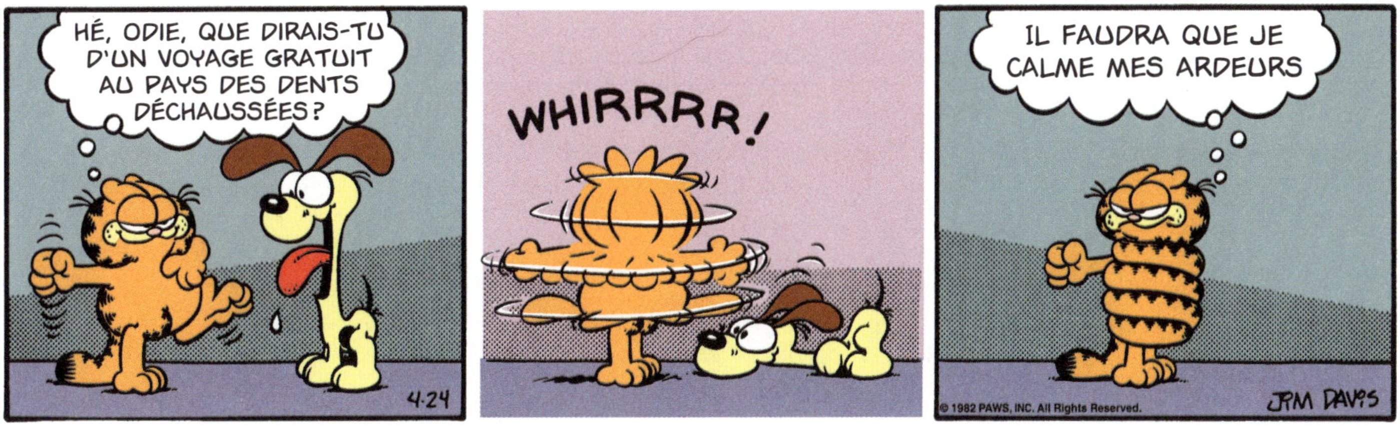
HÉ, ODIE, QUE DIRAIS-TU D'UN VOYAGE GRATUIT AU PAYS DES DENTS DÉCHAUSSÉES?
4-24
WHIRRRR!
IL FAUDRA QUE JE CALME MES ARDEURS
© 1982 PAWS, INC. All Rights Reserved.
JIM DAVIS

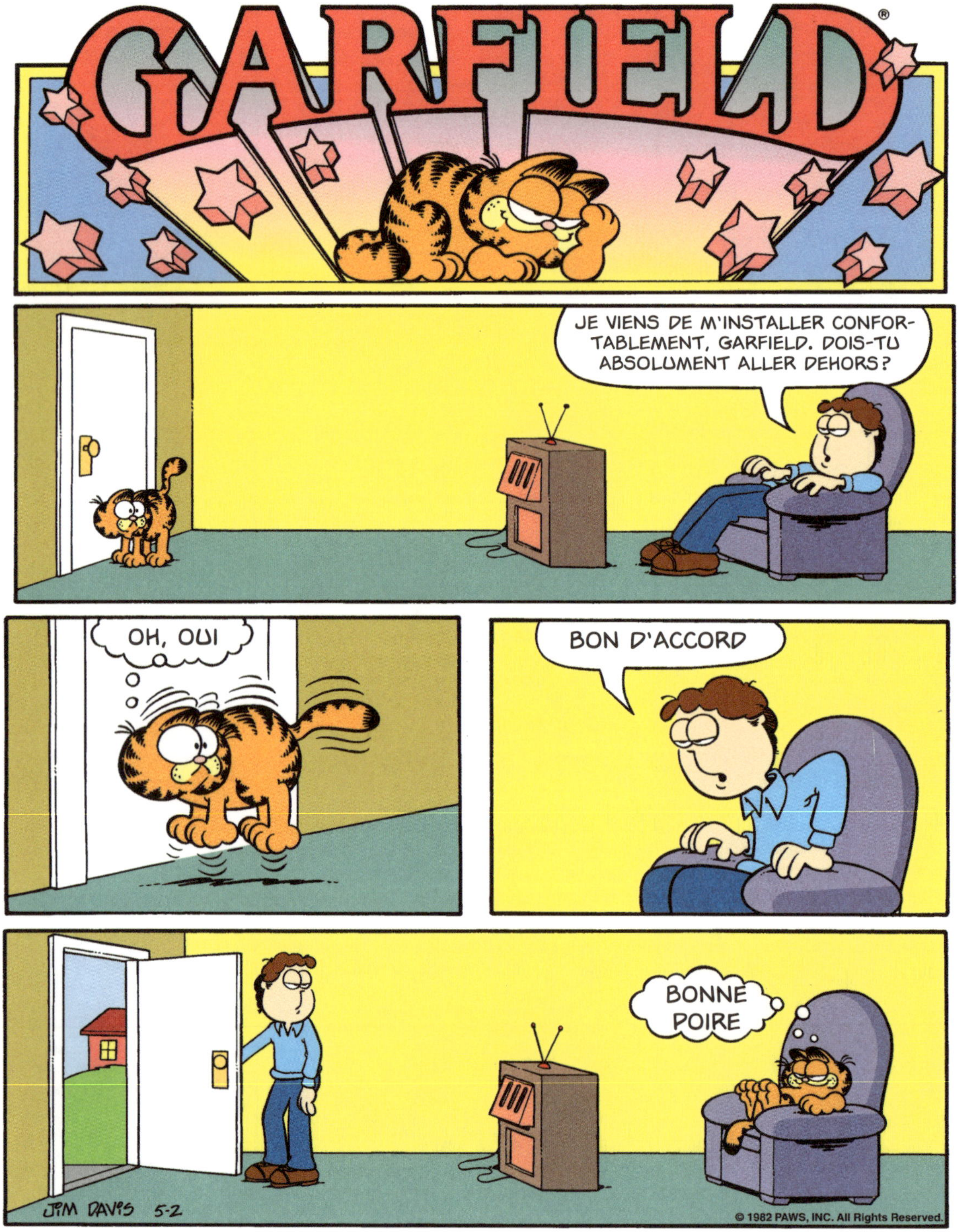
GARFIELD
JE VIENS DE M'INSTALLER CONFORTABLEMENT, GARFIELD. DOIS-TU ABSOLUMENT ALLER DEHORS?
OH, OUI
BON D'ACCORD
BONNE POIRE
JIM DAVIS 5-2
© 1982 PAWS, INC. All Rights Reserved.

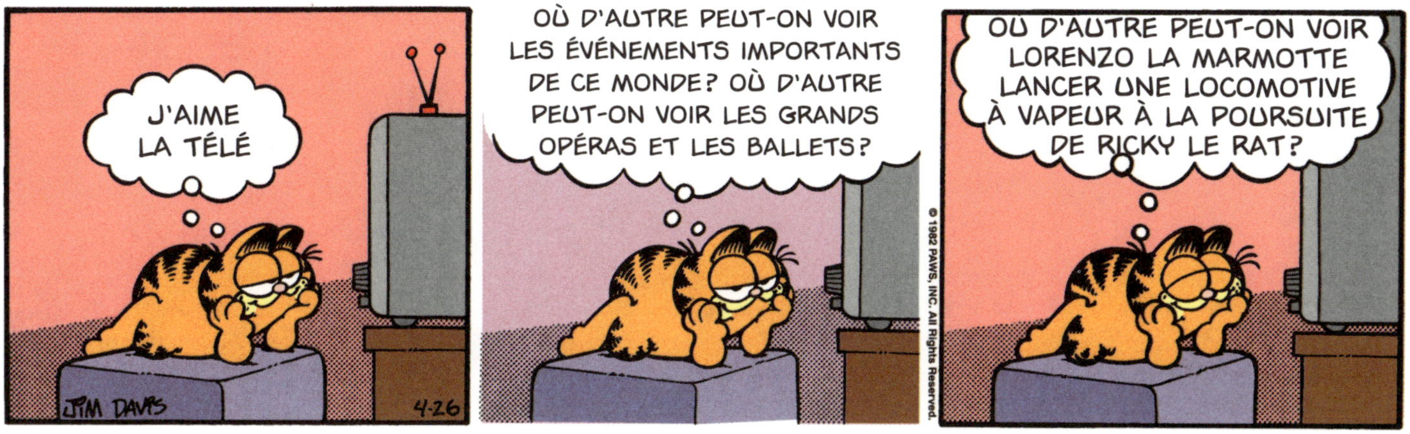
J'AIME LA TÉLÉ
JIM DAVIS
4-26
OÙ D'AUTRE PEUT-ON VOIR LES ÉVÉNEMENTS IMPORTANTS DE CE MONDE? OÙ D'AUTRE PEUT-ON VOIR LES GRANDS OPÉRAS ET LES BALLETS?
© 1982 PAWS, INC. All Rights Reserved.
OÙ D'AUTRE PEUT-ON VOIR LORENZO LA MARMOTTE LANCER UNE LOCOMOTIVE À VAPEUR À LA POURSUITE DE RICKY LE RAT?

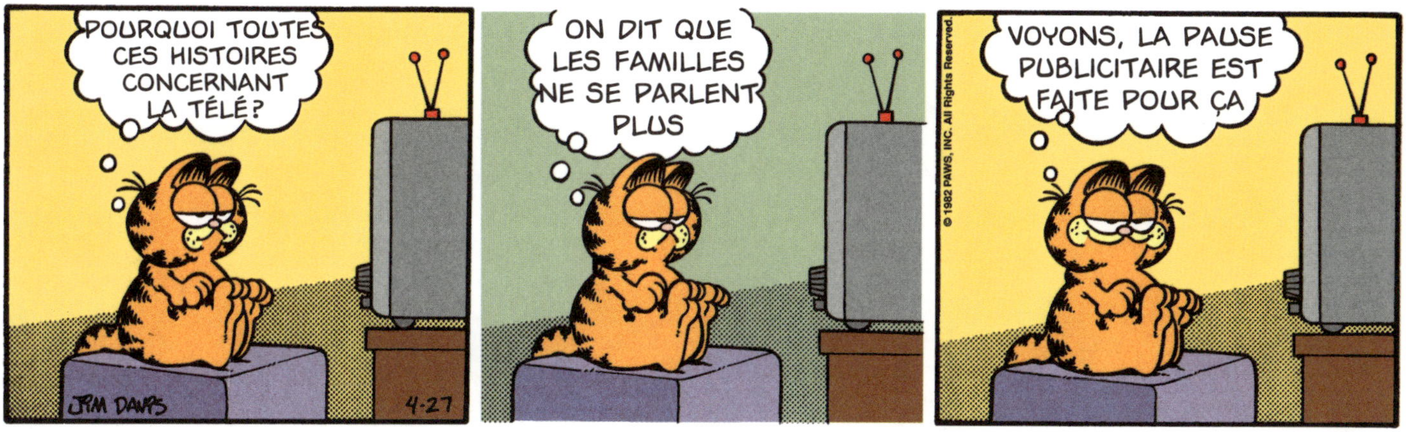
POURQUOI TOUTES CES HISTOIRES CONCERNANT LA TÉLÉ?
JIM DAVIS
4-27
ON DIT QUE LES FAMILLES NE SE PARLENT PLUS
© 1982 PAWS, INC. All Rights Reserved.
VOYONS, LA PAUSE PUBLICITAIRE EST FAITE POUR ÇA

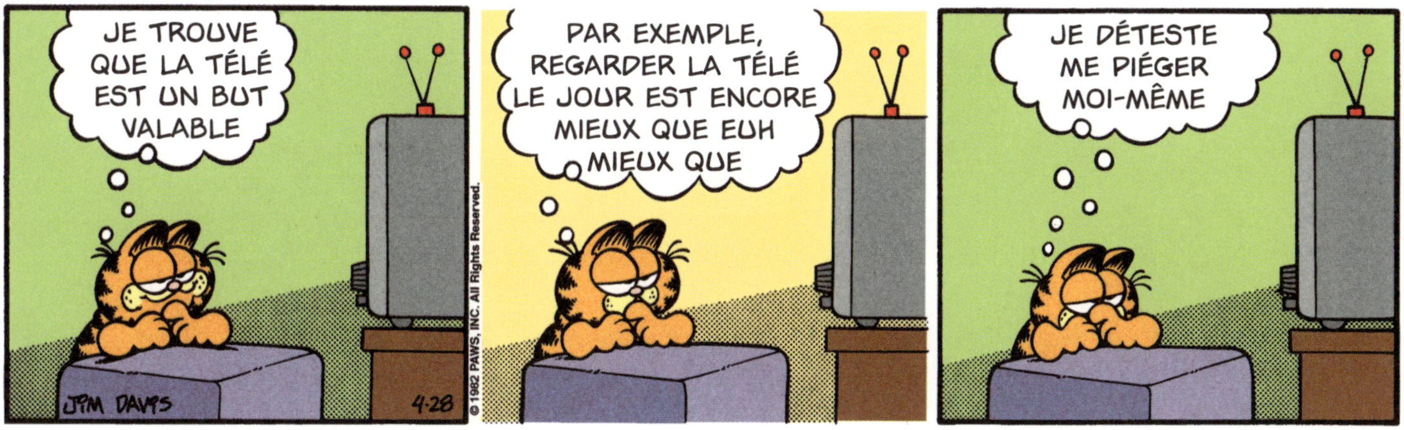
JE TROUVE QUE LA TÉLÉ EST UN BUT VALABLE
JIM DAVIS
4-28
© 1982 PAWS, INC. All Rights Reserved.
PAR EXEMPLE, REGARDER LA TÉLÉ LE JOUR EST ENCORE MIEUX QUE EUH MIEUX QUE
JE DÉTESTE ME PIÉGER MOI-MÊME

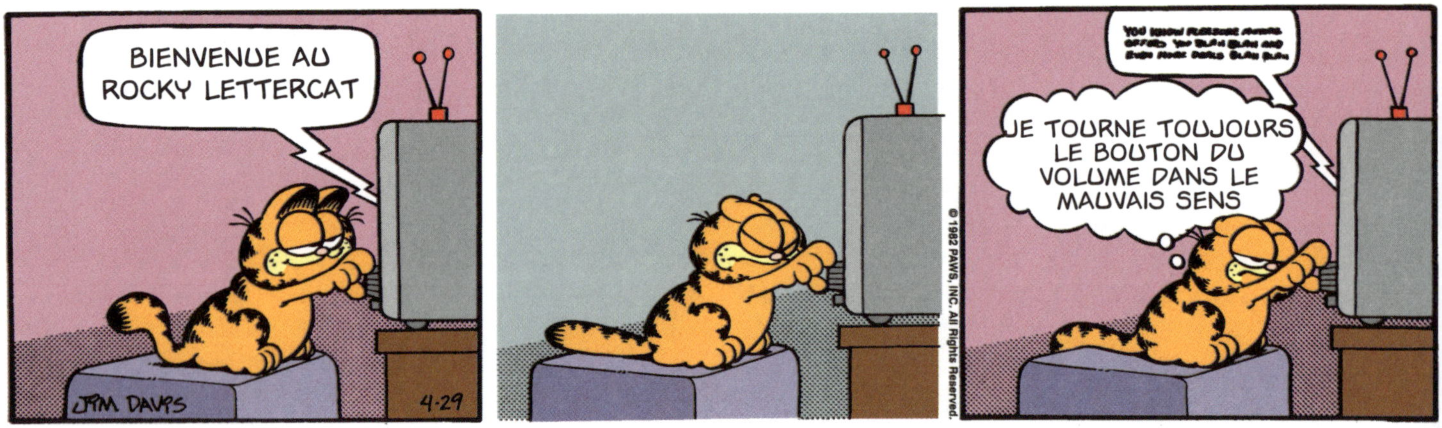
BIENVENUE AU ROCKY LETTERCAT
JIM DAVIS
4-29
© 1982 PAWS, INC. All Rights Reserved.
JE TOURNE TOUJOURS LE BOUTON DU VOLUME DANS LE MAUVAIS SENS

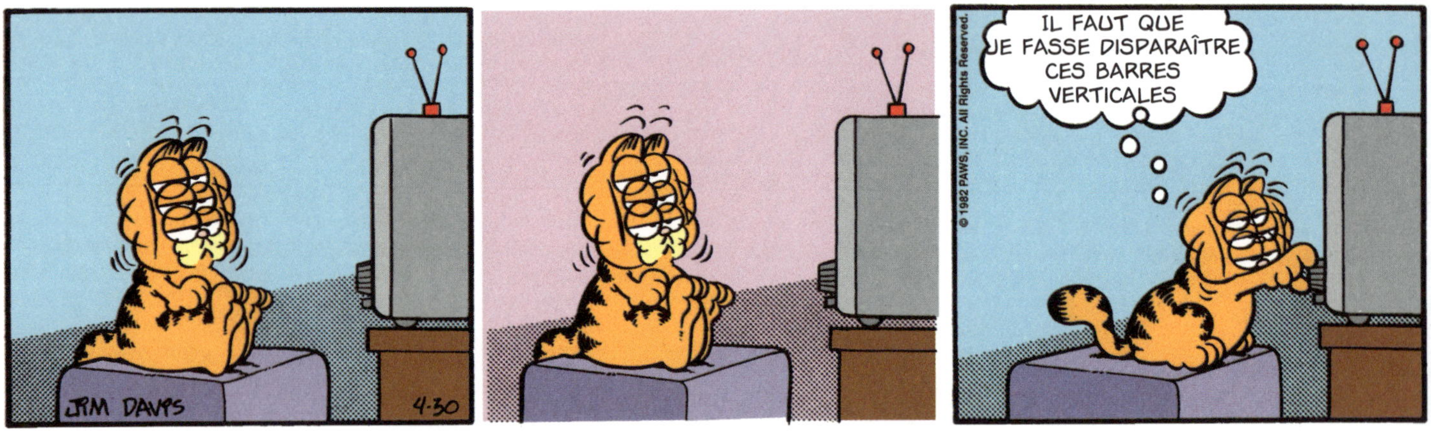
JIM DAVIS
4-30
© 1982 PAWS, INC. All Rights Reserved.
IL FAUT QUE JE FASSE DISPARAÎTRE CES BARRES VERTICALES

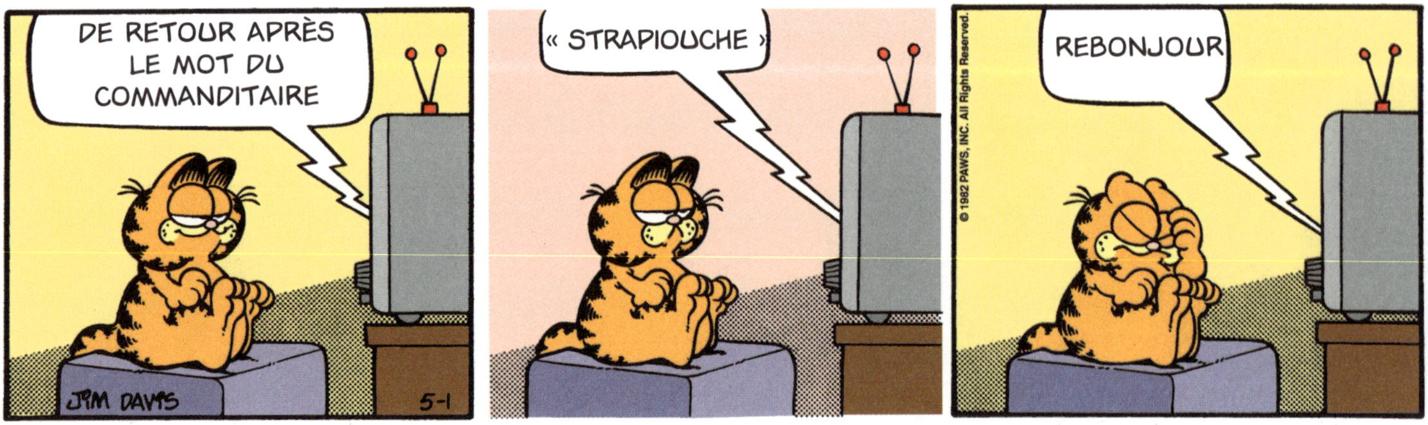
DE RETOUR APRÈS LE MOT DU COMMANDITAIRE
JIM DAVIS
5-1
« STRAPIOUCHE »
© 1982 PAWS, INC. All Rights Reserved.
REBONJOUR

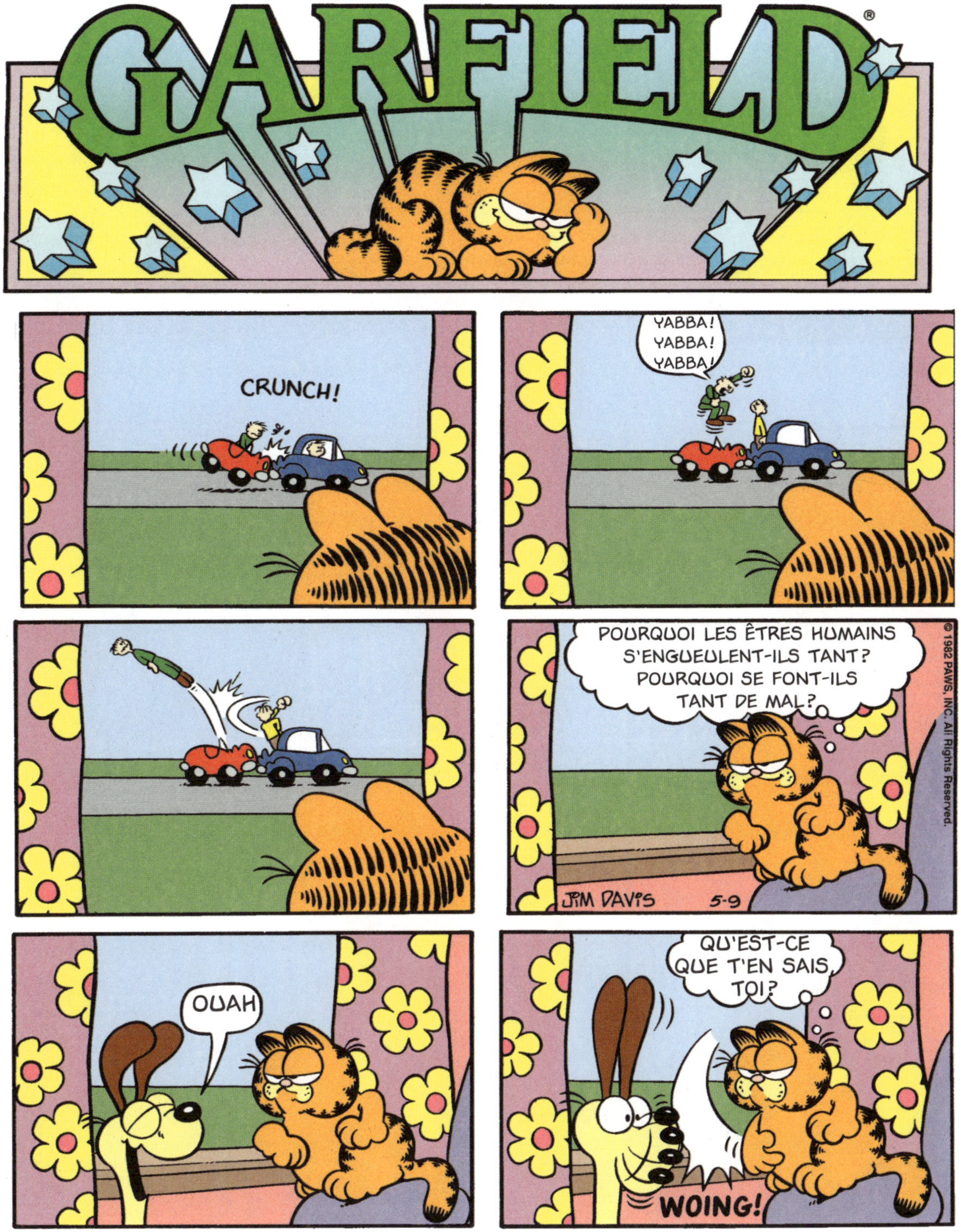
GARFIELD
CRUNCH!
YABBA! YABBA! YABBA!
POURQUOI LES ÊTRES HUMAINS S'ENGUEULENT-ILS TANT? POURQUOI SE FONT-ILS TANT DE MAL?
© 1982 PAWS, INC. All Rights Reserved.
JIM DAVIS 5-9
OUAH
QU'EST-CE QUE T'EN SAIS, TOI?
WOING!

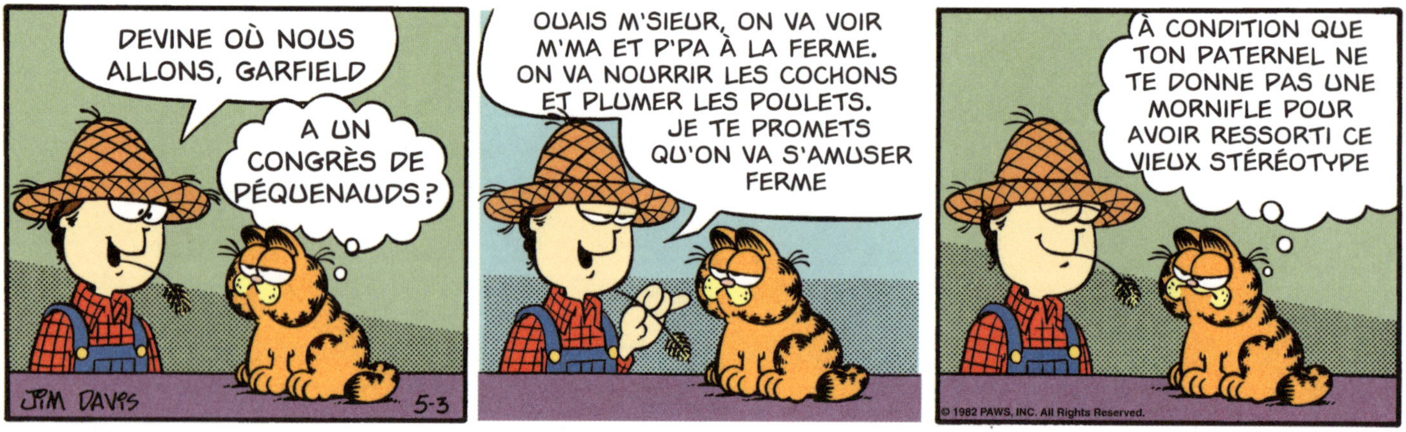
DEVINE OÙ NOUS ALLONS, GARFIELD
A UN CONGRÈS DE PÉQUENAUDS?
JIM DAVIS 5-3
OUAIS M'SIEUR, ON VA VOIR M'MA ET P'PA À LA FERME. ON VA NOURRIR LES COCHONS ET PLUMER LES POULETS.
JE TE PROMETS QU'ON VA S'AMUSER FERME
À CONDITION QUE TON PATERNEL NE TE DONNE PAS UNE MORNIFLE POUR AVOIR RESSORTI CE VIEUX STÉRÉOTYPE
© 1982 PAWS, INC. All Rights Reserved.

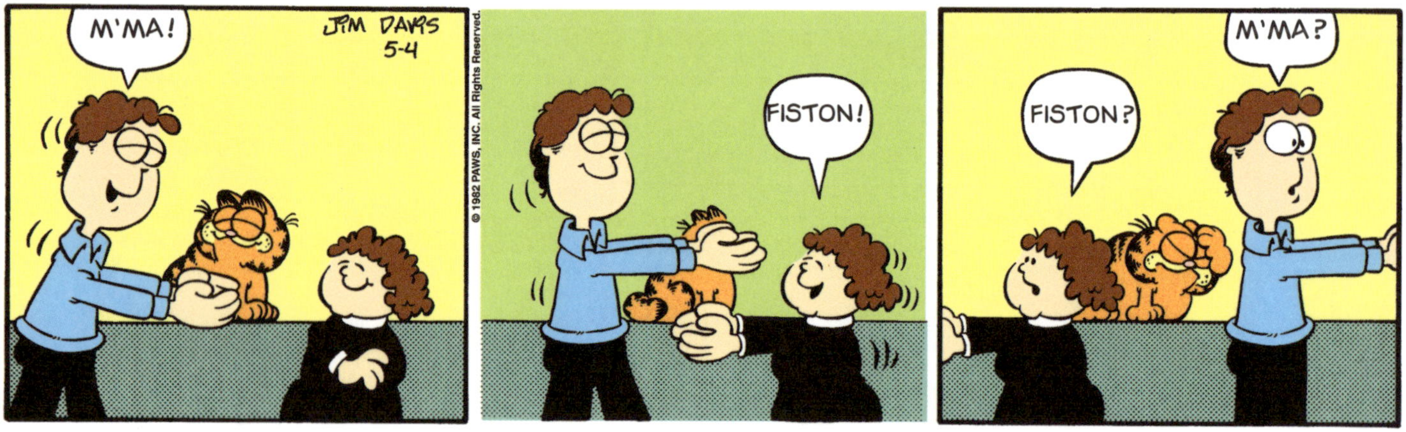
M'MA!
JIM DAVIS 5-4
© 1982 PAWS, INC. All Rights Reserved.
FISTON!
FISTON?
M'MA?

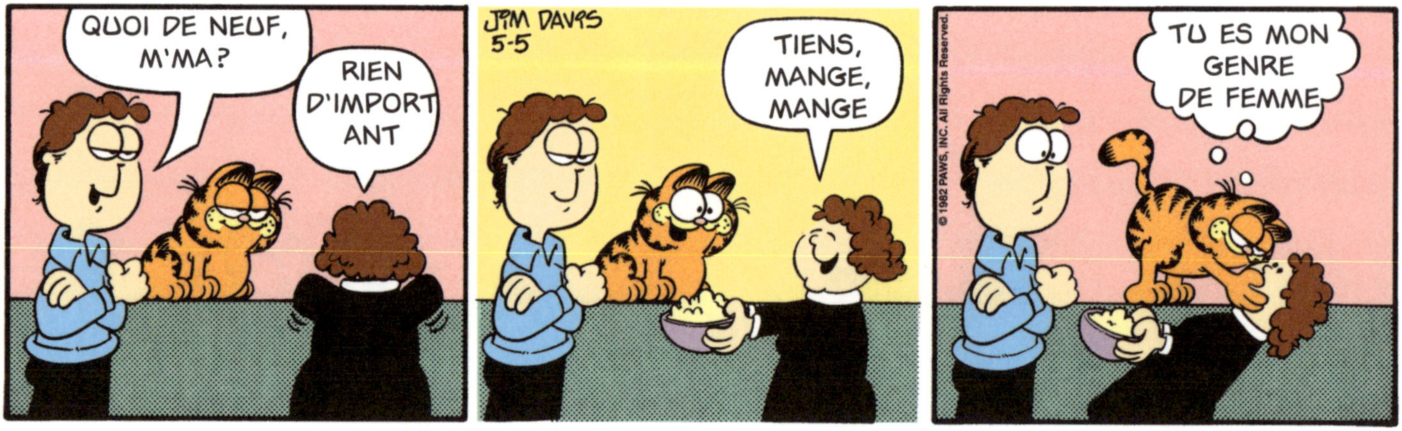
QUOI DE NEUF, M'MA?
RIEN D'IMPORTANT
JIM DAVIS 5-5
TIENS, MANGE, MANGE
© 1982 PAWS, INC. All Rights Reserved.
TU ES MON GENRE DE FEMME

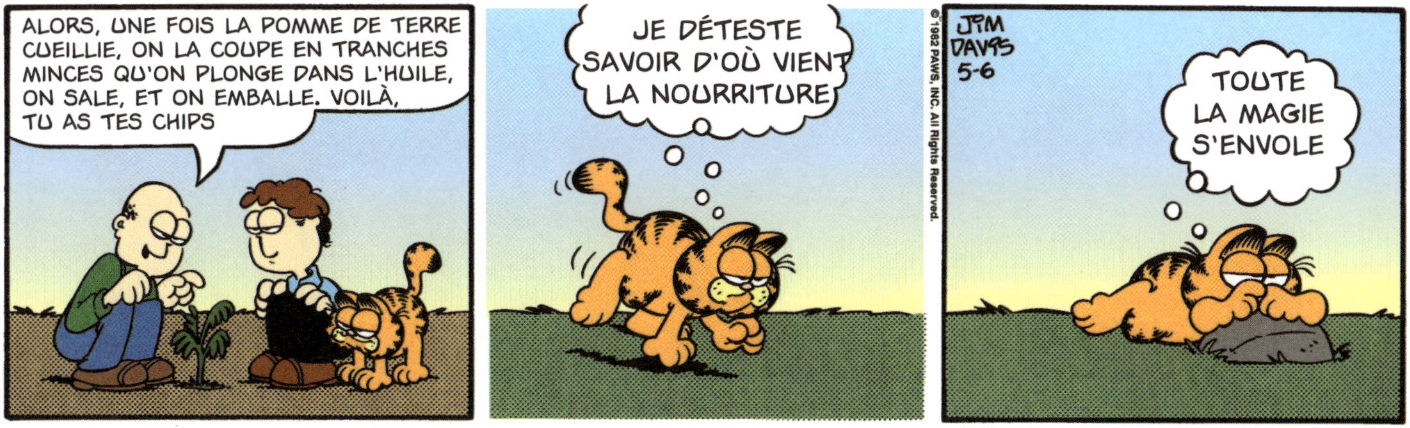
ALORS, UNE FOIS LA POMME DE TERRE CUEILLIE, ON LA COUPE EN TRANCHES MINCES QU'ON PLONGE DANS L'HUILE, ON SALE, ET ON EMBALLE. VOILÀ, TU AS TES CHIPS
JE DÉTESTE SAVOIR D'OÙ VIENT LA NOURRITURE
© 1982 PAWS, INC. All Rights Reserved.
JIM DAVIS 5-6
TOUTE LA MAGIE S'ENVOLE

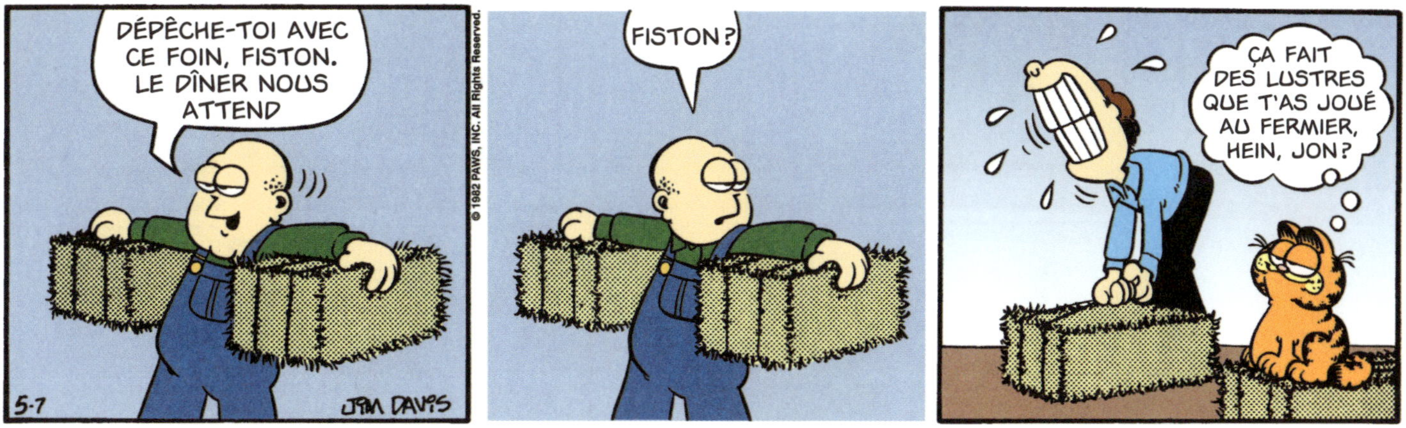
DÉPÊCHE-TOI AVEC CE FOIN, FISTON. LE DÎNER NOUS ATTEND
5-7
JIM DAVIS
© 1982 PAWS, INC. All Rights Reserved.
FISTON?
ÇA FAIT DES LUSTRES QUE T'AS JOUÉ AU FERMIER, HEIN, JON?

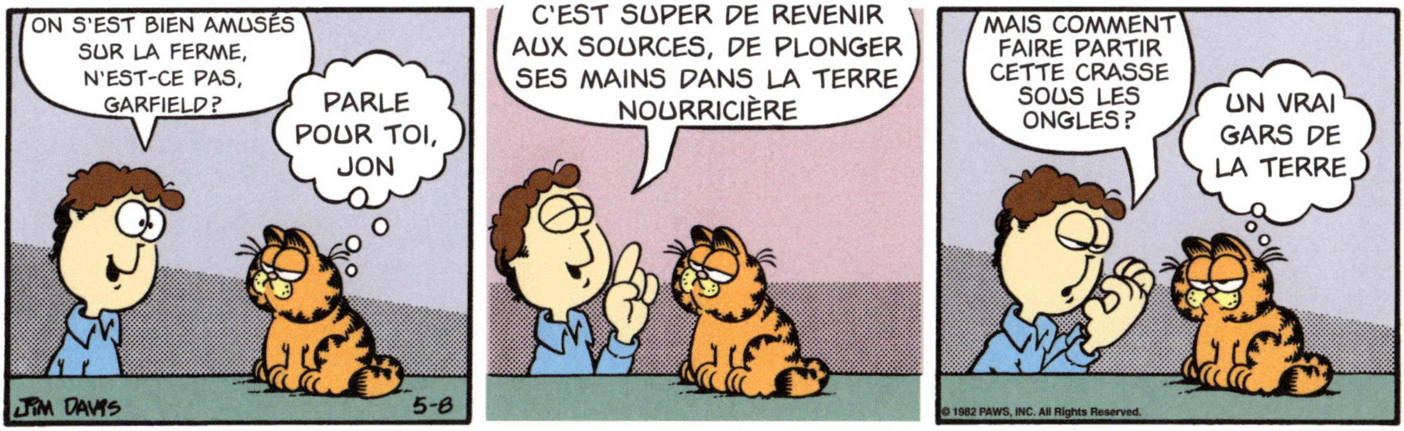
ON S'EST BIEN AMUSÉS SUR LA FERME, N'EST-CE PAS, GARFIELD?
PARLE POUR TOI, JON
JIM DAVIS
5-8
C'EST SUPER DE REVENIR AUX SOURCES, DE PLONGER SES MAINS DANS LA TERRE NOURRICIÈRE
MAIS COMMENT FAIRE PARTIR CETTE CRASSE SOUS LES ONGLES?
UN VRAI GARS DE LA TERRE
© 1982 PAWS, INC. All Rights Reserved.

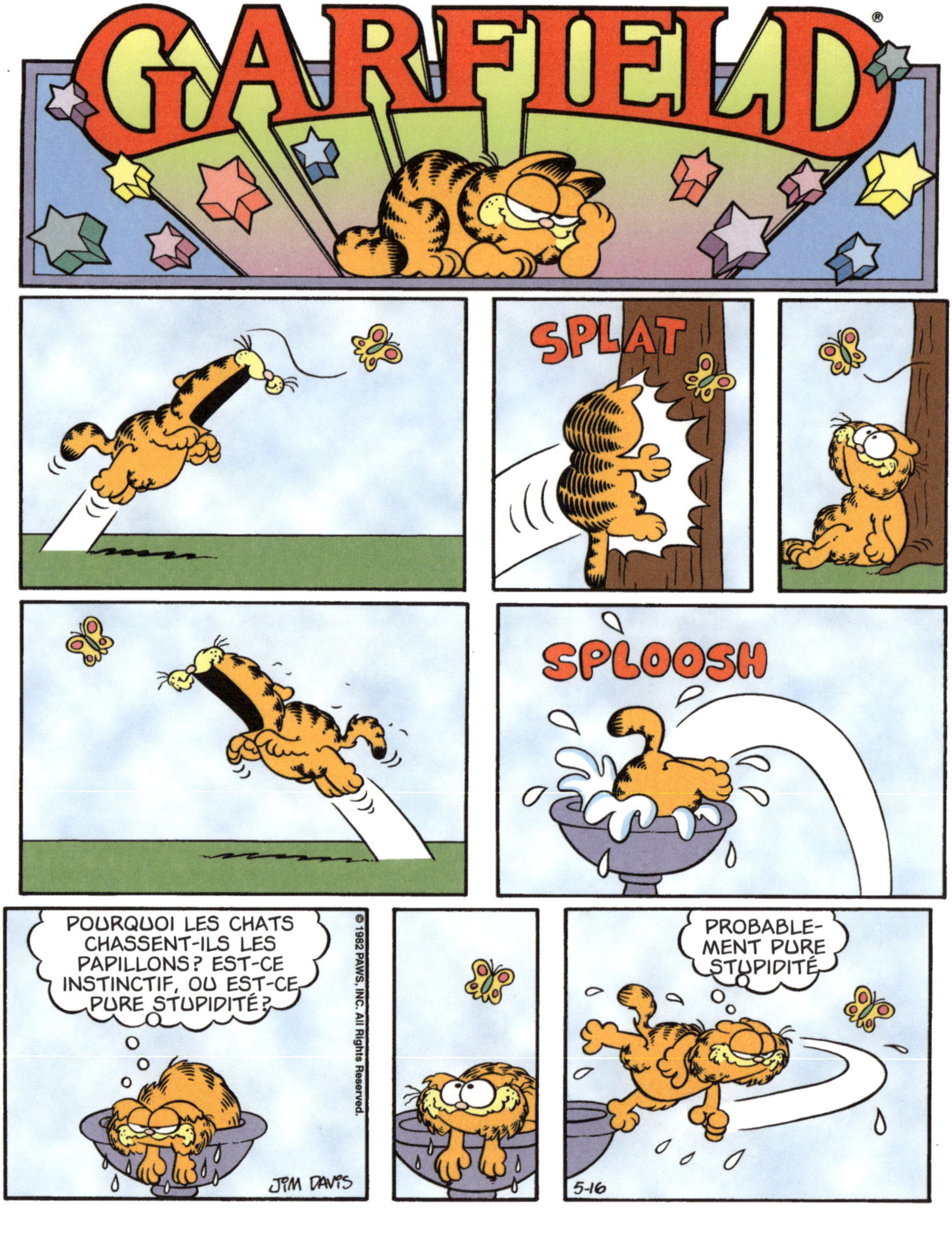
GARFIELD
SPLAT
SPLOOSH
POURQUOI LES CHATS CHASSENT-ILS LES PAPILLONS? EST-CE INSTINCTIF, OU EST-CE PURE STUPIDITÉ?
© 1982 PAWS, INC. All Rights Reserved.
JIM DAVIS
PROBABLEMENT PURE STUPIDITÉ
5-16

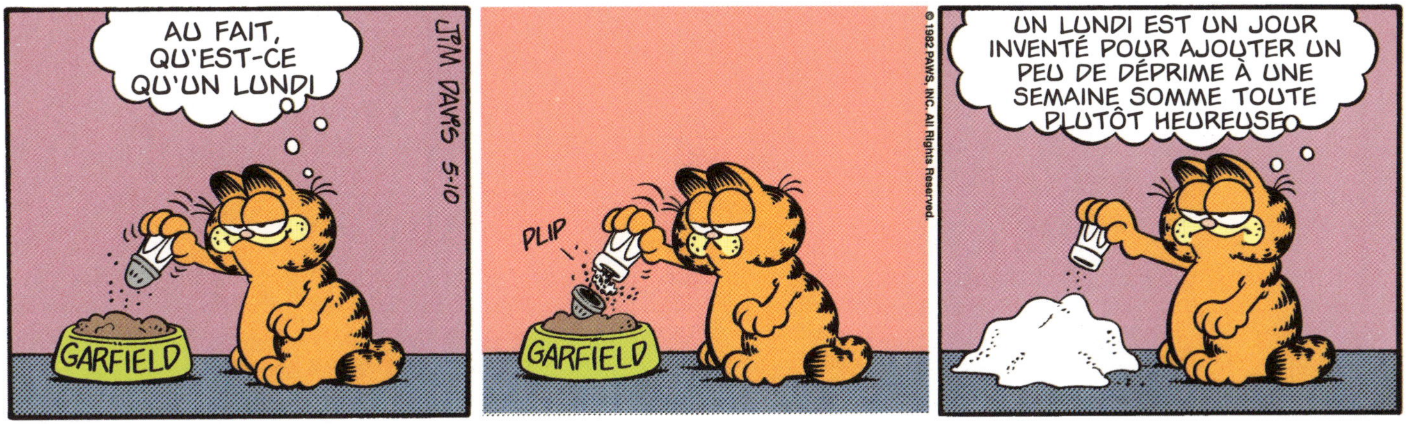
AU FAIT, QU'EST-CE QU'UN LUNDI
JIM DAVIS 5-10
GARFIELD
PLIP
GARFIELD
© 1982 PAWS, INC. All Rights Reserved.
UN LUNDI EST UN JOUR INVENTÉ POUR AJOUTER UN PEU DE DÉPRIME À UNE SEMAINE SOMME TOUTE PLUTÔT HEUREUSE

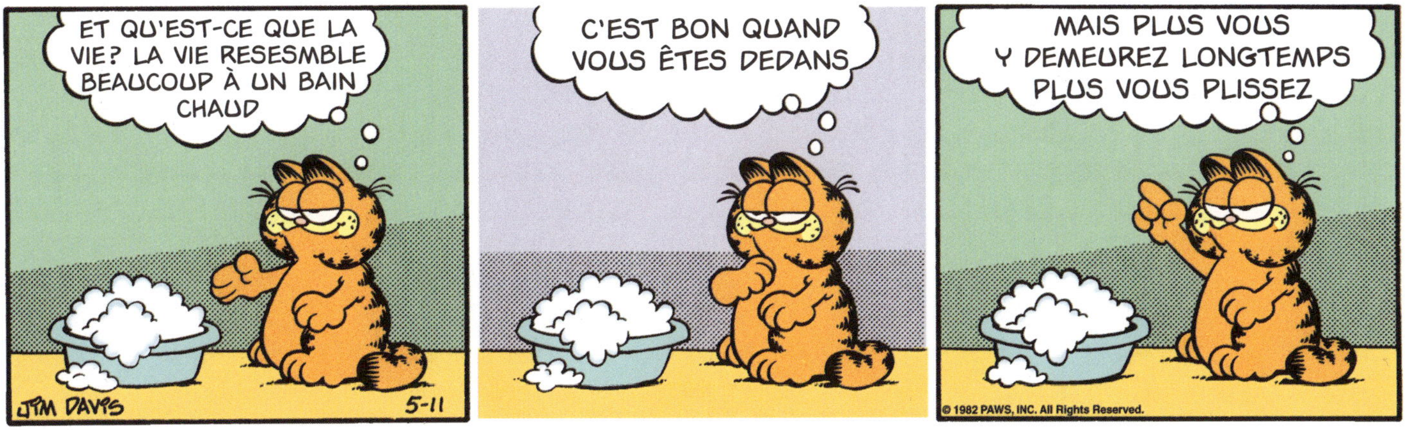
ET QU'EST-CE QUE LA VIE? LA VIE RESESMBLE BEAUCOUP À UN BAIN CHAUD
JIM DAVIS 5-11
C'EST BON QUAND VOUS ÊTES DEDANS
MAIS PLUS VOUS Y DEMEUREZ LONGTEMPS PLUS VOUS PLISSEZ
© 1982 PAWS, INC. All Rights Reserved.

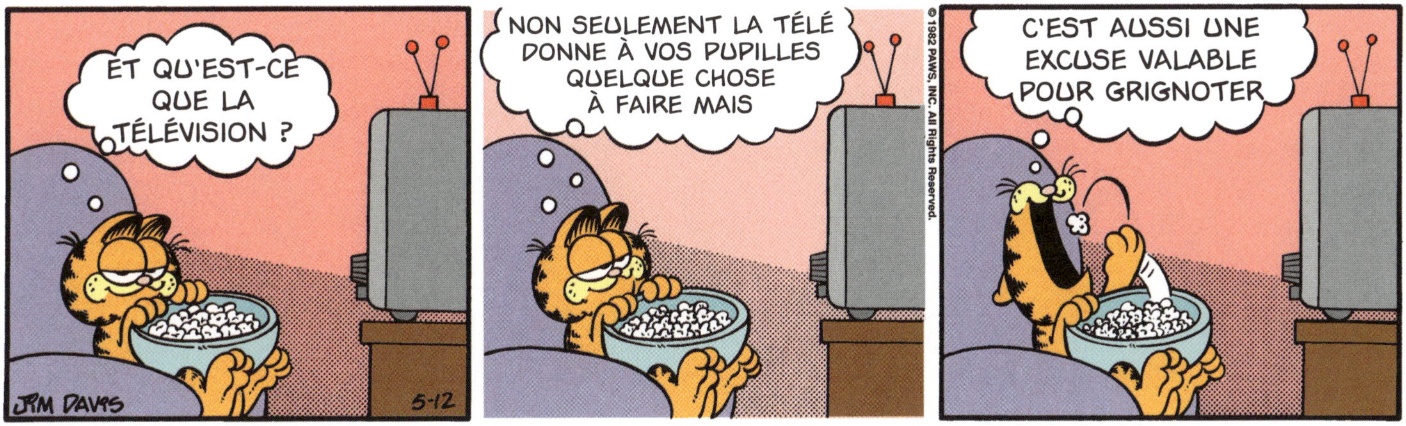
ET QU'EST-CE QUE LA TÉLÉVISION ?
JIM DAVIS 5-12
NON SEULEMENT LA TÉLÉ DONNE À VOS PUPILLES QUELQUE CHOSE À FAIRE MAIS
© 1982 PAWS, INC. All Rights Reserved.
C'EST AUSSI UNE EXCUSE VALABLE POUR GRIGNOTER

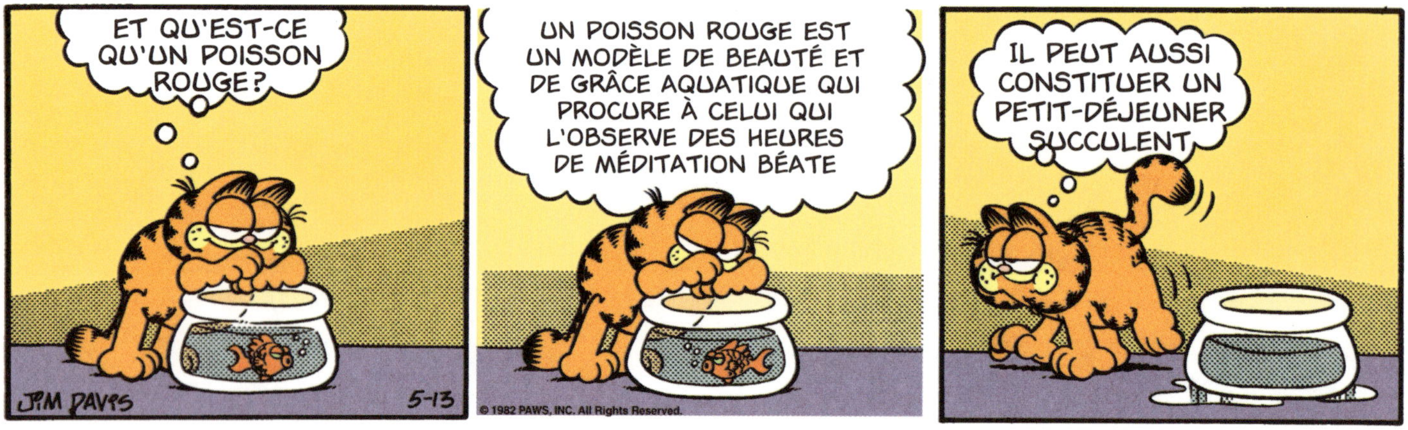
ET QU'EST-CE QU'UN POISSON ROUGE?
UN POISSON ROUGE EST UN MODÈLE DE BEAUTÉ ET DE GRÂCE AQUATIQUE QUI PROCURE À CELUI QUI L'OBSERVE DES HEURES DE MÉDITATION BÉATE
IL PEUT AUSSI CONSTITUER UN PETIT-DÉJEUNER SUCCULENT
JIM DAVIS 5-13
© 1982 PAWS, INC. All Rights Reserved.

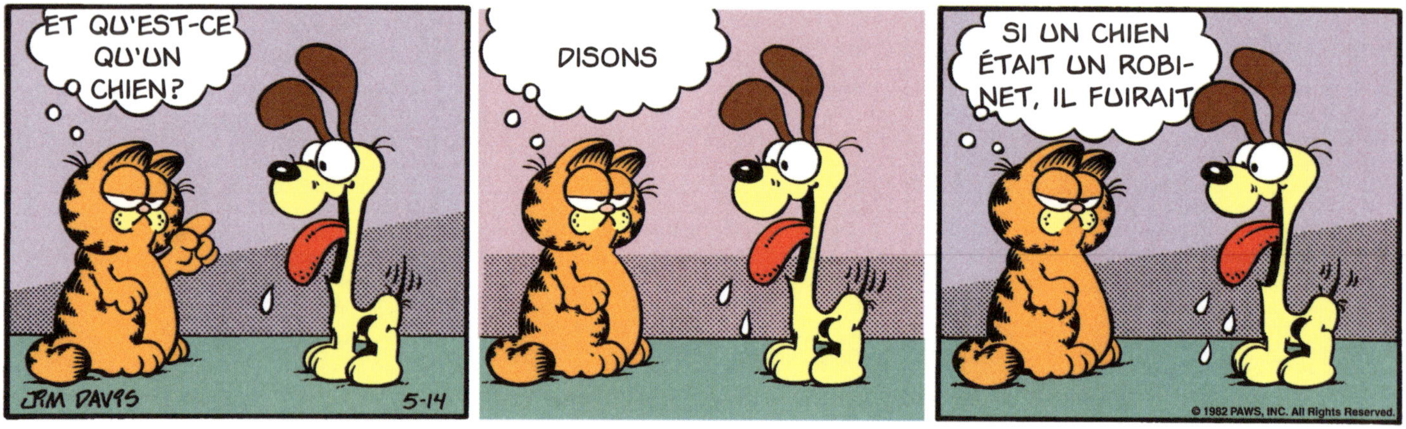
ET QU'EST-CE QU'UN CHIEN?
DISONS
SI UN CHIEN ÉTAIT UN ROBINET, IL FUIRAIT
JIM DAVIS 5-14
© 1982 PAWS, INC. All Rights Reserved.

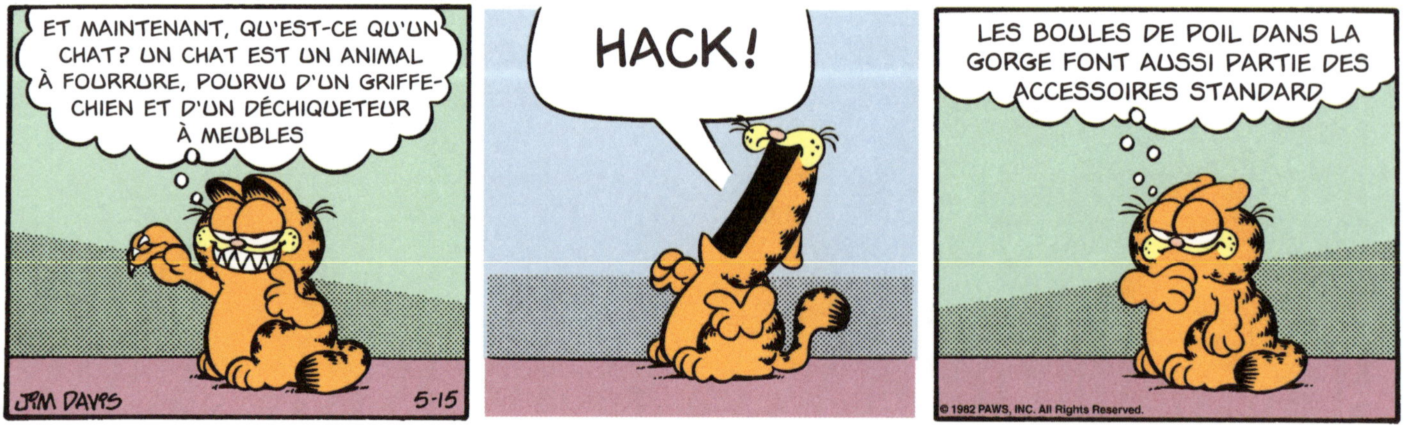
ET MAINTENANT, QU'EST-CE QU'UN CHAT? UN CHAT EST UN ANIMAL À FOURRURE, POURVU D'UN GRIFFE-CHIEN ET D'UN DÉCHIQUETEUR À MEUBLES
HACK!
LES BOULES DE POIL DANS LA GORGE FONT AUSSI PARTIE DES ACCESSOIRES STANDARD
JIM DAVIS 5-15
© 1982 PAWS, INC. All Rights Reserved.

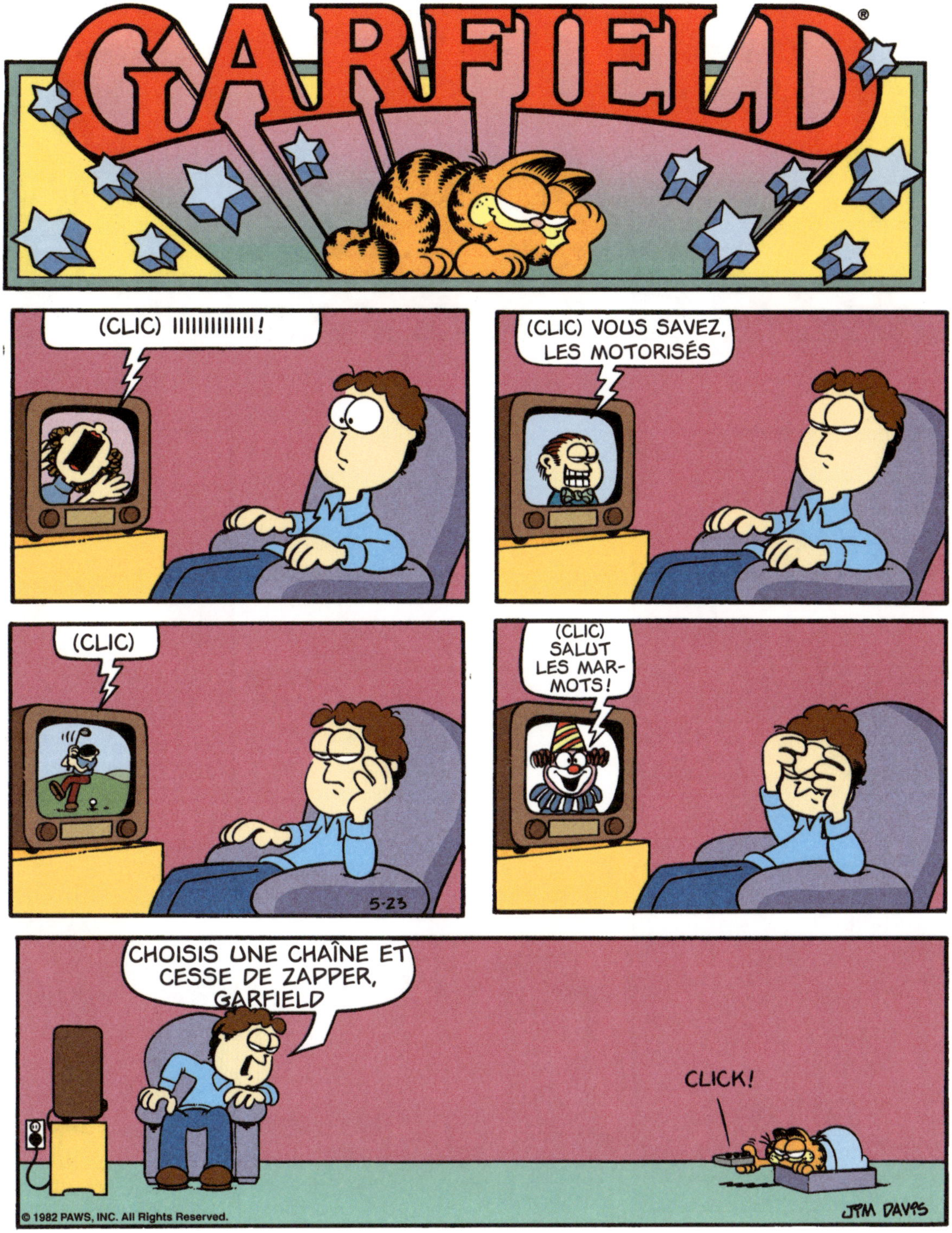
GARFIELD
(CLIC) IIIIIIIIIIIII!
(CLIC) VOUS SAVEZ, LES MOTORISÉS
(CLIC)
5-23
(CLIC) SALUT LES MAR-MOTS!
CHOISIS UNE CHAÎNE ET CESSE DE ZAPPER, GARFIELD
CLICK!
© 1982 PAWS, INC. All Rights Reserved.
JIM DAVIS

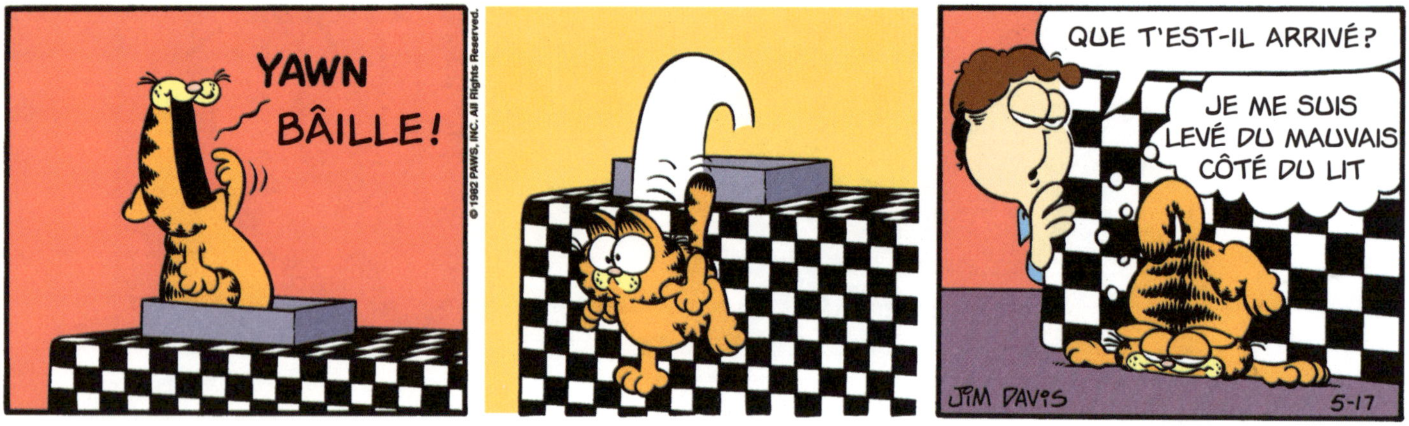
YAWN
BÂILLE!
© 1982 PAWS, INC. All Rights Reserved.
QUE T'EST-IL ARRIVÉ?
JE ME SUIS LEVÉ DU MAUVAIS CÔTÉ DU LIT
JIM DAVIS
5-17

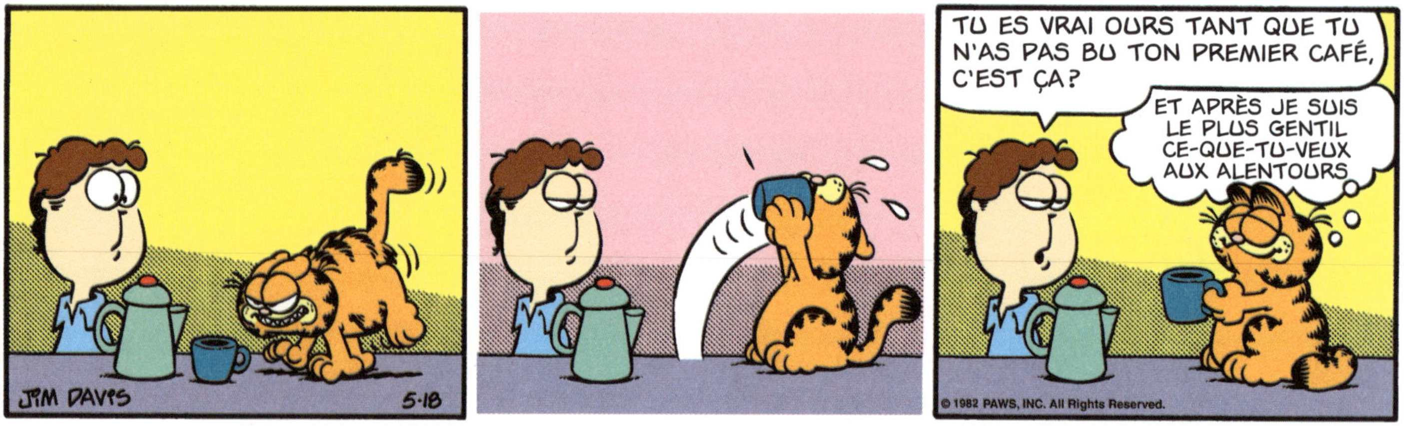
JIM DAVIS
5-18
TU ES VRAI OURS TANT QUE TU N'AS PAS BU TON PREMIER CAFÉ, C'EST ÇA?
ET APRÈS JE SUIS LE PLUS GENTIL CE-QUE-TU-VEUX AUX ALENTOURS
© 1982 PAWS, INC. All Rights Reserved.

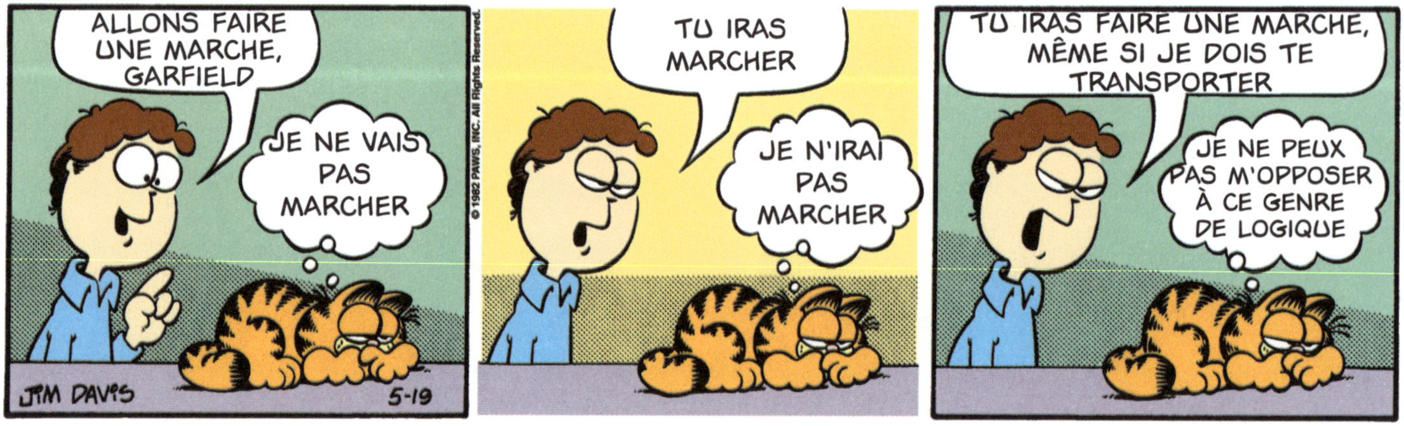
ALLONS FAIRE UNE MARCHE, GARFIELD
JE NE VAIS PAS MARCHER
JIM DAVIS
5-19
© 1982 PAWS, INC. All Rights Reserved.
TU IRAS MARCHER
JE N'IRAI PAS MARCHER
TU IRAS FAIRE UNE MARCHE, MÊME SI JE DOIS TE TRANSPORTER
JE NE PEUX PAS M'OPPOSER À CE GENRE DE LOGIQUE

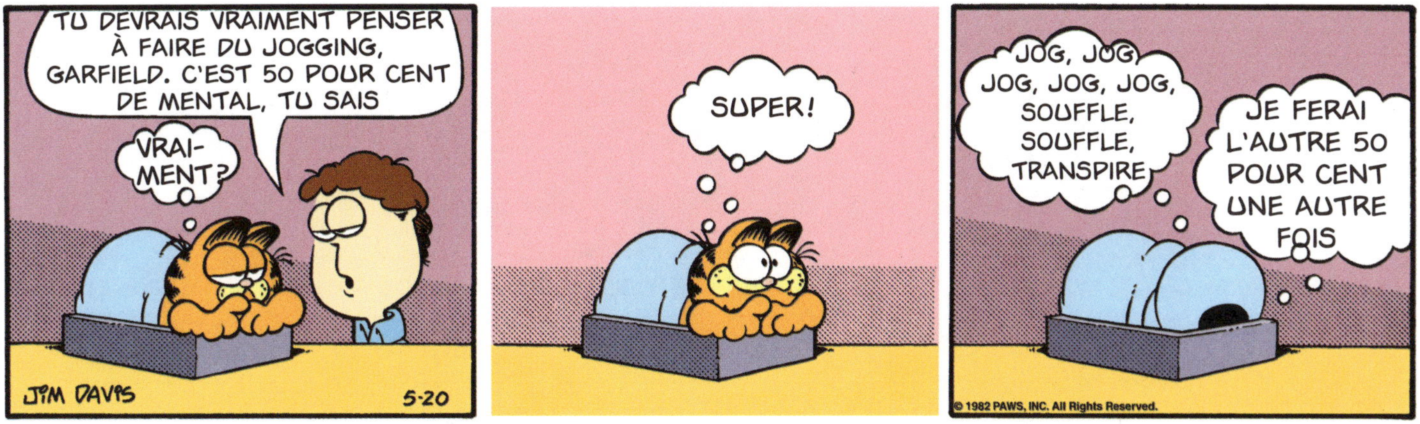
TU DEVRAIS VRAIMENT PENSER À FAIRE DU JOGGING, GARFIELD. C'EST 50 POUR CENT DE MENTAL, TU SAIS
VRAI-MENT?
JIM DAVIS
5-20
SUPER!
JOG, JOG JOG, JOG, JOG, SOUFFLE, SOUFFLE, TRANSPIRE
JE FERAI L'AUTRE 50 POUR CENT UNE AUTRE FOIS
© 1982 PAWS, INC. All Rights Reserved.

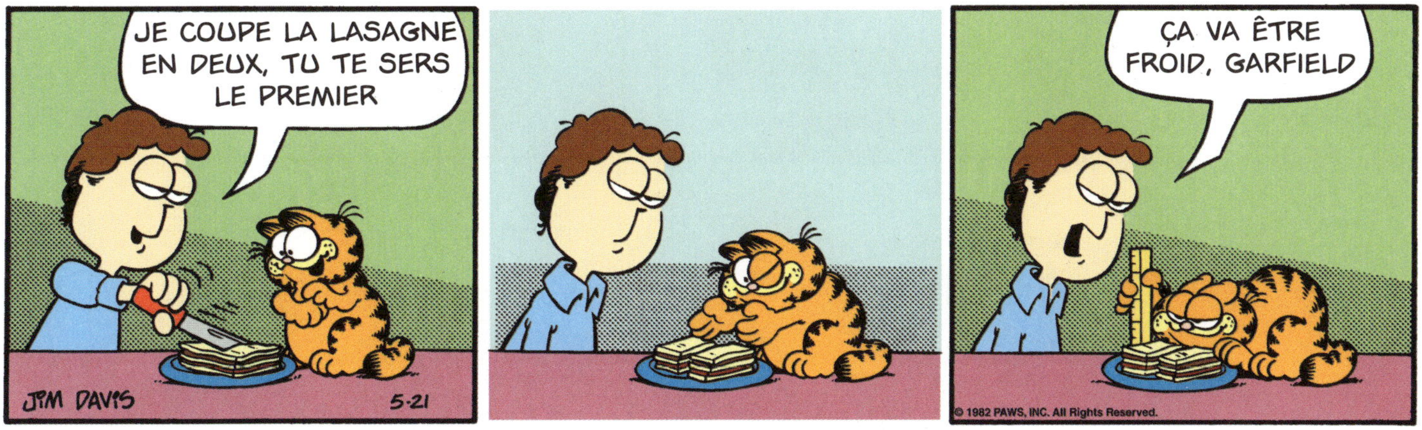
JE COUPE LA LASAGNE EN DEUX, TU TE SERS LE PREMIER
JIM DAVIS
5-21
ÇA VA ÊTRE FROID, GARFIELD
© 1982 PAWS, INC. All Rights Reserved.

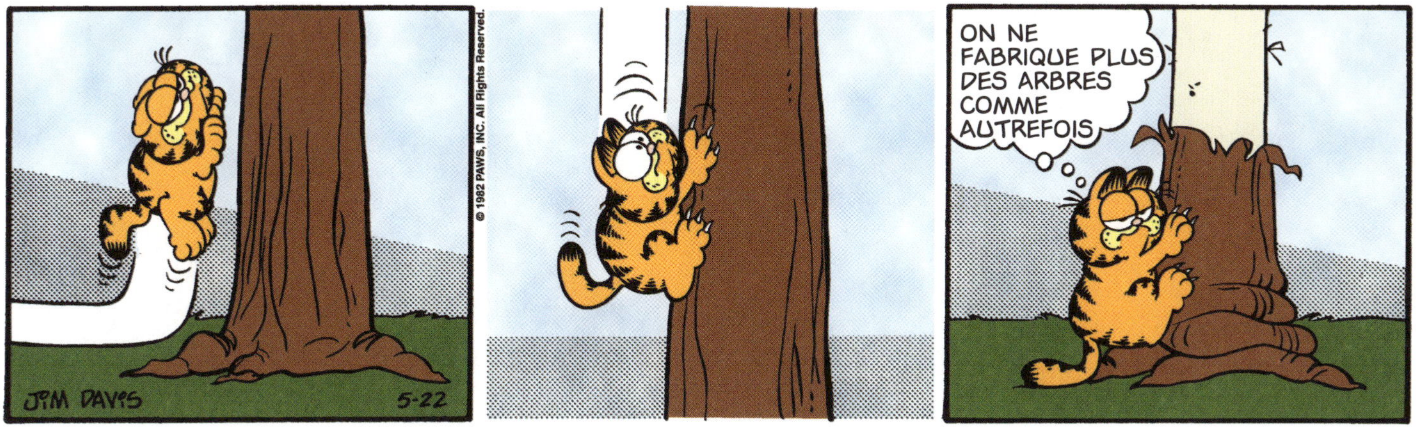
JIM DAVIS
5-22
© 1982 PAWS, INC. All Rights Reserved.
ON NE FABRIQUE PLUS DES ARBRES COMME AUTREFOIS

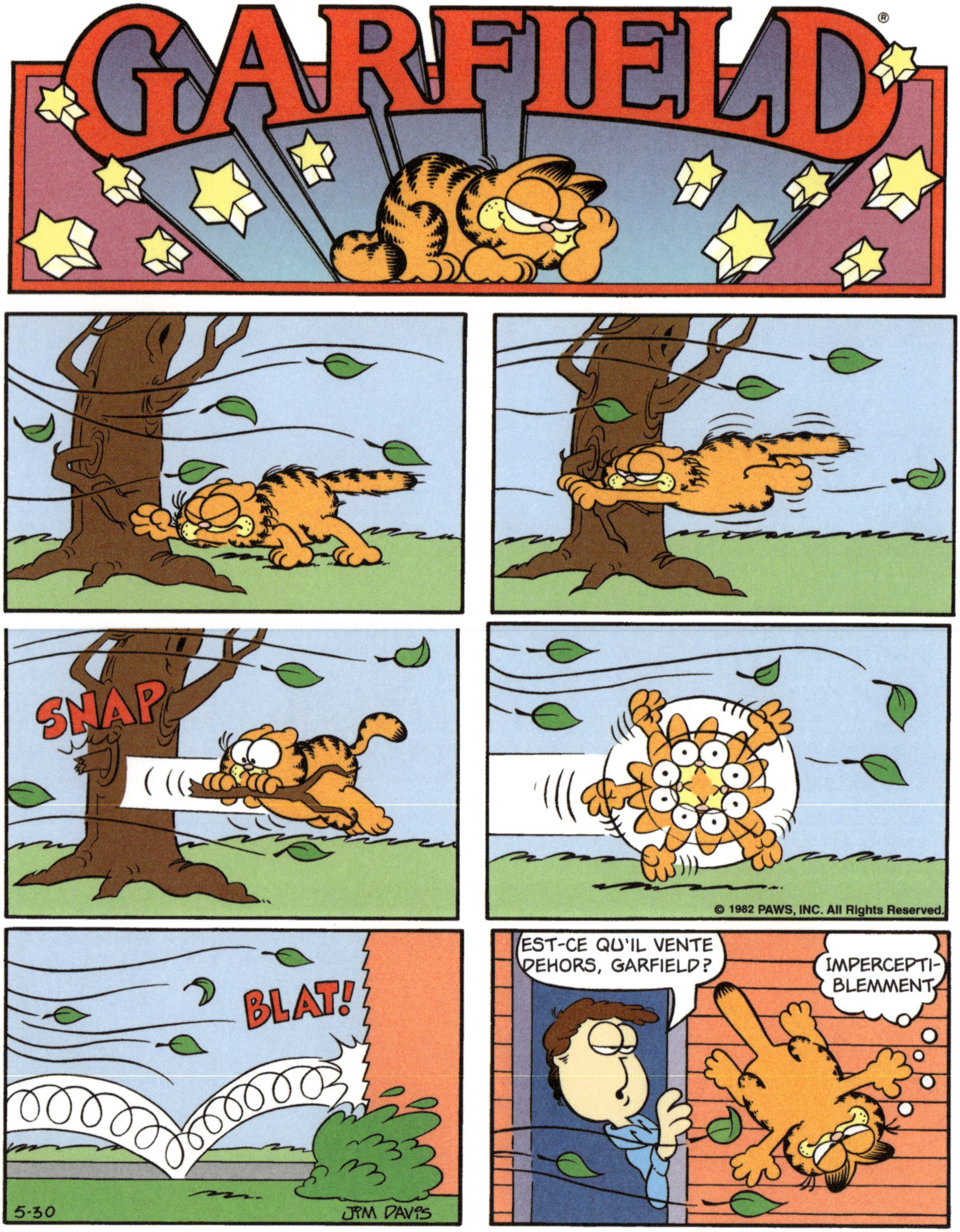
GARFIELD®
SNAP
© 1982 PAWS, INC. All Rights Reserved.
BLAT!
5-30
JIM DAVIS
EST-CE QU'IL VENTE DEHORS, GARFIELD?
IMPERCEPTIBLEMENT

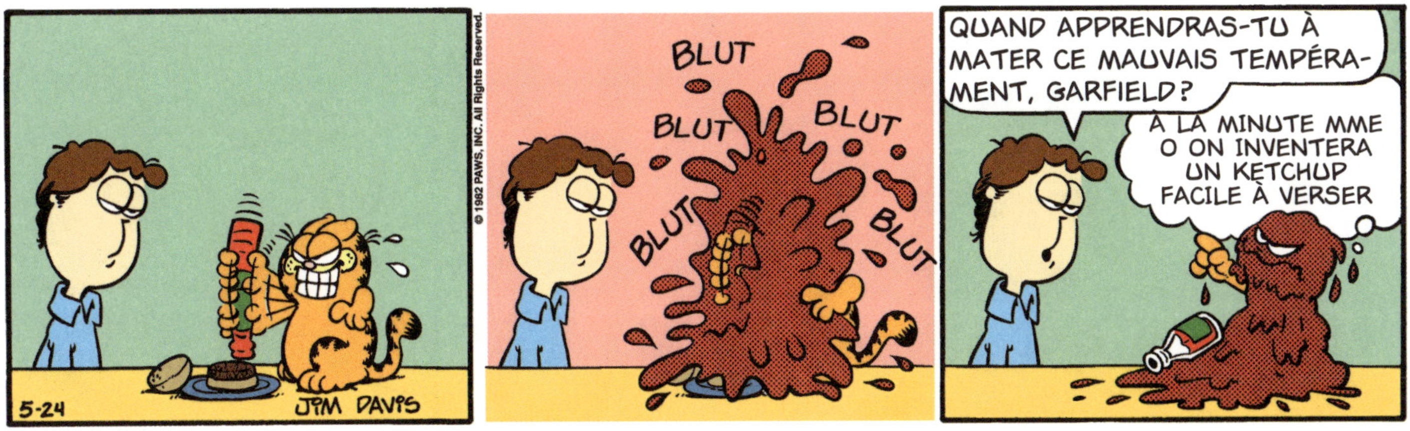
5-24
JIM DAVIS
© 1982 PAWS, INC. All Rights Reserved.
BLUT
BLUT
BLUT
BLUT
BLUT
QUAND APPRENDRAS-TU À MATER CE MAUVAIS TEMPÉRA-MENT, GARFIELD?
À LA MINUTE MME O ON INVENTERA UN KETCHUP FACILE À VERSER

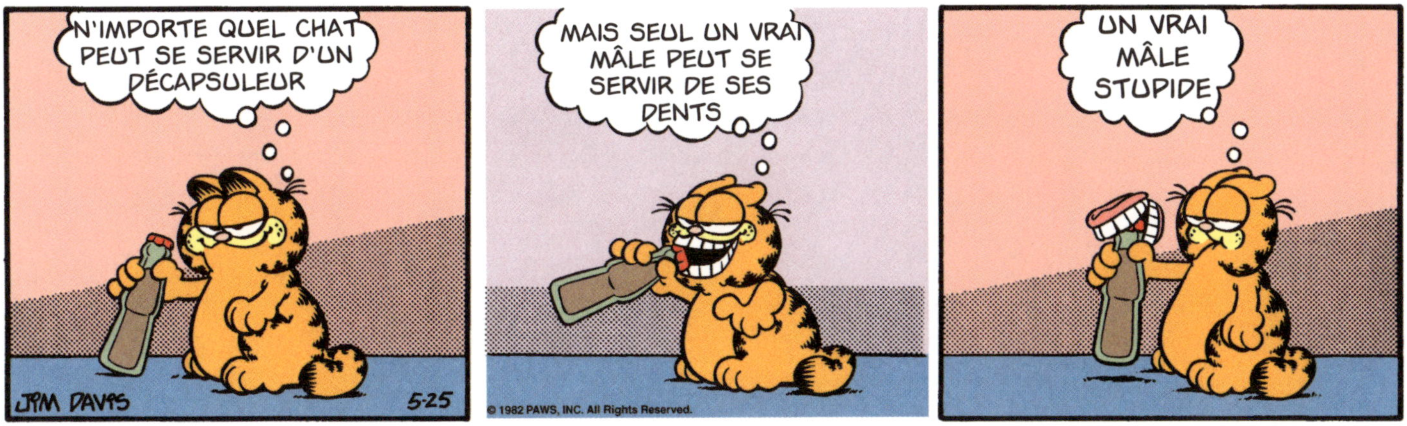
N'IMPORTE QUEL CHAT PEUT SE SERVIR D'UN DÉCAPSULEUR
JIM DAVIS
5-25
MAIS SEUL UN VRAI MÂLE PEUT SE SERVIR DE SES DENTS
© 1982 PAWS, INC. All Rights Reserved.
UN VRAI MÂLE STUPIDE

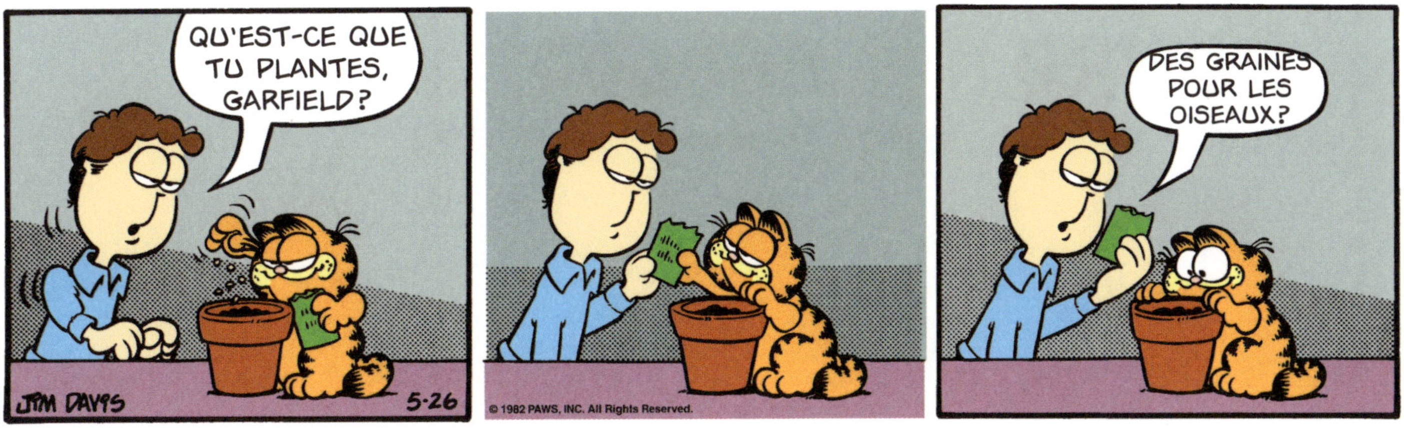
QU'EST-CE QUE TU PLANTES, GARFIELD?
JIM DAVIS
5-26
© 1982 PAWS, INC. All Rights Reserved.
DES GRAINES POUR LES OISEAUX?

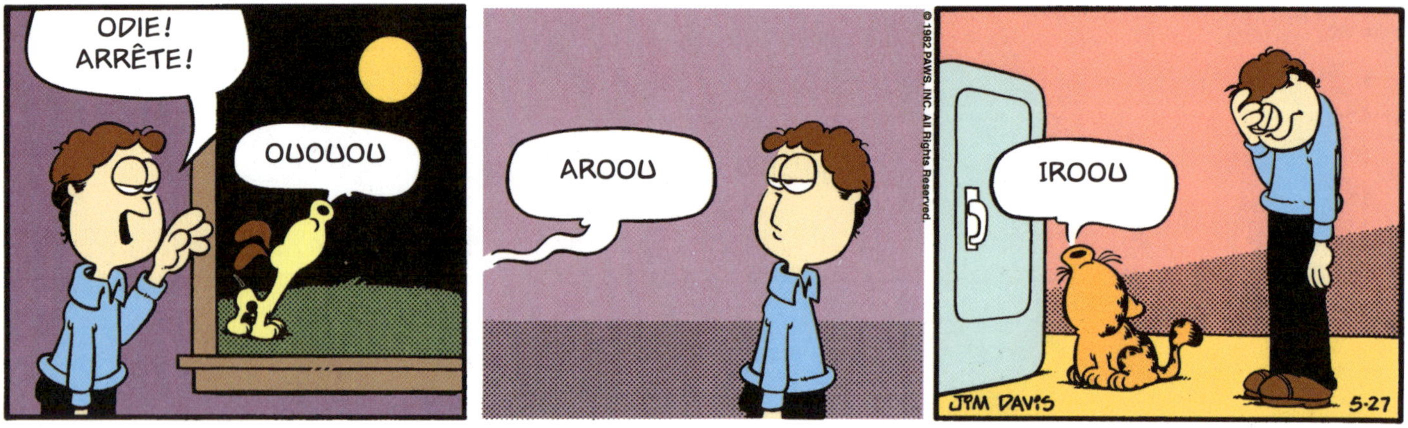
ODIE! ARRÊTE!
OUOUOU
AROOU
© 1982 PAWS, INC. All Rights Reserved.
IROOU
JIM DAVIS
5·27

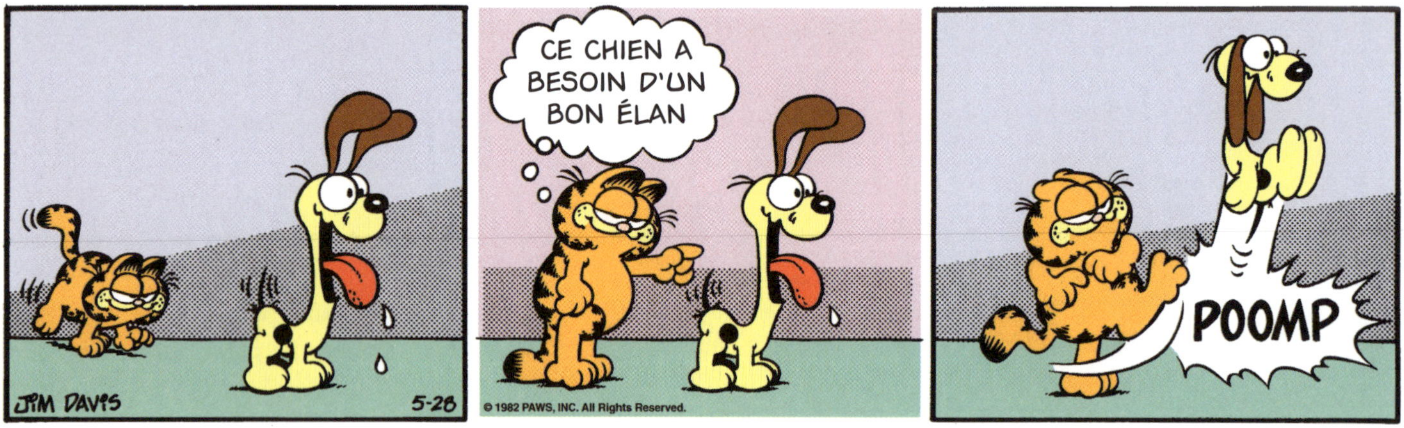
JIM DAVIS
5·28
CE CHIEN A BESOIN D'UN BON ÉLAN
© 1982 PAWS, INC. All Rights Reserved.
POOMP

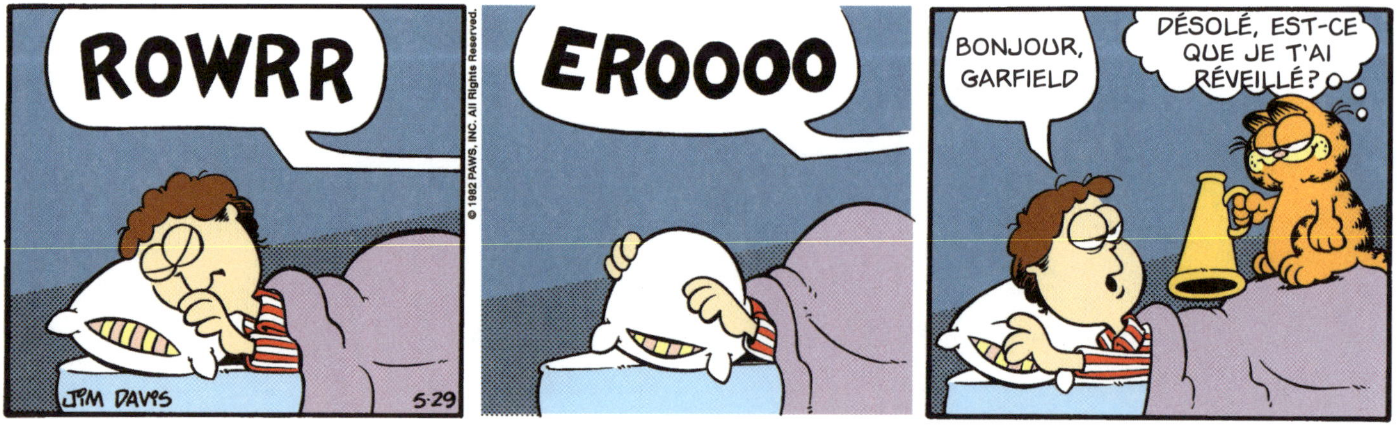
ROWRR
JIM DAVIS
5·29
© 1982 PAWS, INC. All Rights Reserved.
EROOOO
BONJOUR, GARFIELD
DÉSOLÉ, EST-CE QUE JE T'AI RÉVEILLÉ?

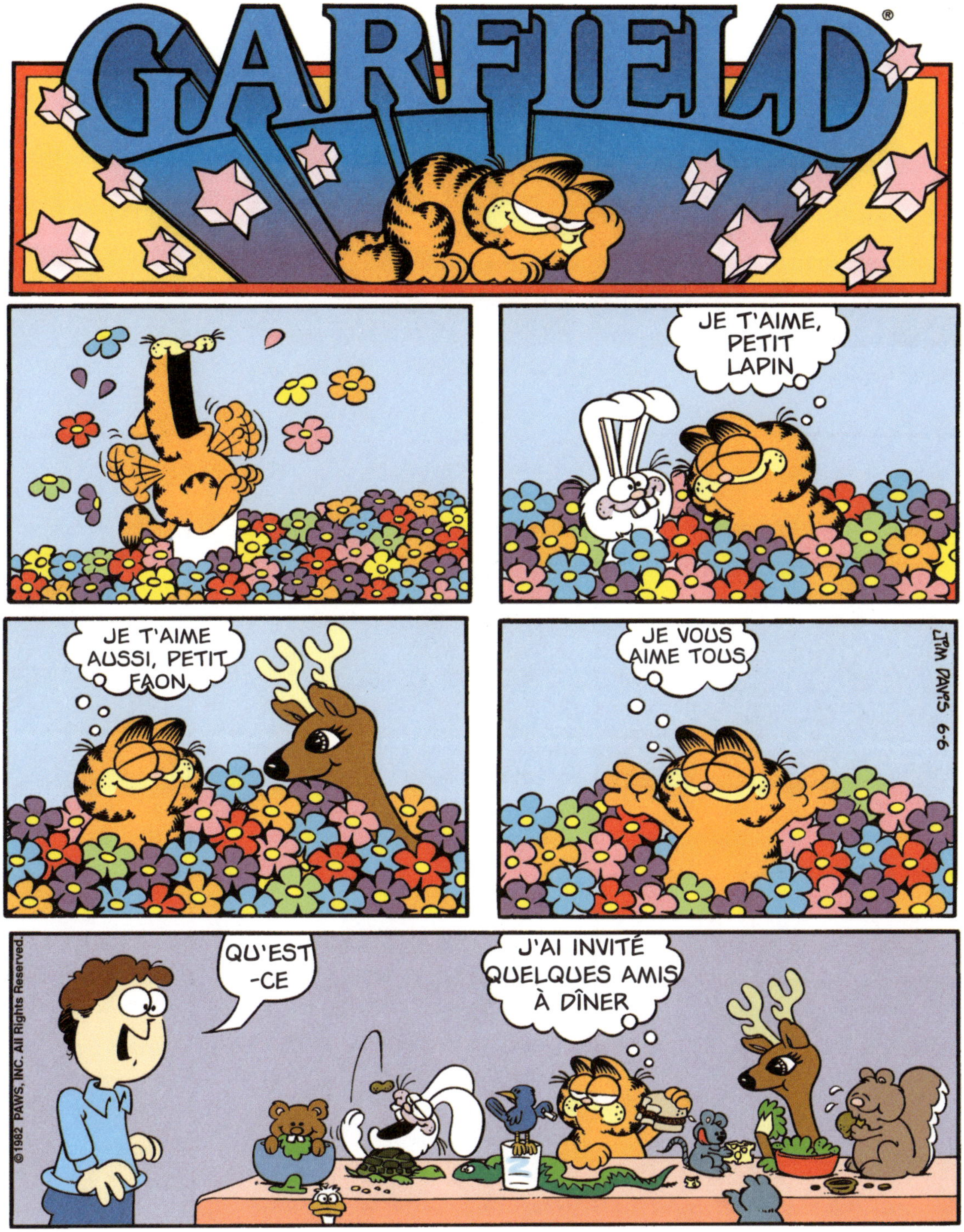
GARFIELD
JE T'AIME, PETIT LAPIN
JE T'AIME AUSSI, PETIT FAON
JE VOUS AIME TOUS
JIM DAVIS 6-6
QU'EST-CE
J'AI INVITÉ QUELQUES AMIS À DÎNER
© 1982 PAWS, INC. All Rights Reserved.

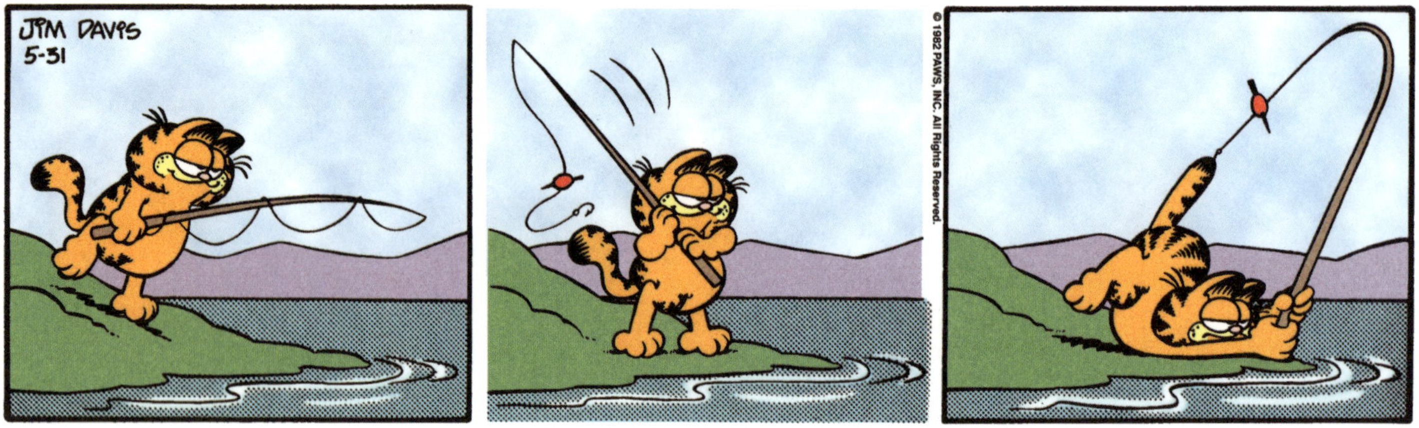
JIM DAVIS
5-31
© 1982 PAWS, INC. All Rights Reserved.

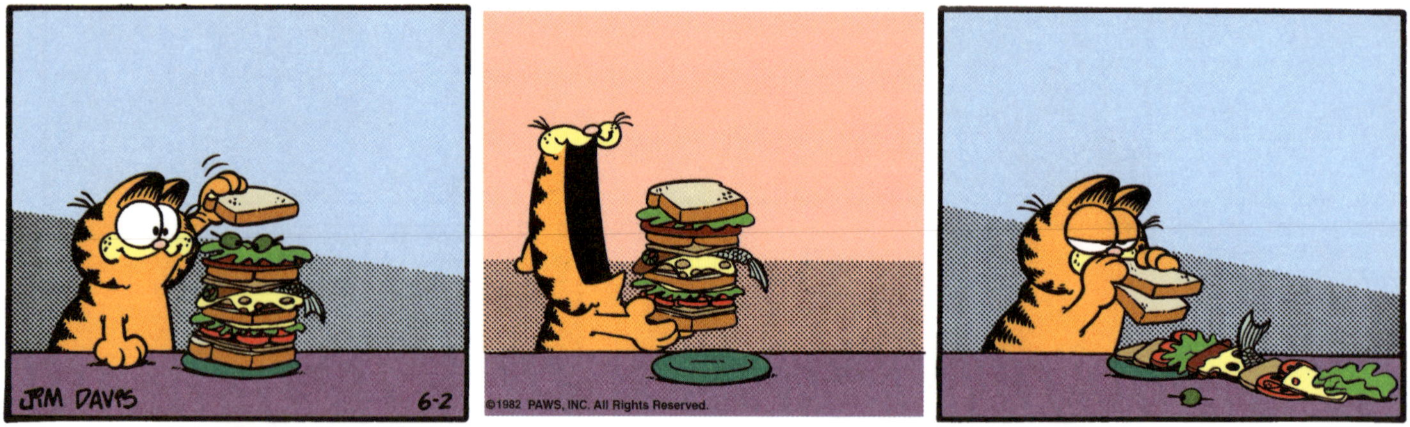
JIM DAVIS
6-2
©1982 PAWS, INC. All Rights Reserved.

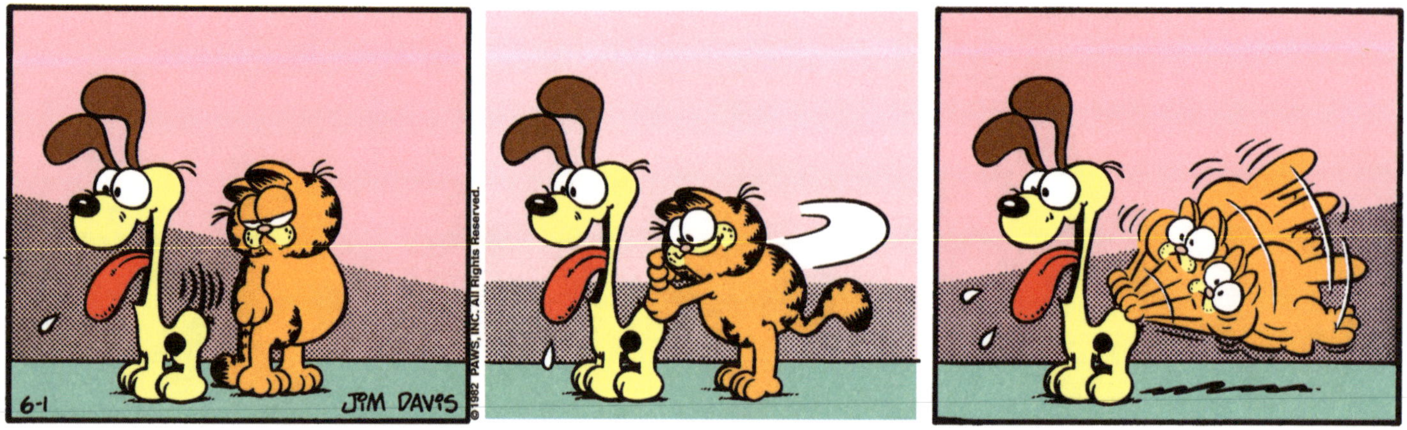
6-1
JIM DAVIS
©1982 PAWS, INC. All Rights Reserved.

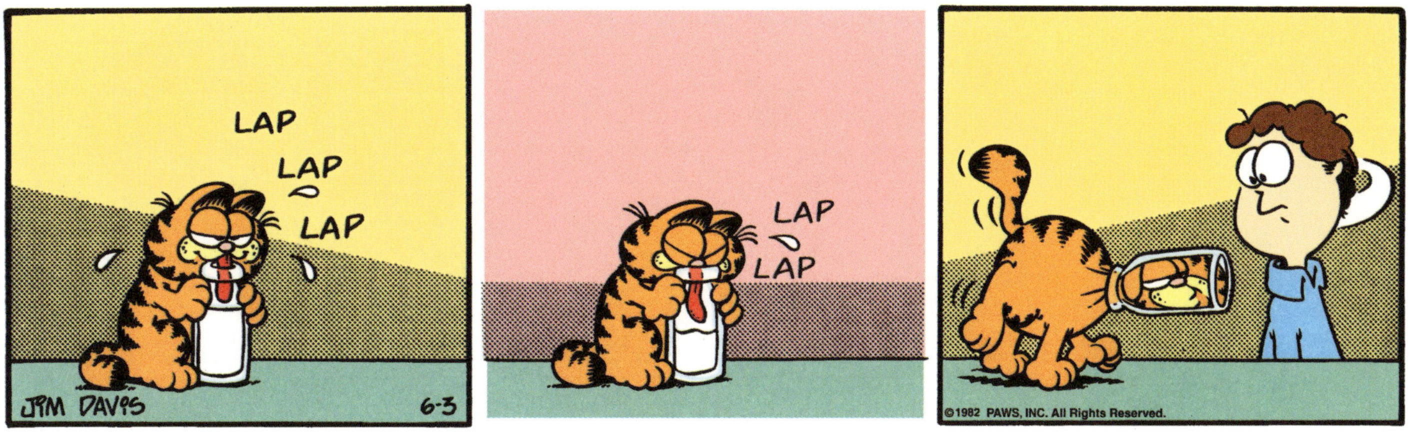

LAP
LAP
LAP
LAP
LAP
JIM DAVIS
6-3
©1982 PAWS, INC. All Rights Reserved.

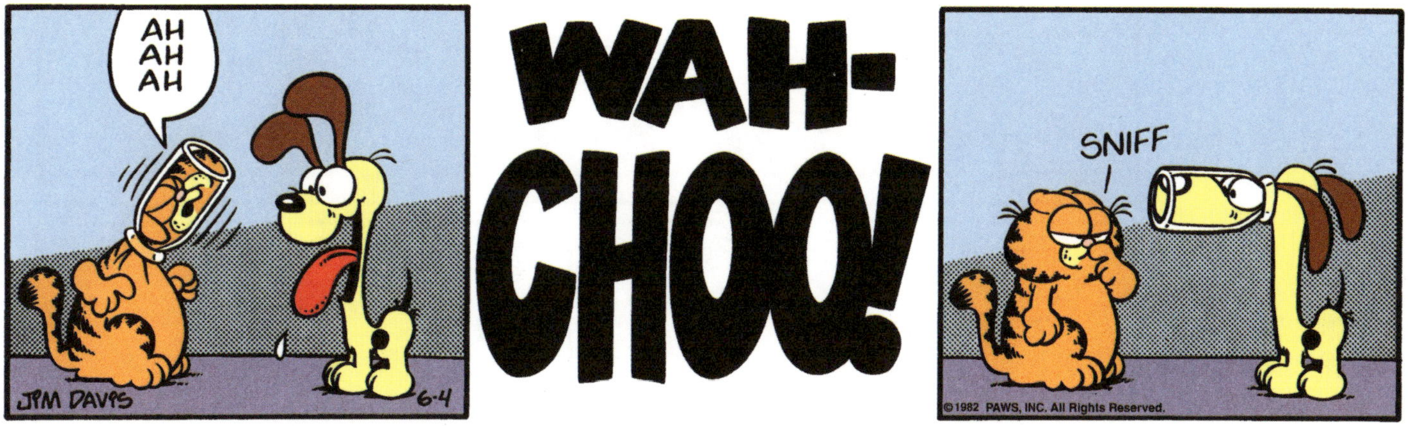

AH
AH
AH
WAH-
CHOO!
SNIFF
JIM DAVIS
6-4
©1982 PAWS, INC. All Rights Reserved.

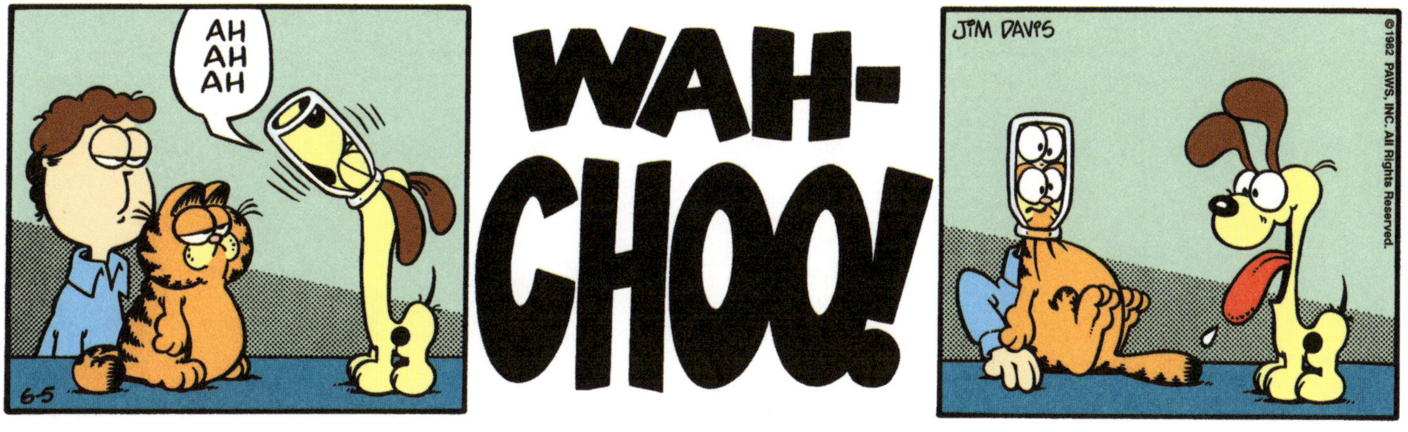

AH
AH
AH
WAH-
CHOO!
JIM DAVIS
6-5
©1982 PAWS, INC. All Rights Reserved.

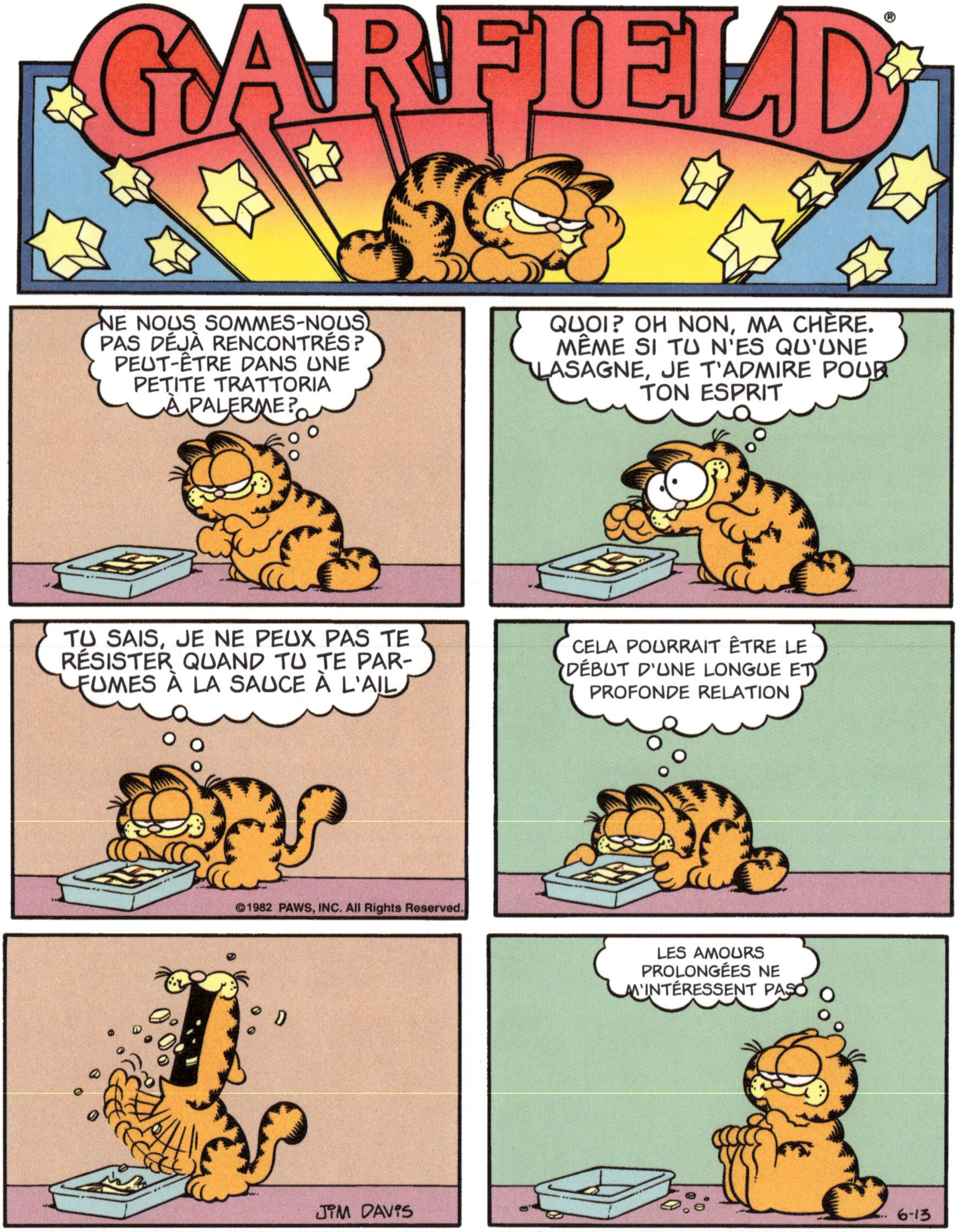
GARFIELD
NE NOUS SOMMES-NOUS PAS DÉJÀ RENCONTRÉS? PEUT-ÊTRE DANS UNE PETITE TRATTORIA À PALERME?
QUOI? OH NON, MA CHÈRE. MÊME SI TU N'ES QU'UNE LASAGNE, JE T'ADMIRE POUR TON ESPRIT
TU SAIS, JE NE PEUX PAS TE RÉSISTER QUAND TU TE PARFUMES À LA SAUCE À L'AIL
CELA POURRAIT ÊTRE LE DÉBUT D'UNE LONGUE ET PROFONDE RELATION
LES AMOURS PROLONGÉES NE M'INTÉRESSENT PAS
JIM DAVIS
6-13

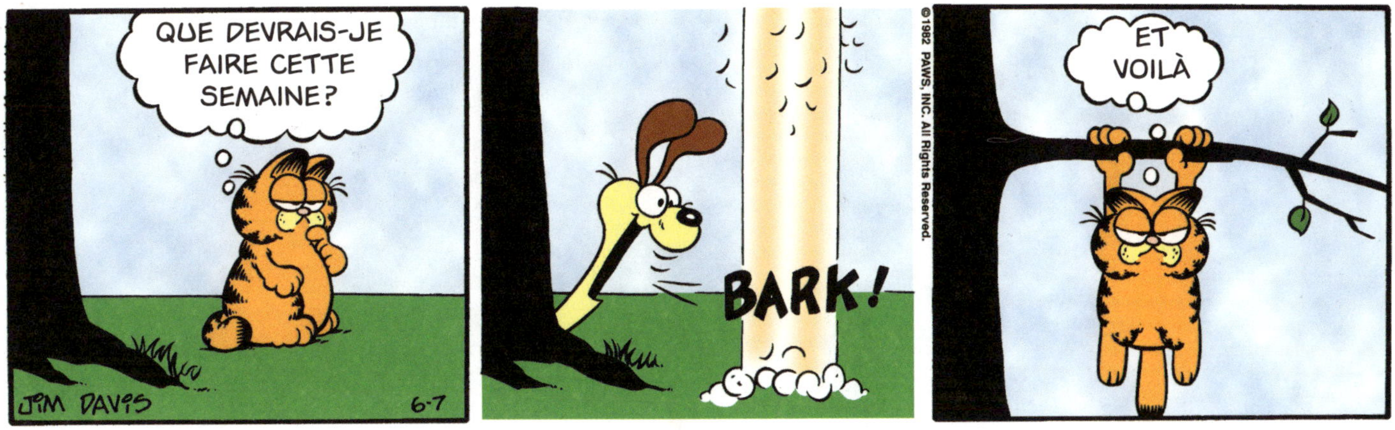
QUE DEVRAIS-JE FAIRE CETTE SEMAINE?
JIM DAVIS
6-7
BARK!
©1982 PAWS, INC. All Rights Reserved.
ET VOILÀ

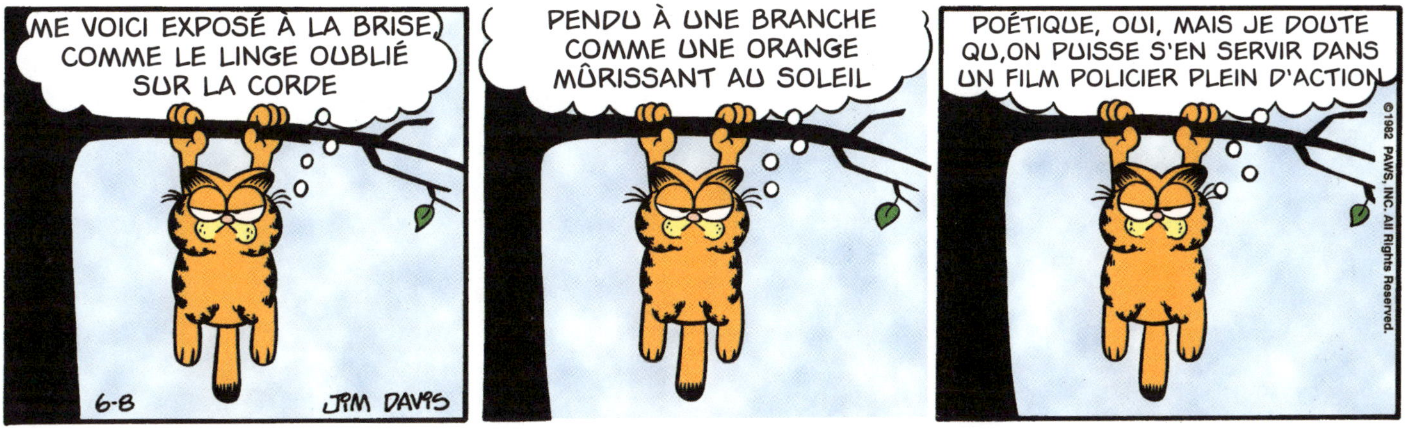
ME VOICI EXPOSÉ À LA BRISE COMME LE LINGE OUBLIÉ SUR LA CORDE
6-8
JIM DAVIS
PENDU À UNE BRANCHE COMME UNE ORANGE MÛRISSANT AU SOLEIL
POÉTIQUE, OUI, MAIS JE DOUTE QU,ON PUISSE S'EN SERVIR DANS UN FILM POLICIER PLEIN D'ACTION
©1982 PAWS, INC. All Rights Reserved.

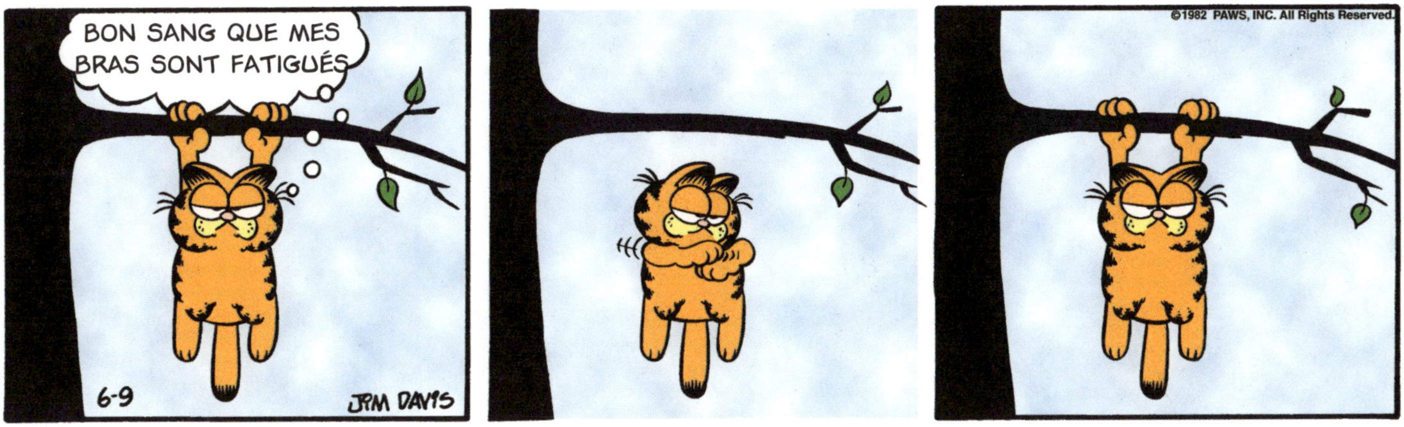
BON SANG QUE MES BRAS SONT FATIGUÉS
6-9
JIM DAVIS
©1982 PAWS, INC. All Rights Reserved.

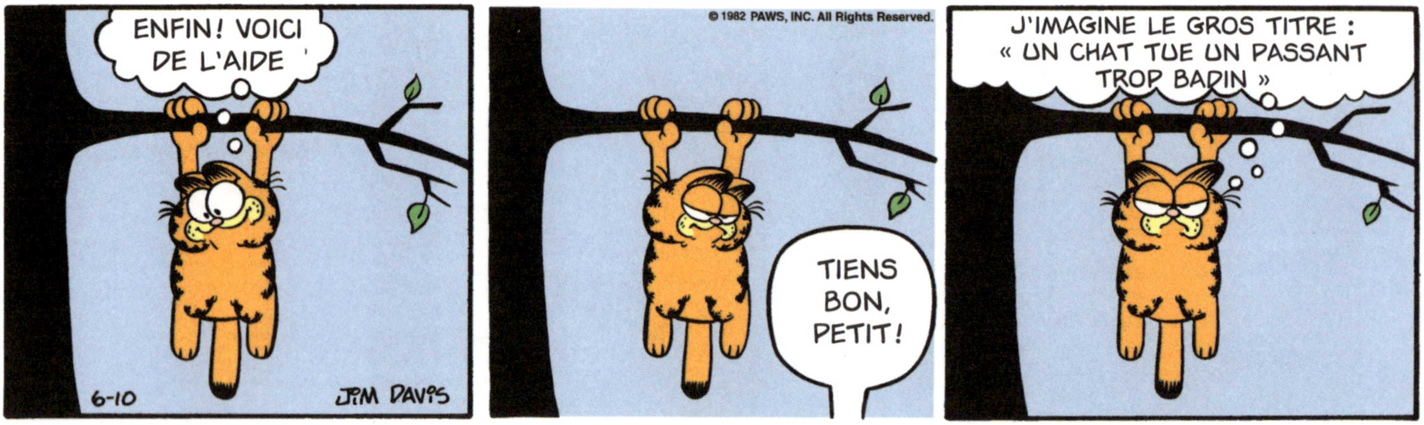
ENFIN ! VOICI DE L'AIDE
6-10
JIM DAVIS
© 1982 PAWS, INC. All Rights Reserved.
TIENS BON, PETIT !
J'IMAGINE LE GROS TITRE : « UN CHAT TUE UN PASSANT TROP BADIN »

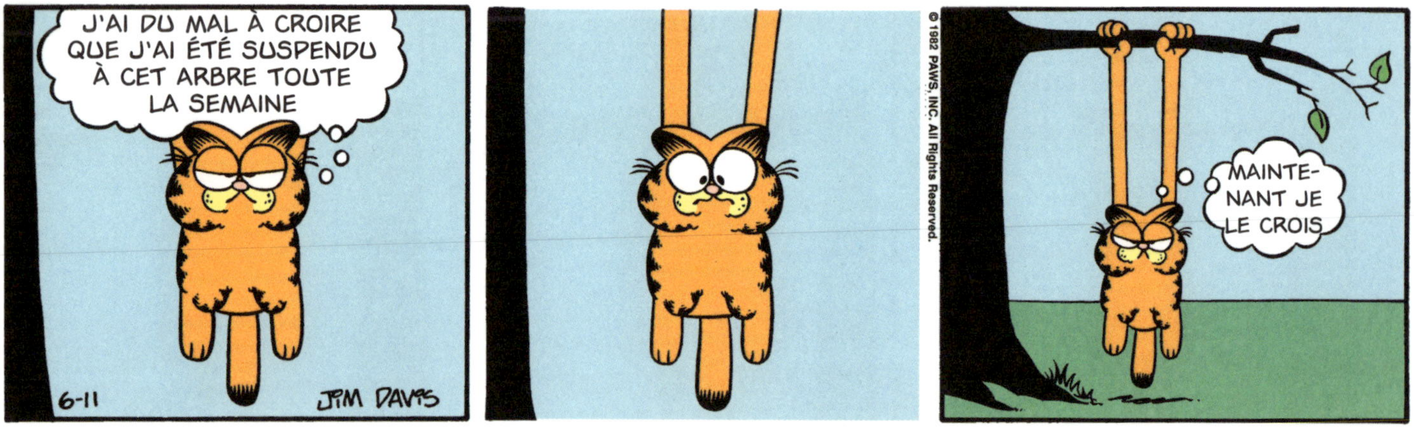
J'AI DU MAL À CROIRE QUE J'AI ÉTÉ SUSPENDU À CET ARBRE TOUTE LA SEMAINE
6-11
JIM DAVIS
© 1982 PAWS, INC. All Rights Reserved.
MAINTE-NANT JE LE CROIS

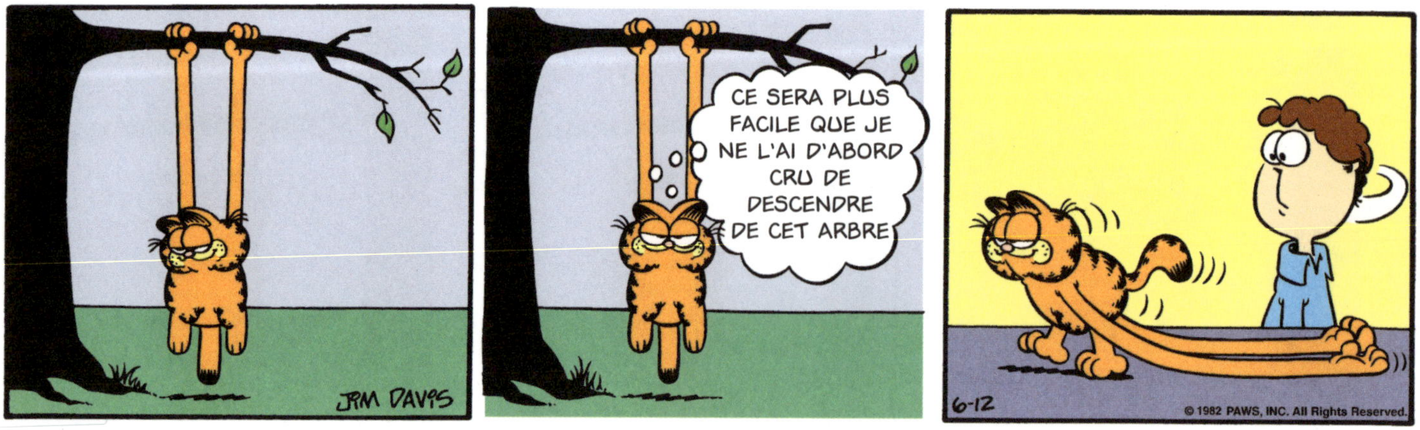
JIM DAVIS
CE SERA PLUS FACILE QUE JE NE L'AI D'ABORD CRU DE DESCENDRE DE CET ARBRE
6-12
© 1982 PAWS, INC. All Rights Reserved.

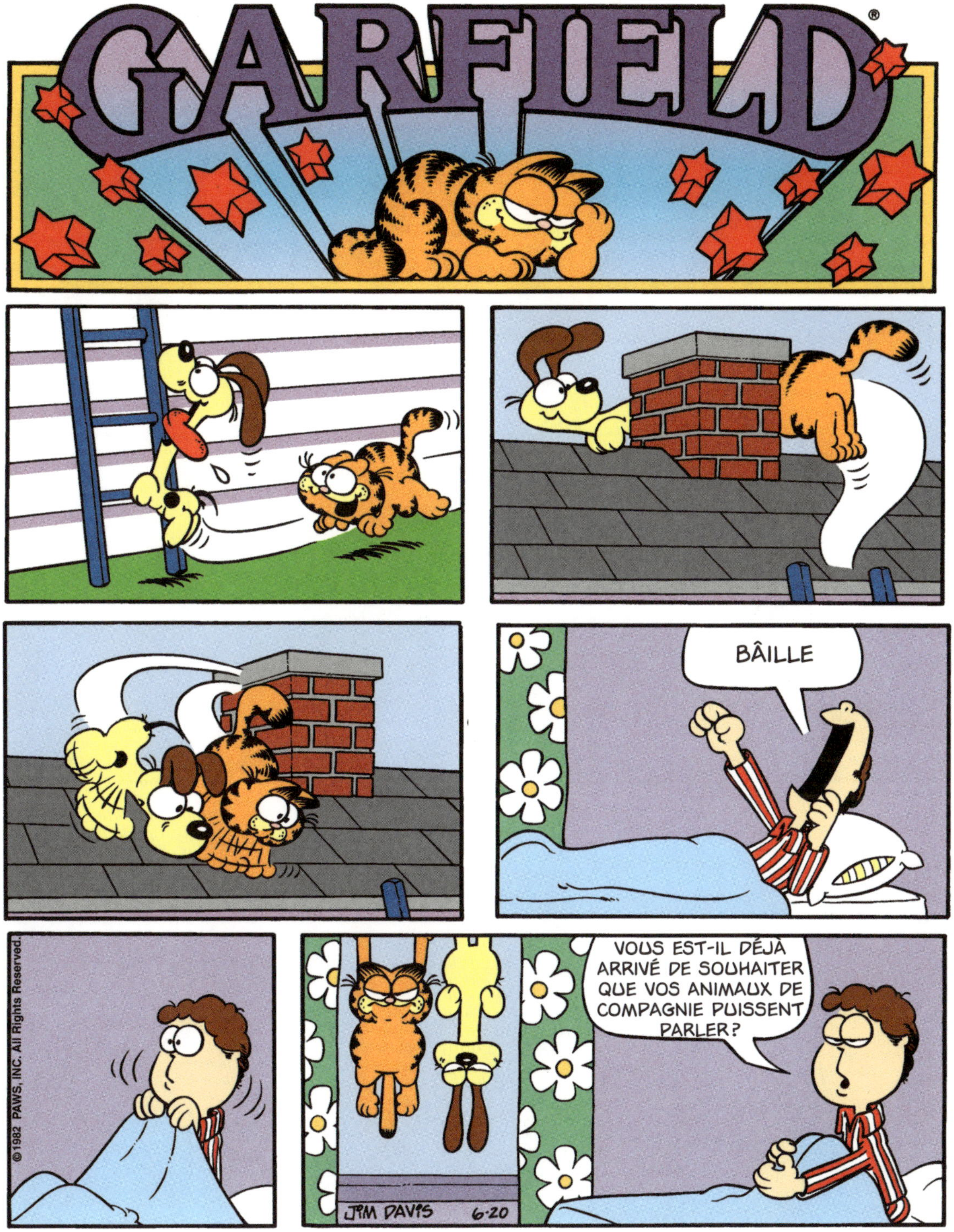
GARFIELD®
BÂILLE
VOUS EST-IL DÉJÀ ARRIVÉ DE SOUHAITER QUE VOS ANIMAUX DE COMPAGNIE PUISSENT PARLER?
JIM DAVIS 6-20

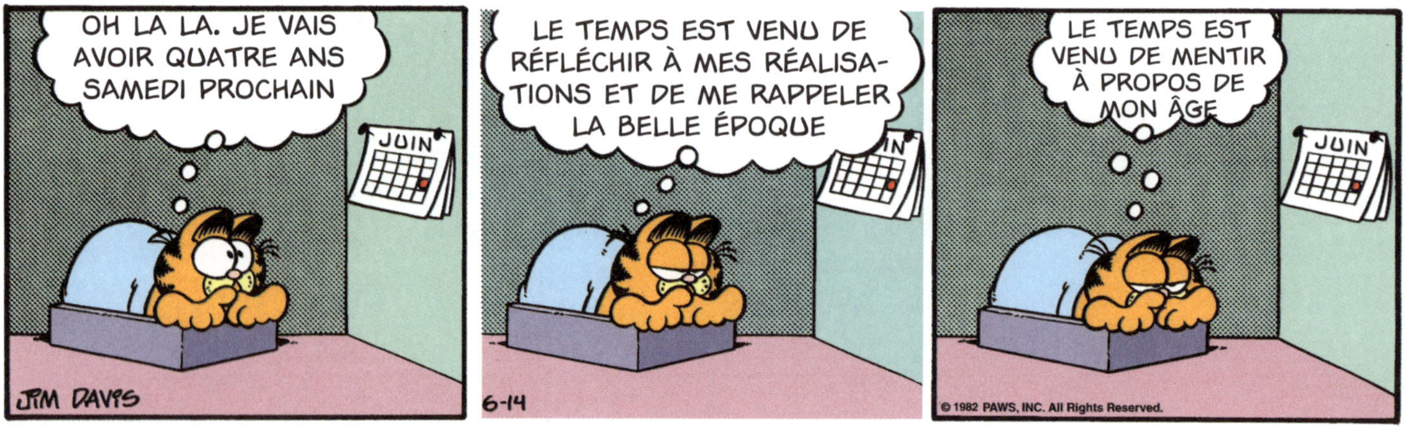
OH LA LA. JE VAIS AVOIR QUATRE ANS SAMEDI PROCHAIN
JUIN
JIM DAVIS
LE TEMPS EST VENU DE RÉFLÉCHIR À MES RÉALISATIONS ET DE ME RAPPELER LA BELLE ÉPOQUE
6-14
LE TEMPS EST VENU DE MENTIR À PROPOS DE MON ÂGE
JUIN
© 1982 PAWS, INC. All Rights Reserved.

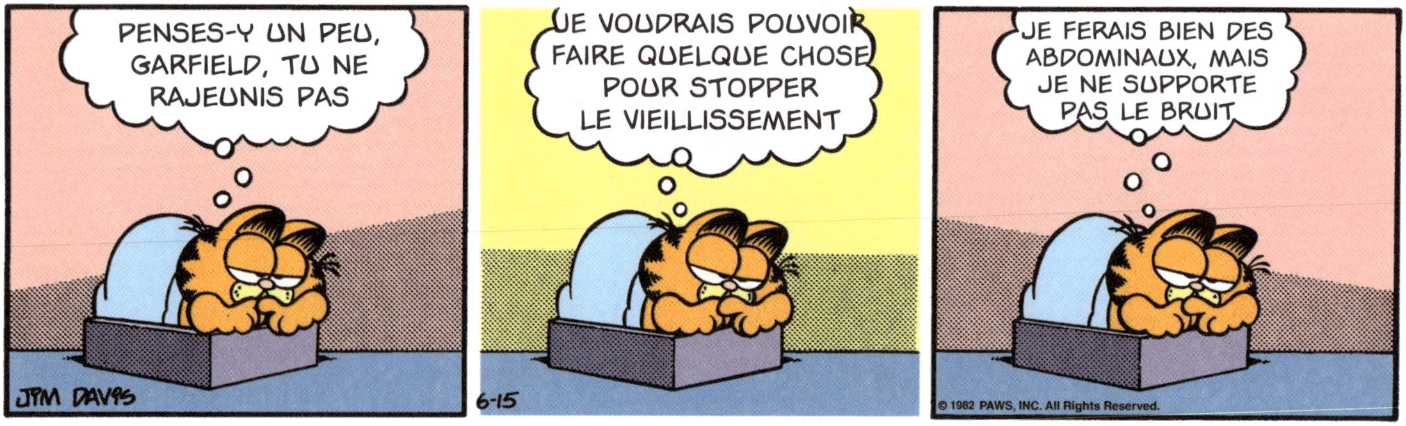
PENSES-Y UN PEU, GARFIELD, TU NE RAJEUNIS PAS
JIM DAVIS
JE VOUDRAIS POUVOIR FAIRE QUELQUE CHOSE POUR STOPPER LE VIEILLISSEMENT
6-15
JE FERAIS BIEN DES ABDOMINAUX, MAIS JE NE SUPPORTE PAS LE BRUIT
© 1982 PAWS, INC. All Rights Reserved.

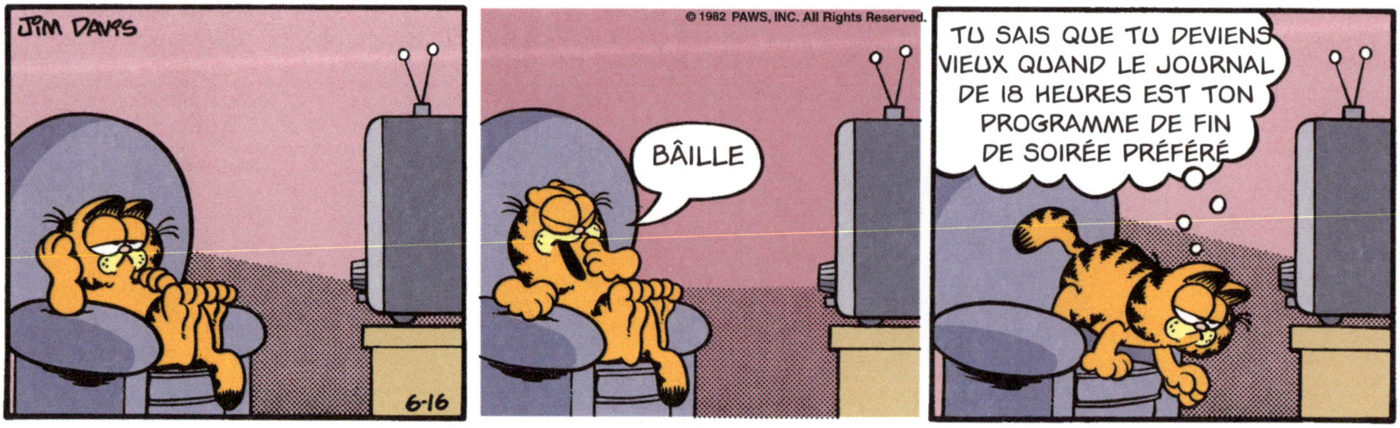
JIM DAVIS
6-16
© 1982 PAWS, INC. All Rights Reserved.
BÂILLE
TU SAIS QUE TU DEVIENS VIEUX QUAND LE JOURNAL DE 18 HEURES EST TON PROGRAMME DE FIN DE SOIRÉE PRÉFÉRÉ

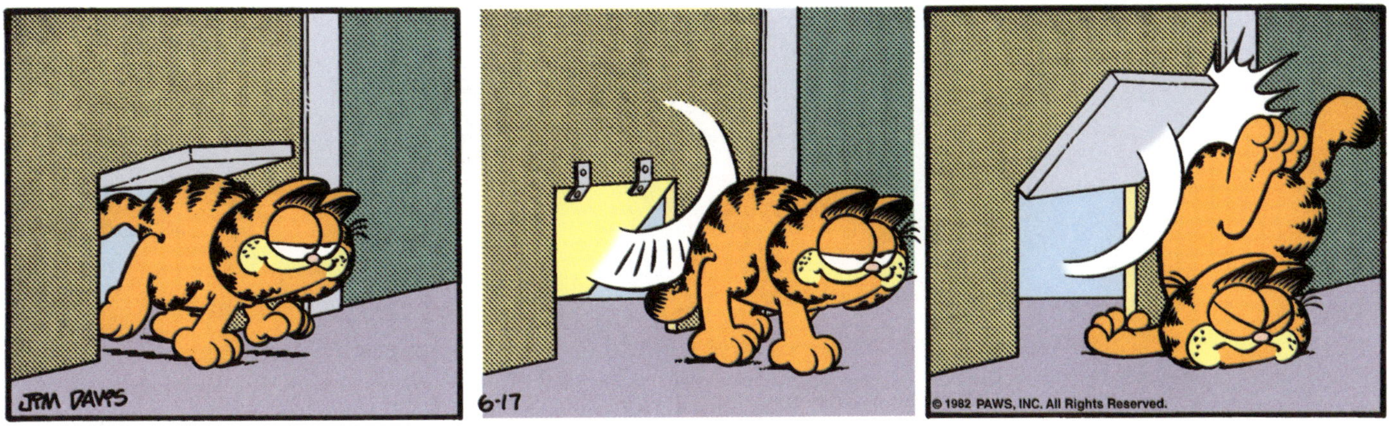
JIM DAVIS
6-17
© 1982 PAWS, INC. All Rights Reserved.

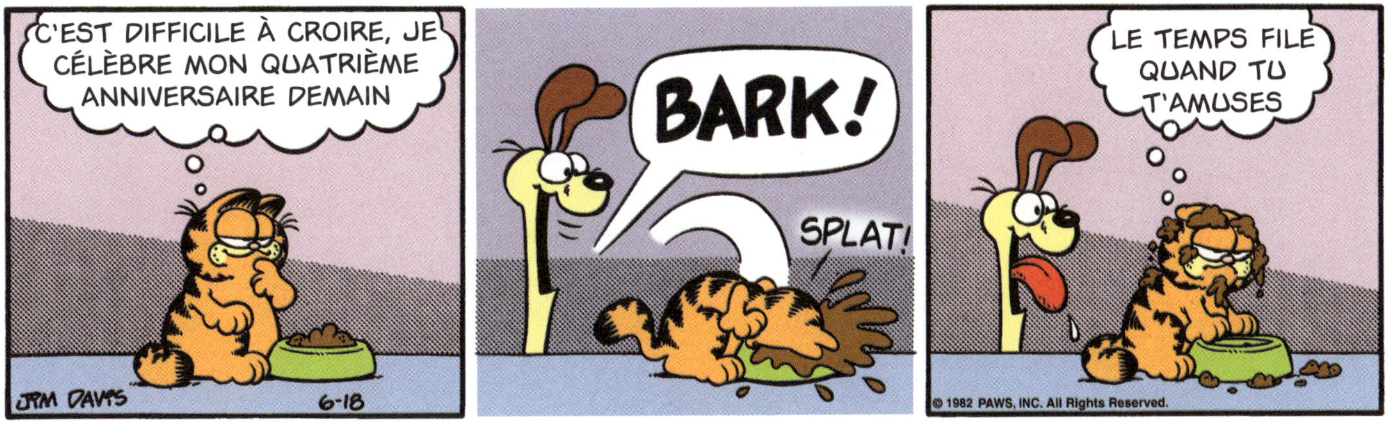
C'EST DIFFICILE À CROIRE, JE CÉLÈBRE MON QUATRIÈME ANNIVERSAIRE DEMAIN
JIM DAVIS
6-18
BARK!
SPLAT!
LE TEMPS FILE QUAND TU T'AMUSES
© 1982 PAWS, INC. All Rights Reserved.

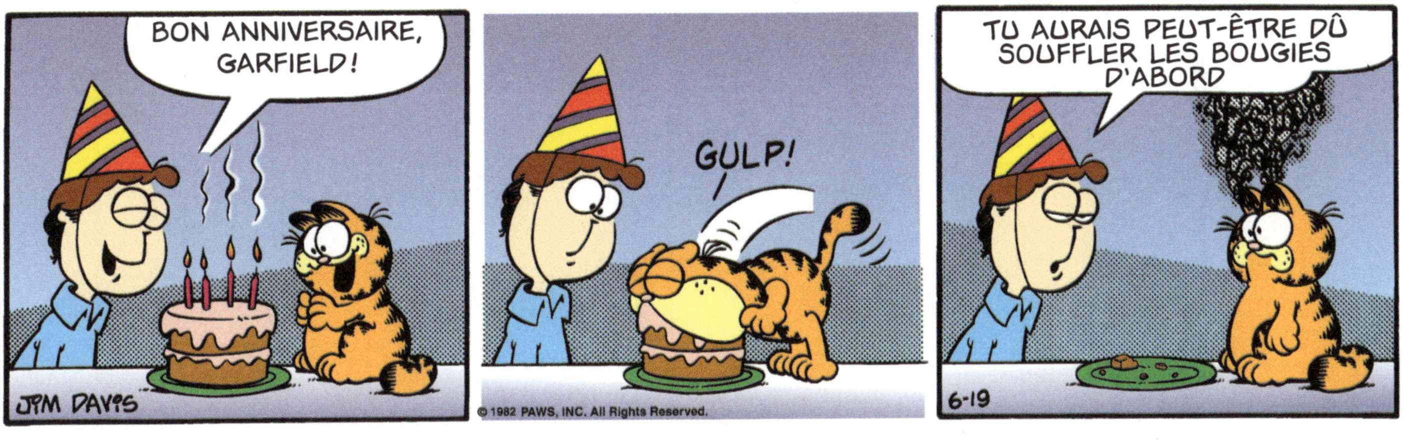
BON ANNIVERSAIRE, GARFIELD!
JIM DAVIS
GULP!
© 1982 PAWS, INC. All Rights Reserved.
TU AURAIS PEUT-ÊTRE DÛ SOUFFLER LES BOUGIES D'ABORD
6-19

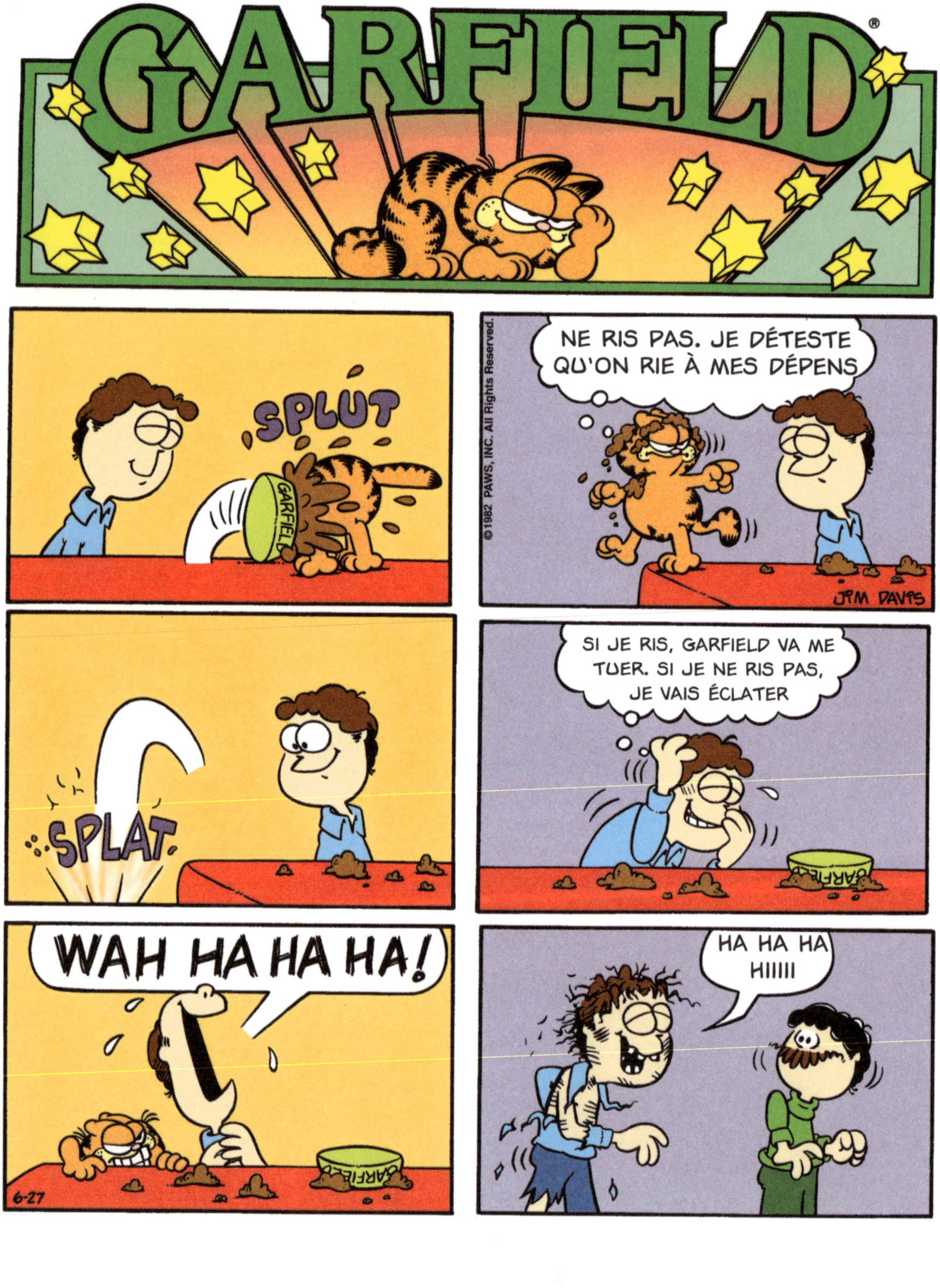
GARFIELD
SPLUT
GARFIELD
NE RIS PAS. JE DÉTESTE QU'ON RIE À MES DÉPENS
©1982 PAWS, INC. All Rights Reserved.
JIM DAVIS
SPLAT
SI JE RIS, GARFIELD VA ME TUER. SI JE NE RIS PAS, JE VAIS ÉCLATER
GARFIELD
WAH HA HA HA!
GARFIELD
6-27
HA HA HA HIIIII

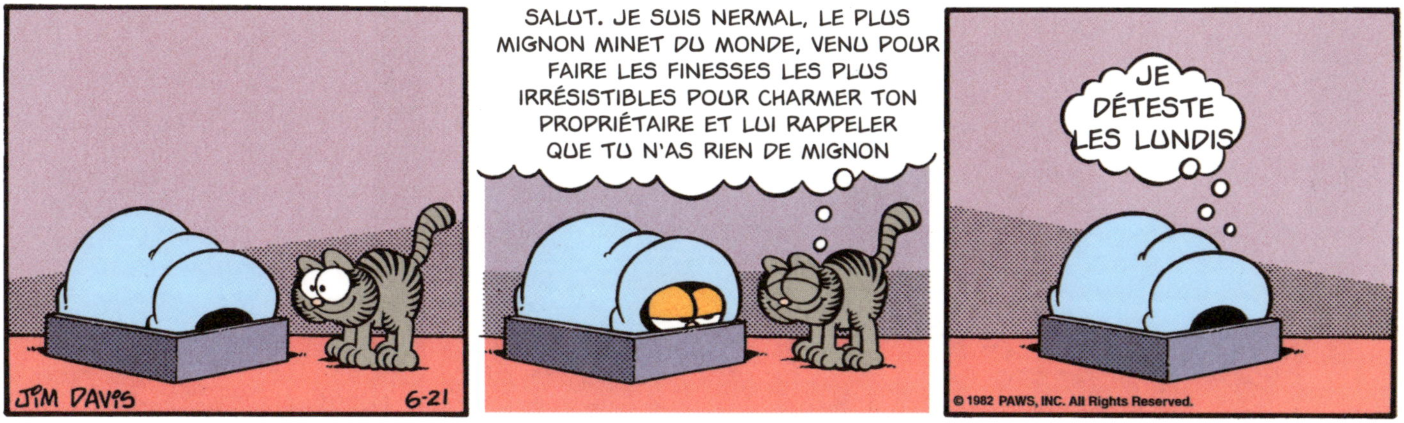
SALUT. JE SUIS NERMAL, LE PLUS MIGNON MINET DU MONDE, VENU POUR FAIRE LES FINESSES LES PLUS IRRÉSISTIBLES POUR CHARMER TON PROPRIÉTAIRE ET LUI RAPPELER QUE TU N'AS RIEN DE MIGNON
JE DÉTESTE LES LUNDIS
JIM DAVIS 6-21
© 1982 PAWS, INC. All Rights Reserved.

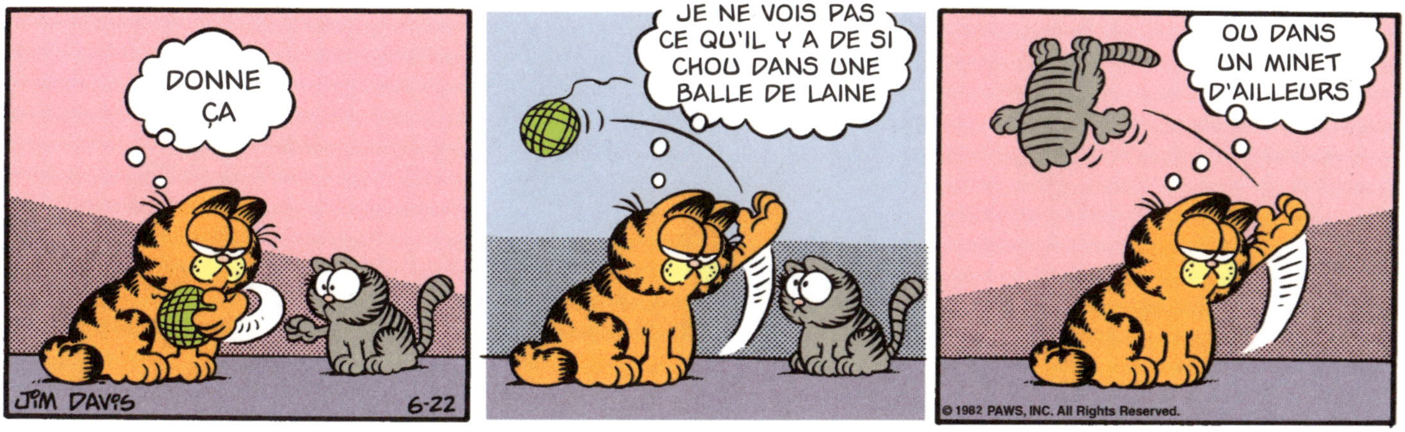
DONNE ÇA
JE NE VOIS PAS CE QU'IL Y A DE SI CHOU DANS UNE BALLE DE LAINE
OU DANS UN MINET D'AILLEURS
JIM DAVIS 6-22
© 1982 PAWS, INC. All Rights Reserved.

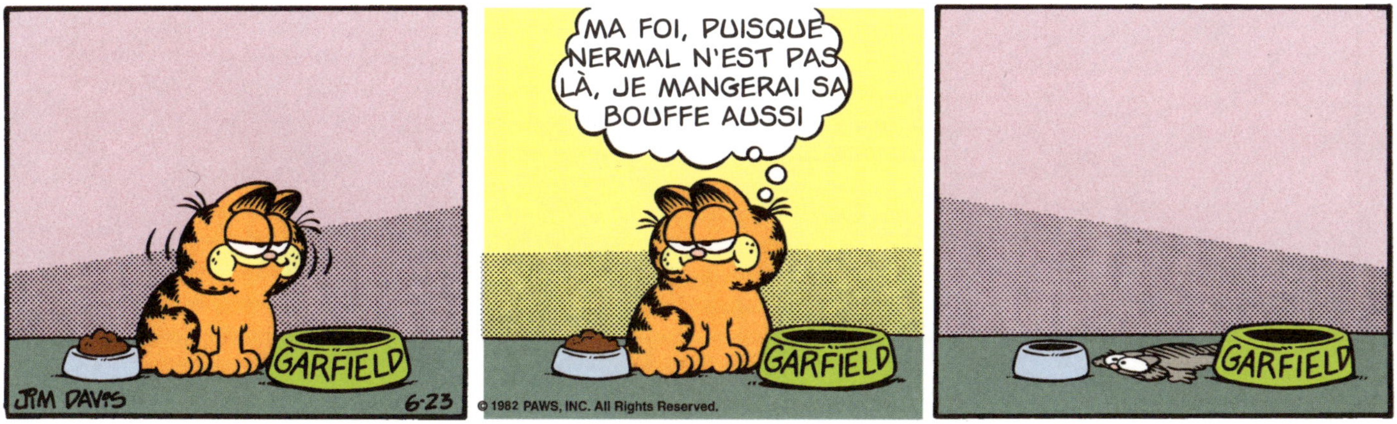
GARFIELD
MA FOI, PUISQUE NERMAL N'EST PAS LÀ, JE MANGERAI SA BOUFFE AUSSI
JIM DAVIS 6-23
© 1982 PAWS, INC. All Rights Reserved.

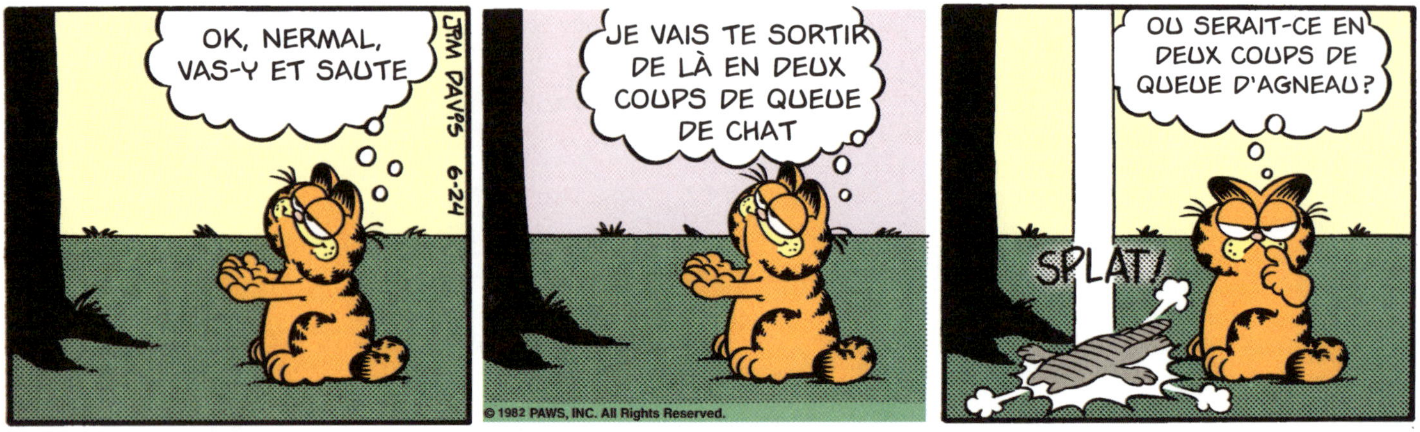
OK, NERMAL, VAS-Y ET SAUTE
JIM DAVIS 6-24
JE VAIS TE SORTIR DE LÀ EN DEUX COUPS DE QUEUE DE CHAT
© 1982 PAWS, INC. All Rights Reserved.
SPLAT!
OU SERAIT-CE EN DEUX COUPS DE QUEUE D'AGNEAU?

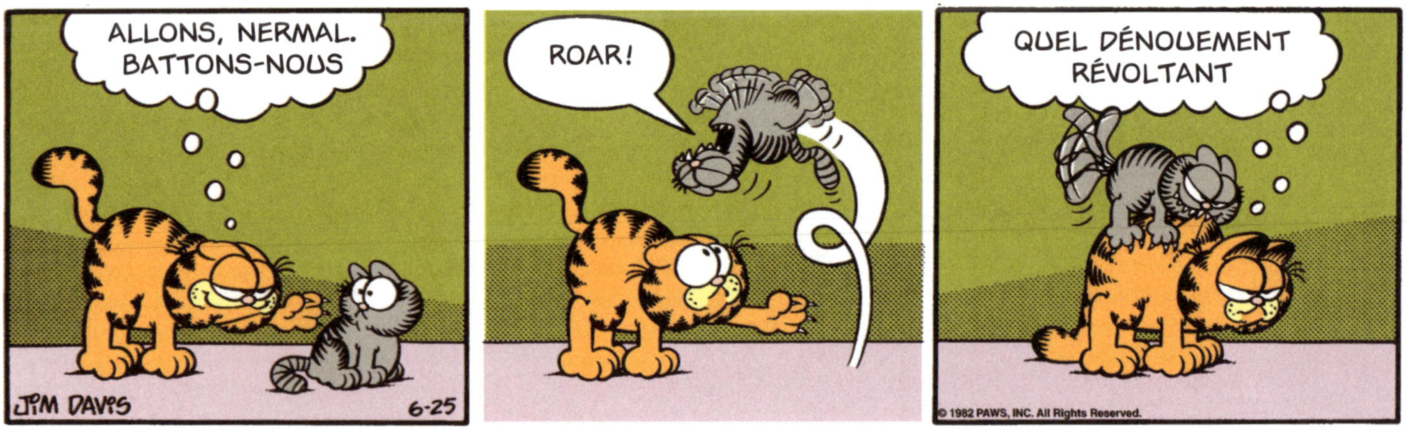
ALLONS, NERMAL. BATTONS-NOUS
JIM DAVIS
6-25
ROAR!
QUEL DÉNOUEMENT RÉVOLTANT
© 1982 PAWS, INC. All Rights Reserved.

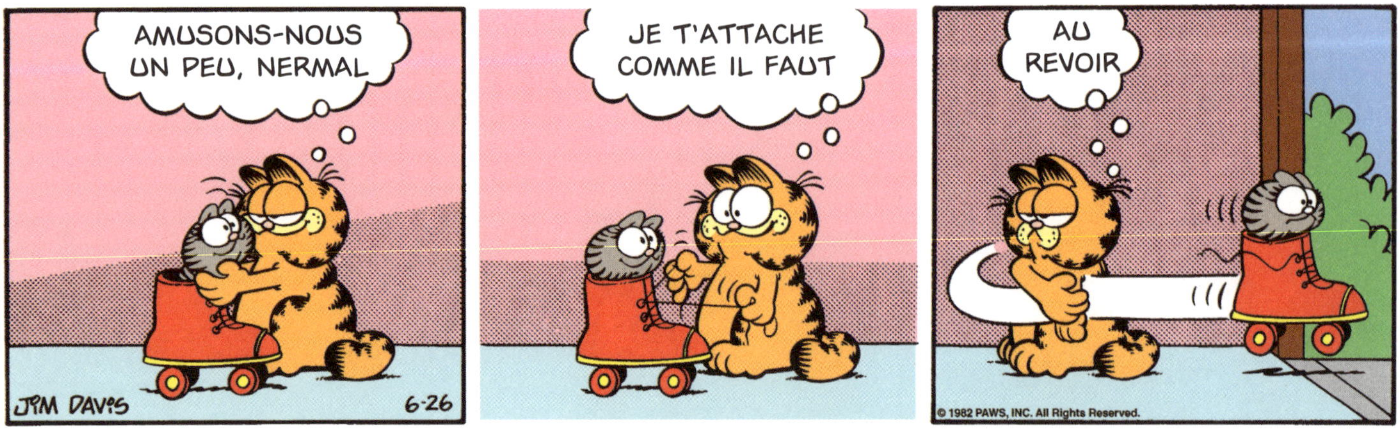
AMUSONS-NOUS UN PEU, NERMAL
JIM DAVIS
6-26
JE T'ATTACHE COMME IL FAUT
AU REVOIR
© 1982 PAWS, INC. All Rights Reserved.

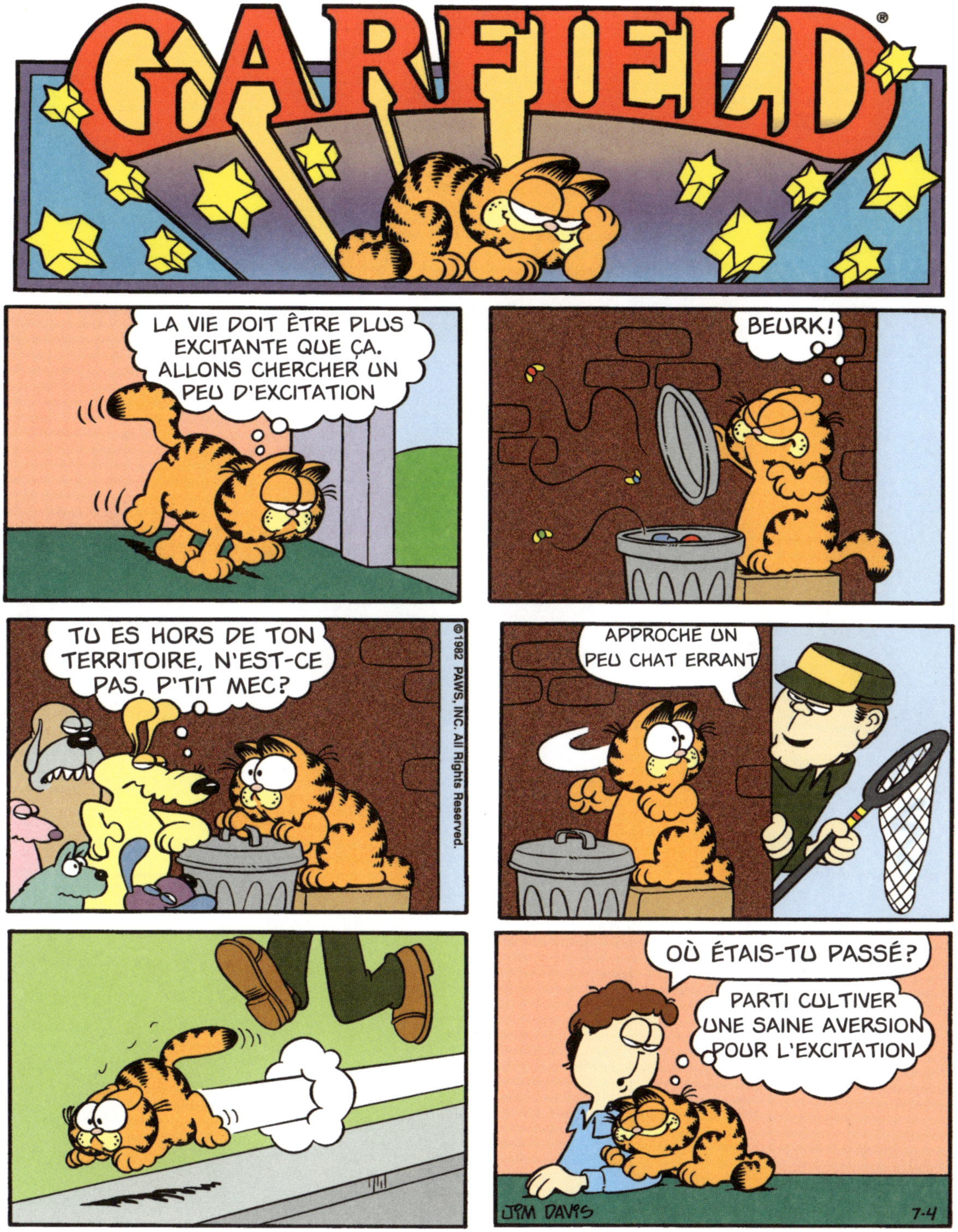
GARFIELD®
LA VIE DOIT ÊTRE PLUS EXCITANTE QUE ÇA. ALLONS CHERCHER UN PEU D'EXCITATION
BEURK!
TU ES HORS DE TON TERRITOIRE, N'EST-CE PAS, P'TIT MEC?
© 1982 PAWS, INC. All Rights Reserved.
APPROCHE UN PEU CHAT ERRANT
OÙ ÉTAIS-TU PASSÉ?
PARTI CULTIVER UNE SAINE AVERSION POUR L'EXCITATION
JIM DAVIS
7-4

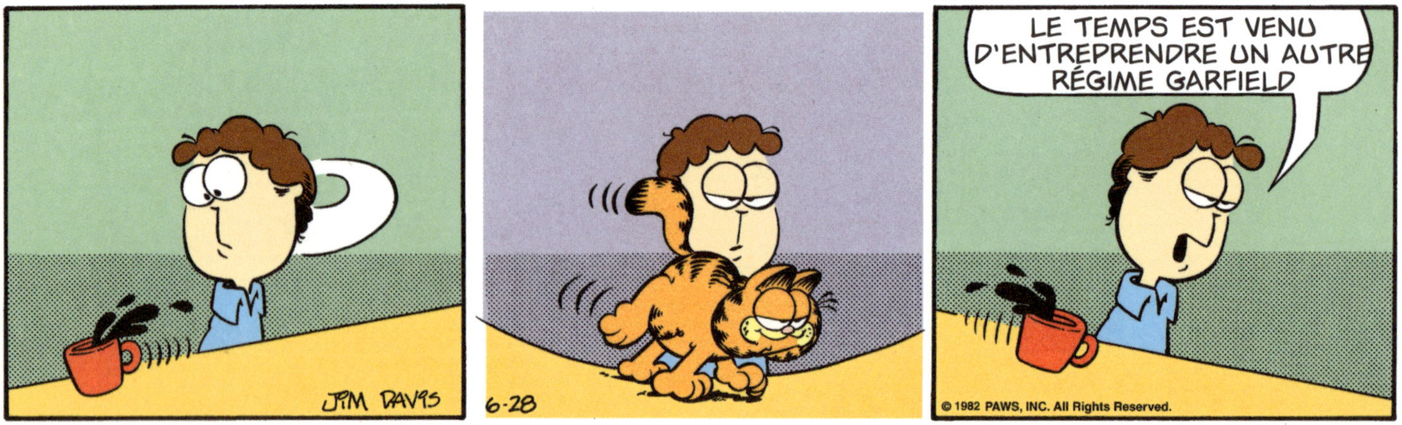
JIM DAVIS
6-28
LE TEMPS EST VENU D'ENTREPRENDRE UN AUTRE RÉGIME GARFIELD
© 1982 PAWS, INC. All Rights Reserved.

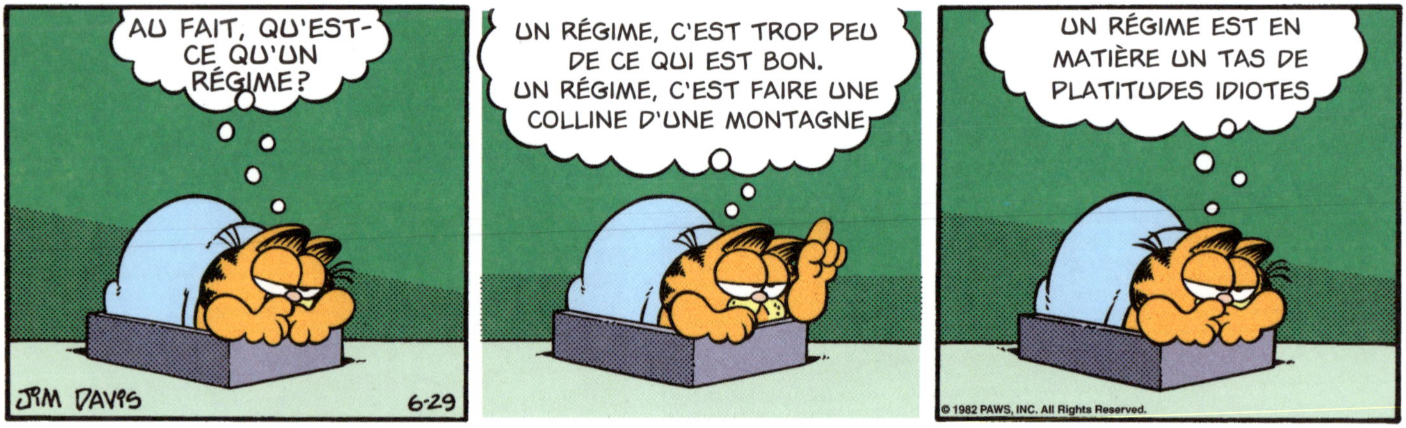
AU FAIT, QU'EST-CE QU'UN RÉGIME?
JIM DAVIS
6-29
UN RÉGIME, C'EST TROP PEU DE CE QUI EST BON. UN RÉGIME, C'EST FAIRE UNE COLLINE D'UNE MONTAGNE
UN RÉGIME EST EN MATIÈRE UN TAS DE PLATITUDES IDIOTES
© 1982 PAWS, INC. All Rights Reserved.

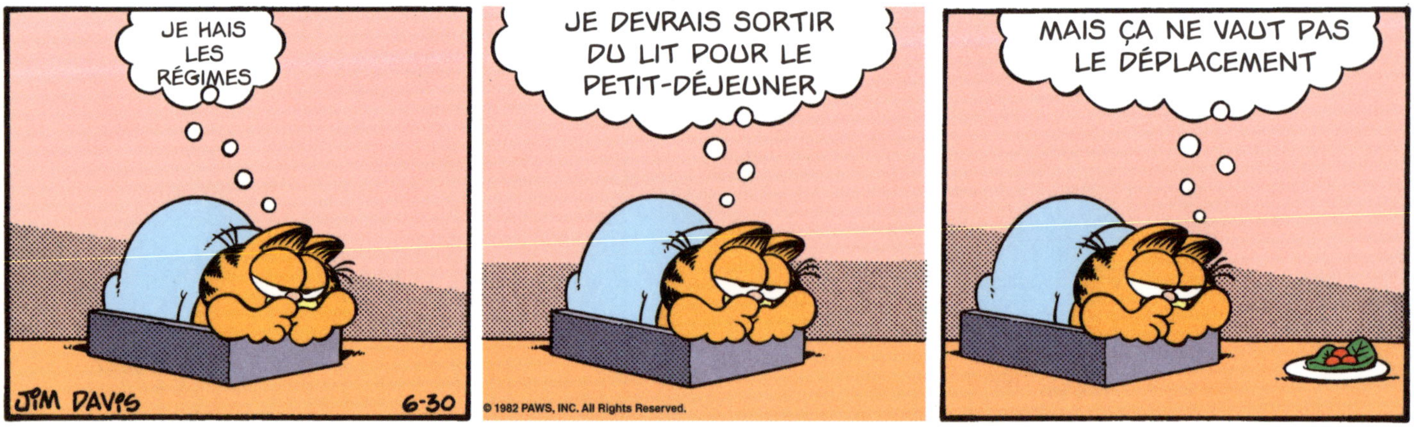
JE HAIS LES RÉGIMES
JIM DAVIS
6-30
JE DEVRAIS SORTIR DU LIT POUR LE PETIT-DÉJEUNER
© 1982 PAWS, INC. All Rights Reserved.
MAIS ÇA NE VAUT PAS LE DÉPLACEMENT

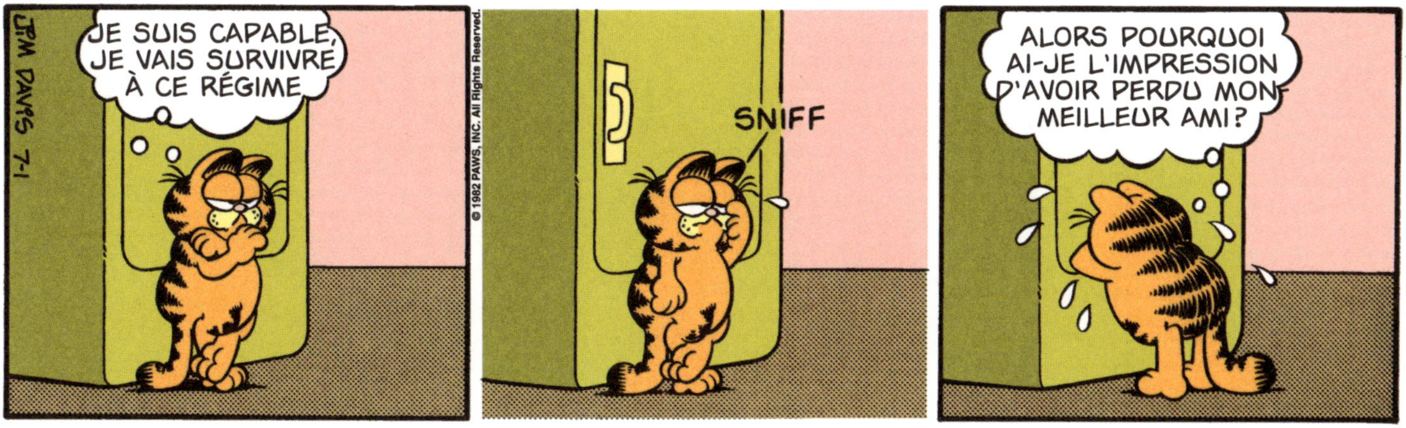
JIM DAVIS 7-1
JE SUIS CAPABLE, JE VAIS SURVIVRE À CE RÉGIME
© 1982 PAWS, INC. All Rights Reserved.
SNIFF
ALORS POURQUOI AI-JE L'IMPRESSION D'AVOIR PERDU MON MEILLEUR AMI ?

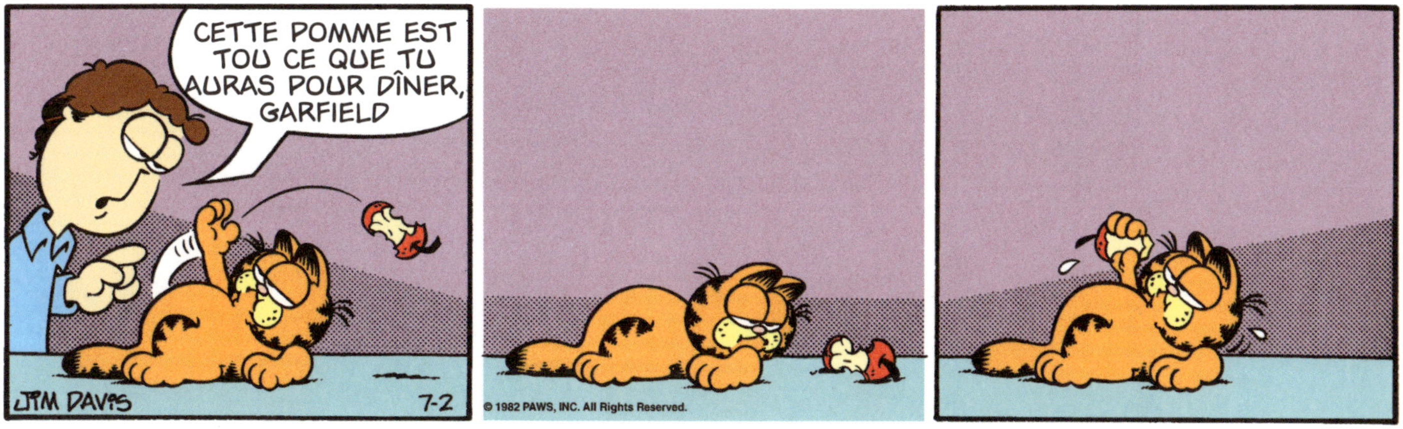
CETTE POMME EST TOU CE QUE TU AURAS POUR DÎNER, GARFIELD
JIM DAVIS 7-2
© 1982 PAWS, INC. All Rights Reserved.

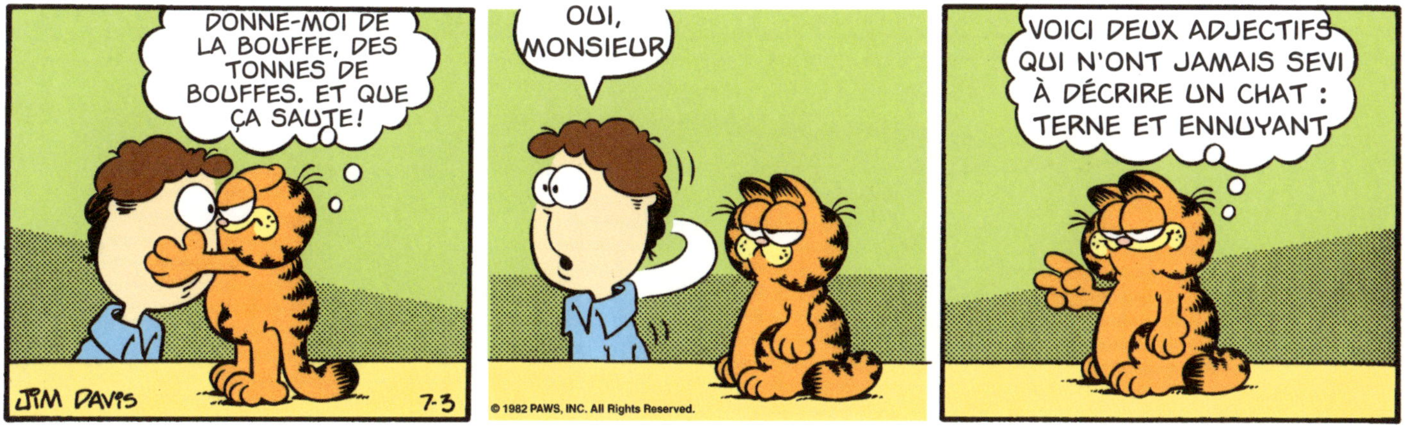
DONNE-MOI DE LA BOUFFE, DES TONNES DE BOUFFES. ET QUE ÇA SAUTE!
JIM DAVIS 7-3
OUI, MONSIEUR
© 1982 PAWS, INC. All Rights Reserved.
VOICI DEUX ADJECTIFS QUI N'ONT JAMAIS SEVI À DÉCRIRE UN CHAT : TERNE ET ENNUYANT

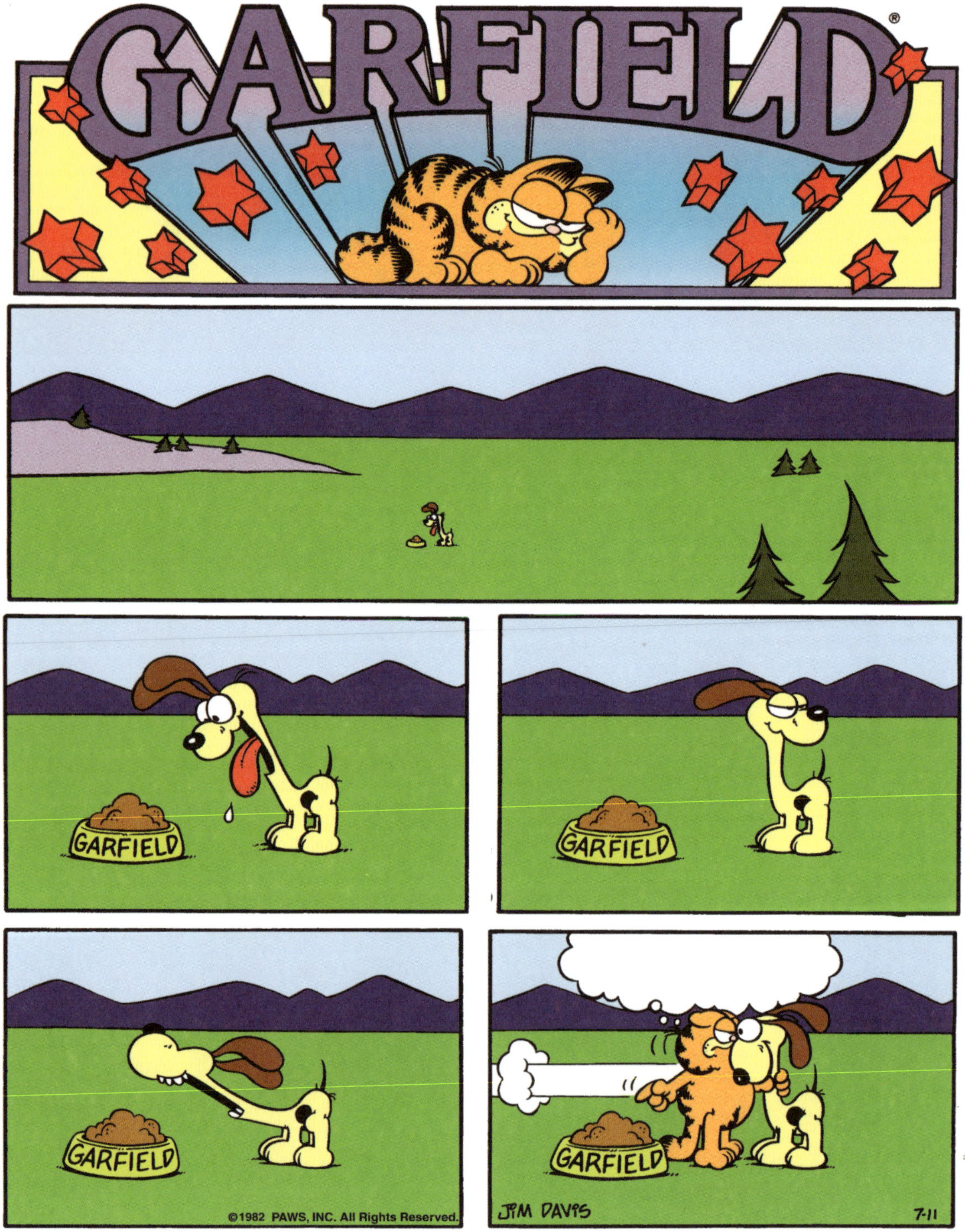
GARFIELD
GARFIELD
GARFIELD
GARFIELD
GARFIELD
©1982 PAWS, INC. All Rights Reserved.
JIM DAVIS
7-11

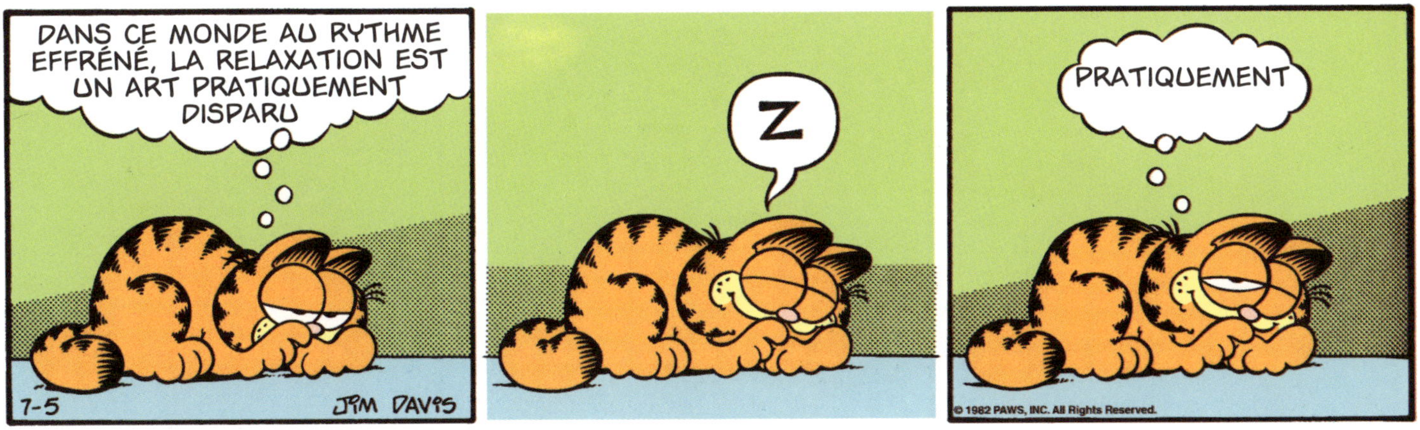
DANS CE MONDE AU RYTHME EFFRÉNÉ, LA RELAXATION EST UN ART PRATIQUEMENT DISPARU
7-5
JIM DAVIS
Z
PRATIQUEMENT
© 1982 PAWS, INC. All Rights Reserved.

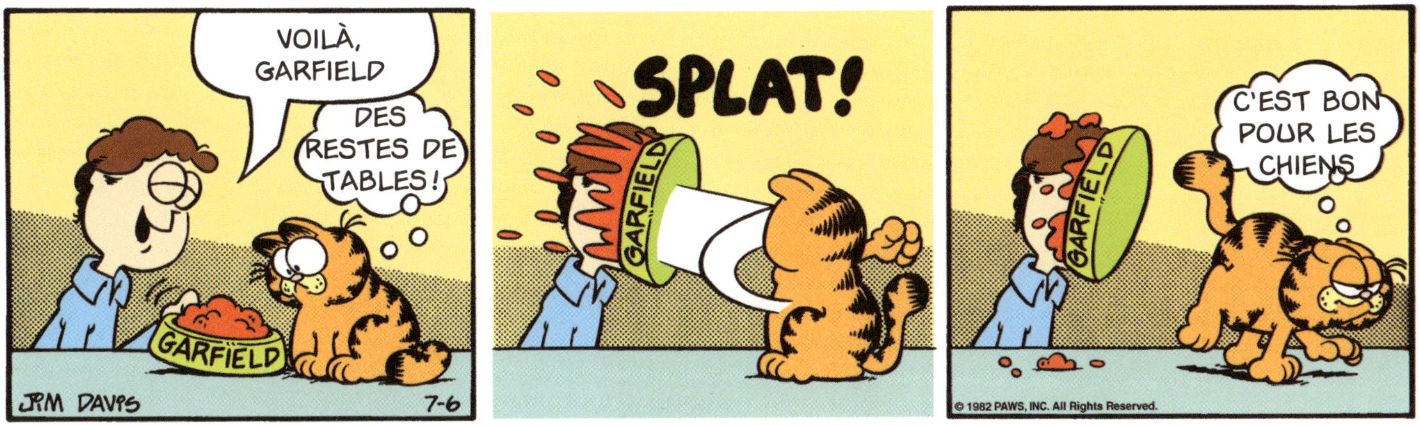
VOILÀ, GARFIELD
DES RESTES DE TABLES !
GARFIELD
JIM DAVIS
7-6
SPLAT!
GARFIELD
C'EST BON POUR LES CHIENS
GARFIELD
© 1982 PAWS, INC. All Rights Reserved.

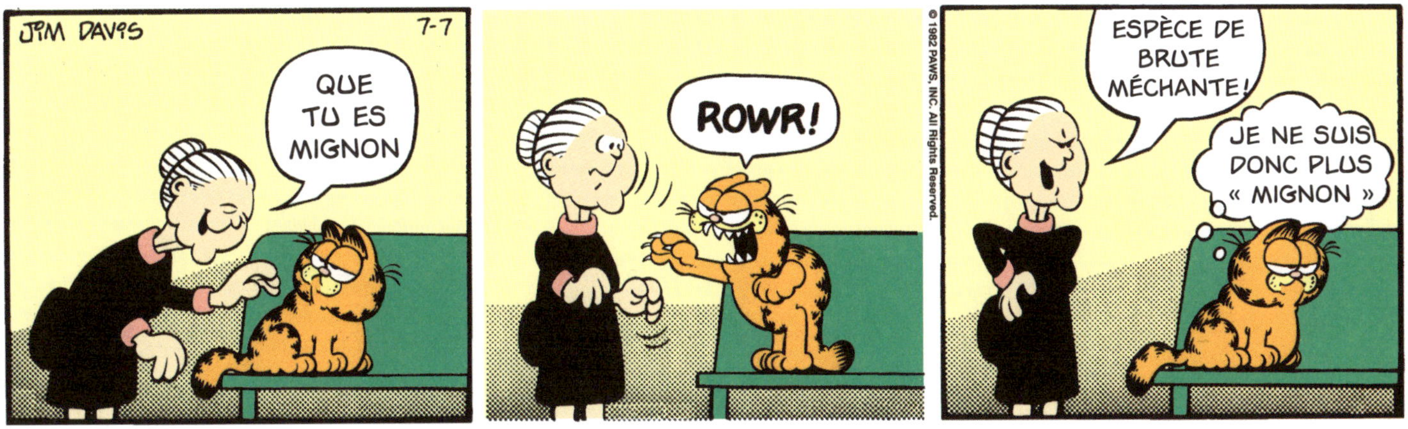
JIM DAVIS
7-7
QUE TU ES MIGNON
ROWR!
© 1982 PAWS, INC. All Rights Reserved.
ESPÈCE DE BRUTE MÉCHANTE !
JE NE SUIS DONC PLUS « MIGNON »

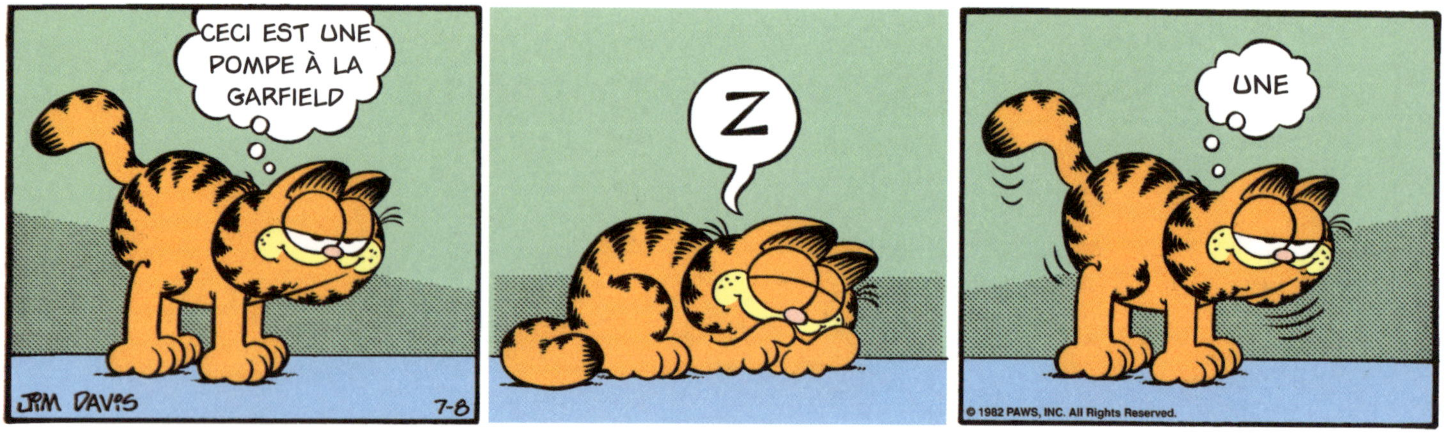
CECI EST UNE POMPE À LA GARFIELD
JIM DAVIS
7-8
Z
UNE
© 1982 PAWS, INC. All Rights Reserved.

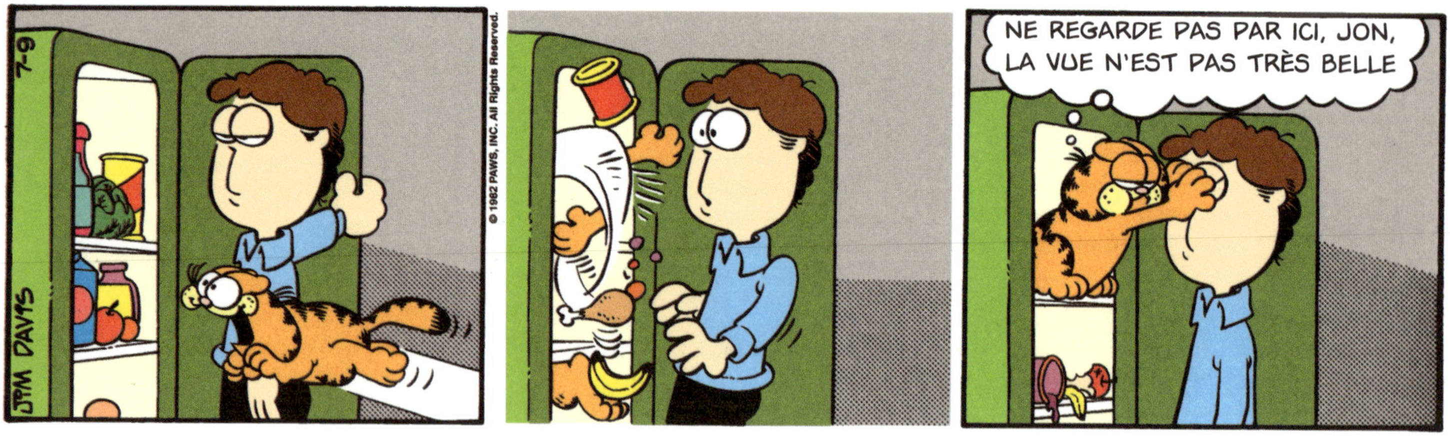
7-9
JIM DAVIS
© 1982 PAWS, INC. All Rights Reserved.
NE REGARDE PAS PAR ICI, JON, LA VUE N'EST PAS TRÈS BELLE

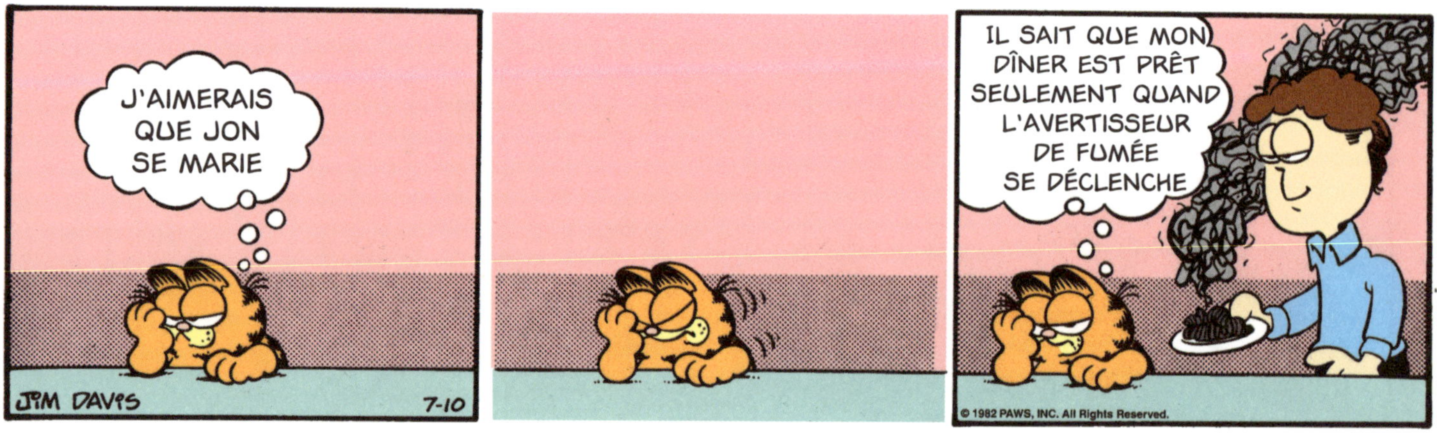
J'AIMERAIS QUE JON SE MARIE
JIM DAVIS
7-10
IL SAIT QUE MON DÎNER EST PRÊT SEULEMENT QUAND L'AVERTISSEUR DE FUMÉE SE DÉCLENCHE
© 1982 PAWS, INC. All Rights Reserved.

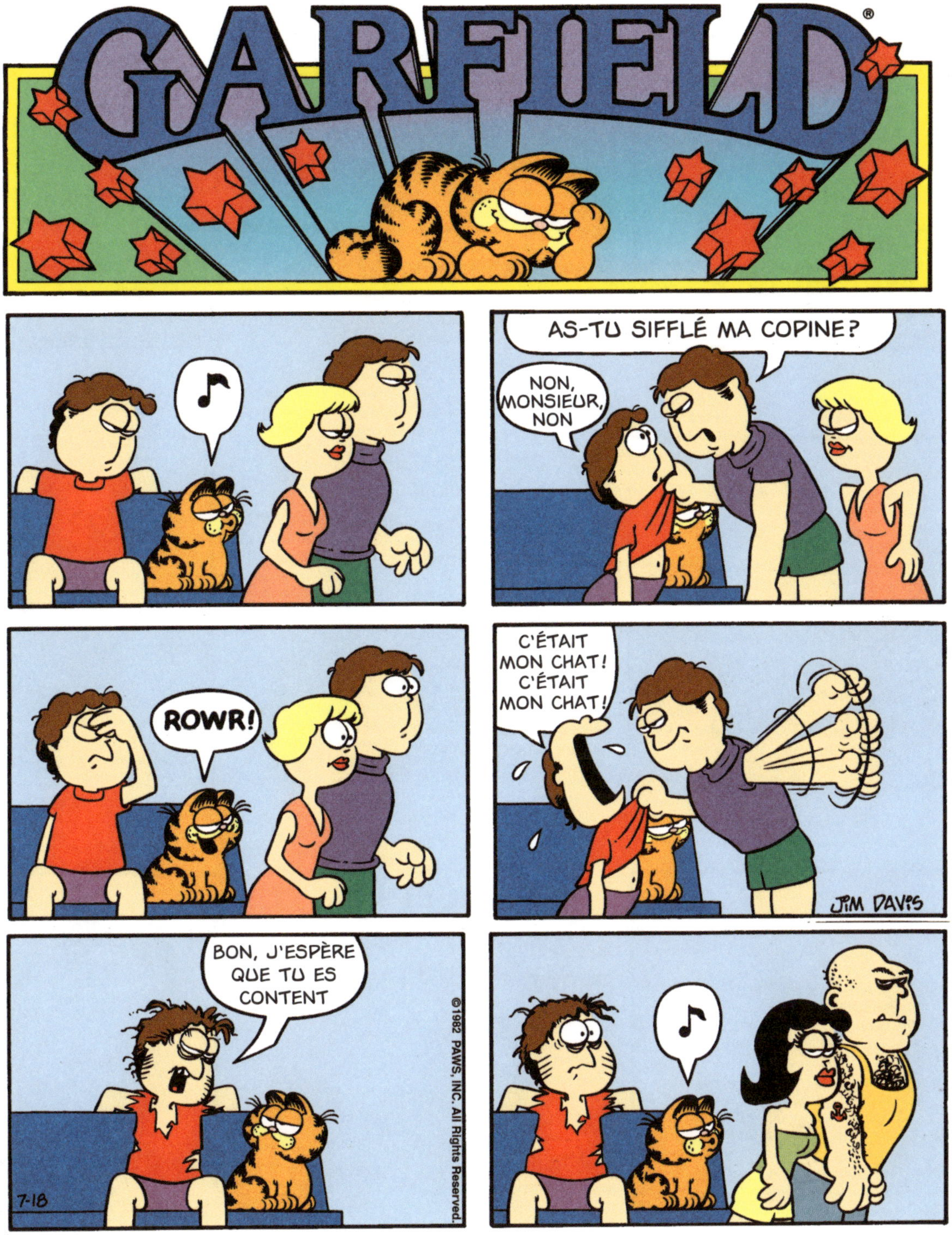
GARFIELD®
♪
AS-TU SIFFLÉ MA COPINE?
NON, MONSIEUR, NON
ROWR!
C'ÉTAIT MON CHAT! C'ÉTAIT MON CHAT!
JIM DAVIS
BON, J'ESPÈRE QUE TU ES CONTENT
7-18
©1982 PAWS, INC. All Rights Reserved.
♪

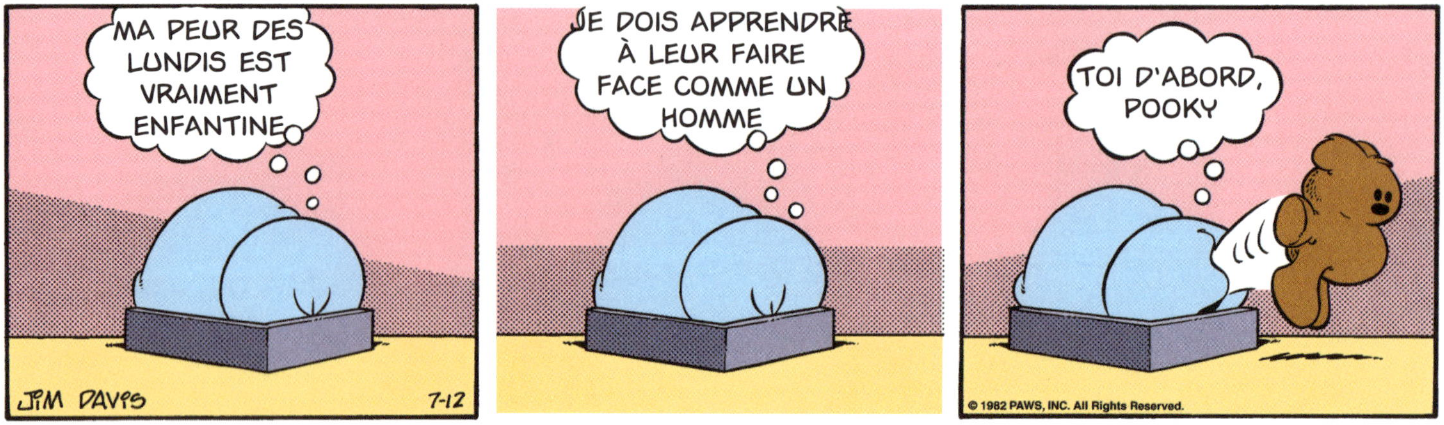
MA PEUR DES LUNDIS EST VRAIMENT ENFANTINE
JE DOIS APPRENDRE À LEUR FAIRE FACE COMME UN HOMME
TOI D'ABORD, POOKY
JIM DAVIS
7-12
© 1982 PAWS, INC. All Rights Reserved.

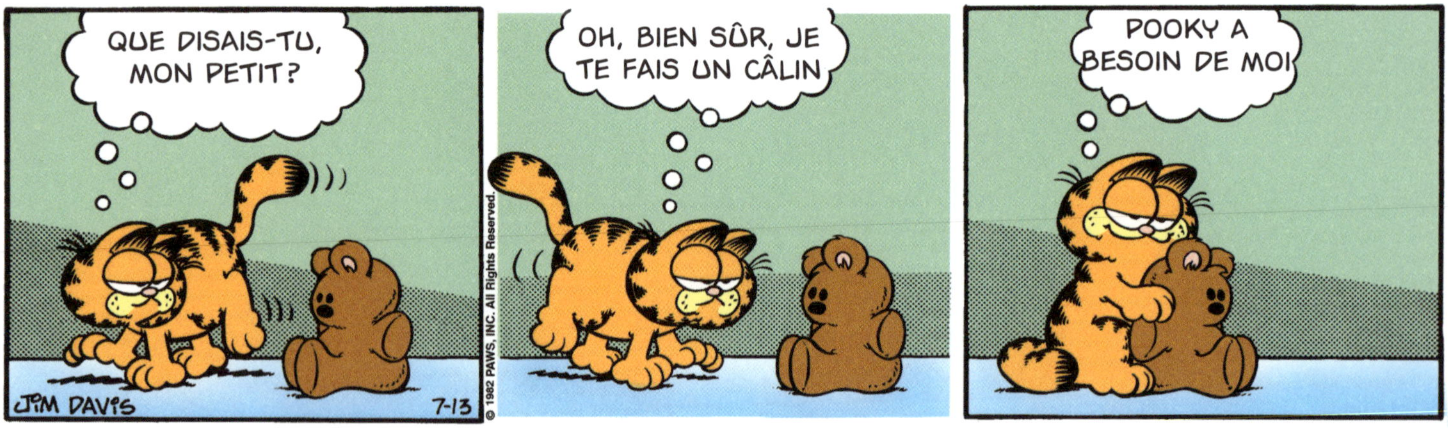
QUE DISAIS-TU, MON PETIT?
OH, BIEN SÛR, JE TE FAIS UN CÂLIN
POOKY A BESOIN DE MOI
JIM DAVIS
7-13
© 1982 PAWS, INC. All Rights Reserved.

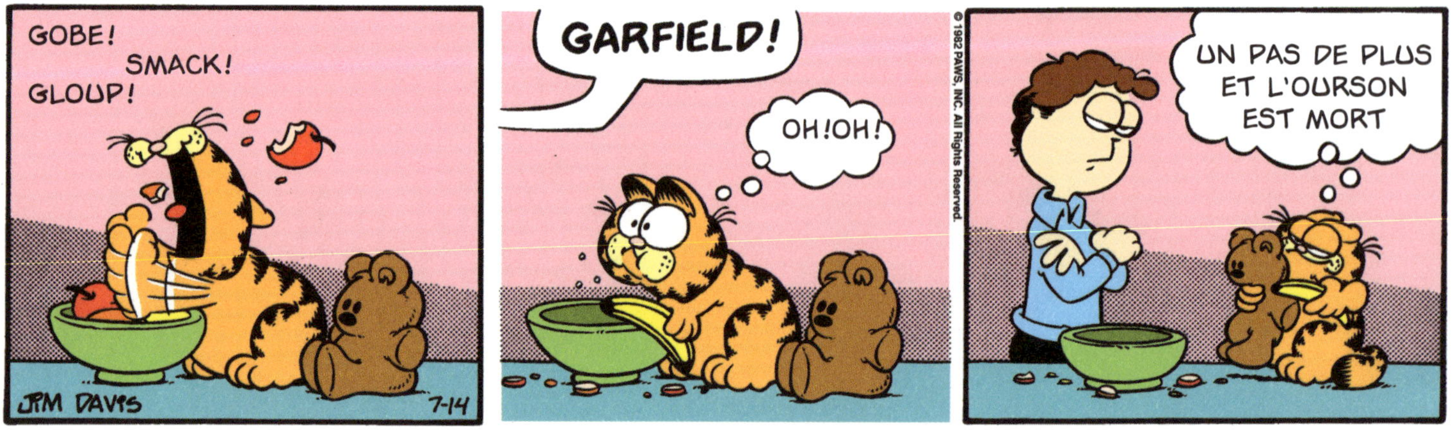
GOBE!
SMACK!
GLOUP!
GARFIELD!
OH!OH!
UN PAS DE PLUS ET L'OURSON EST MORT
JIM DAVIS
7-14
© 1982 PAWS, INC. All Rights Reserved.

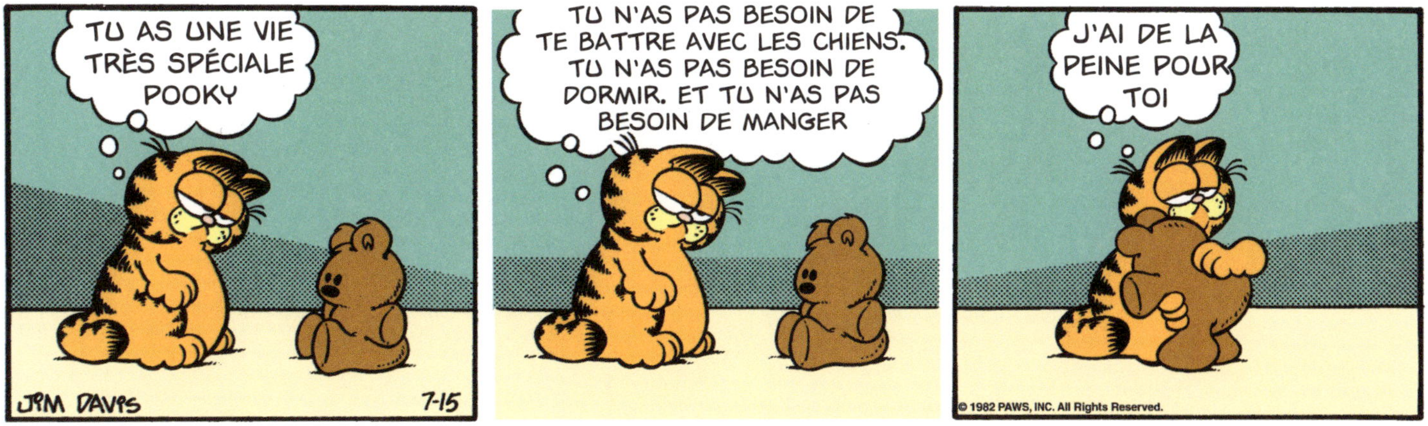
TU AS UNE VIE TRÈS SPÉCIALE POOKY
TU N'AS PAS BESOIN DE TE BATTRE AVEC LES CHIENS. TU N'AS PAS BESOIN DE DORMIR. ET TU N'AS PAS BESOIN DE MANGER
J'AI DE LA PEINE POUR TOI
JIM DAVIS
7-15
© 1982 PAWS, INC. All Rights Reserved.

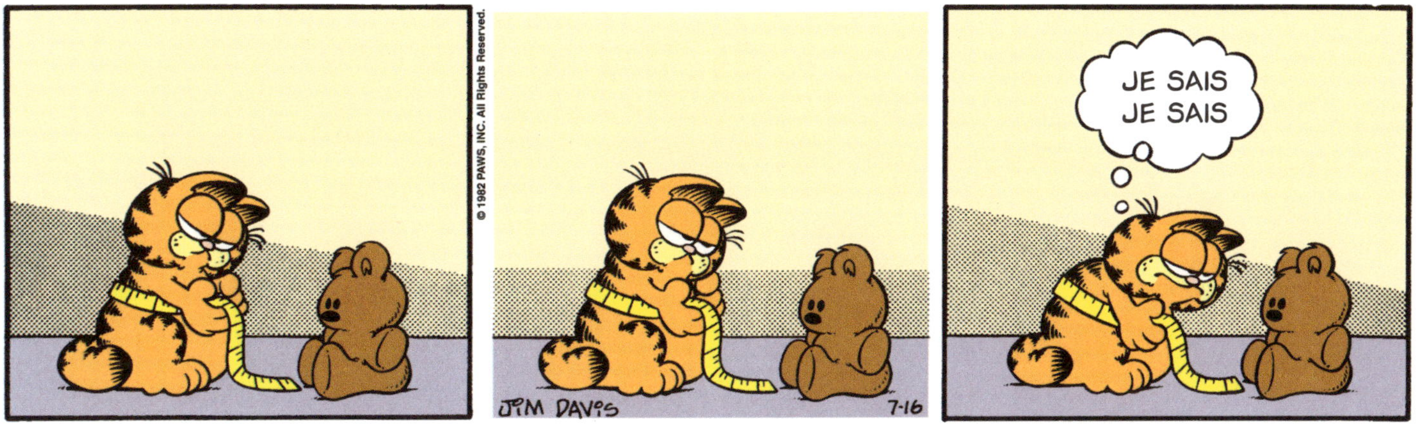
© 1982 PAWS, INC. All Rights Reserved.
JIM DAVIS
7-16
JE SAIS
JE SAIS

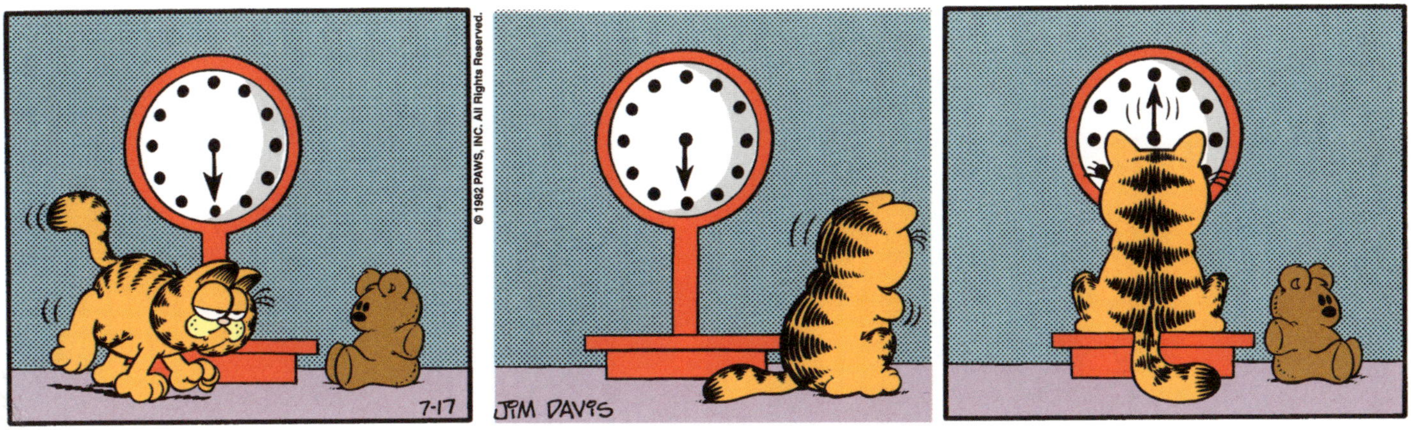
7-17
© 1982 PAWS, INC. All Rights Reserved.
JIM DAVIS

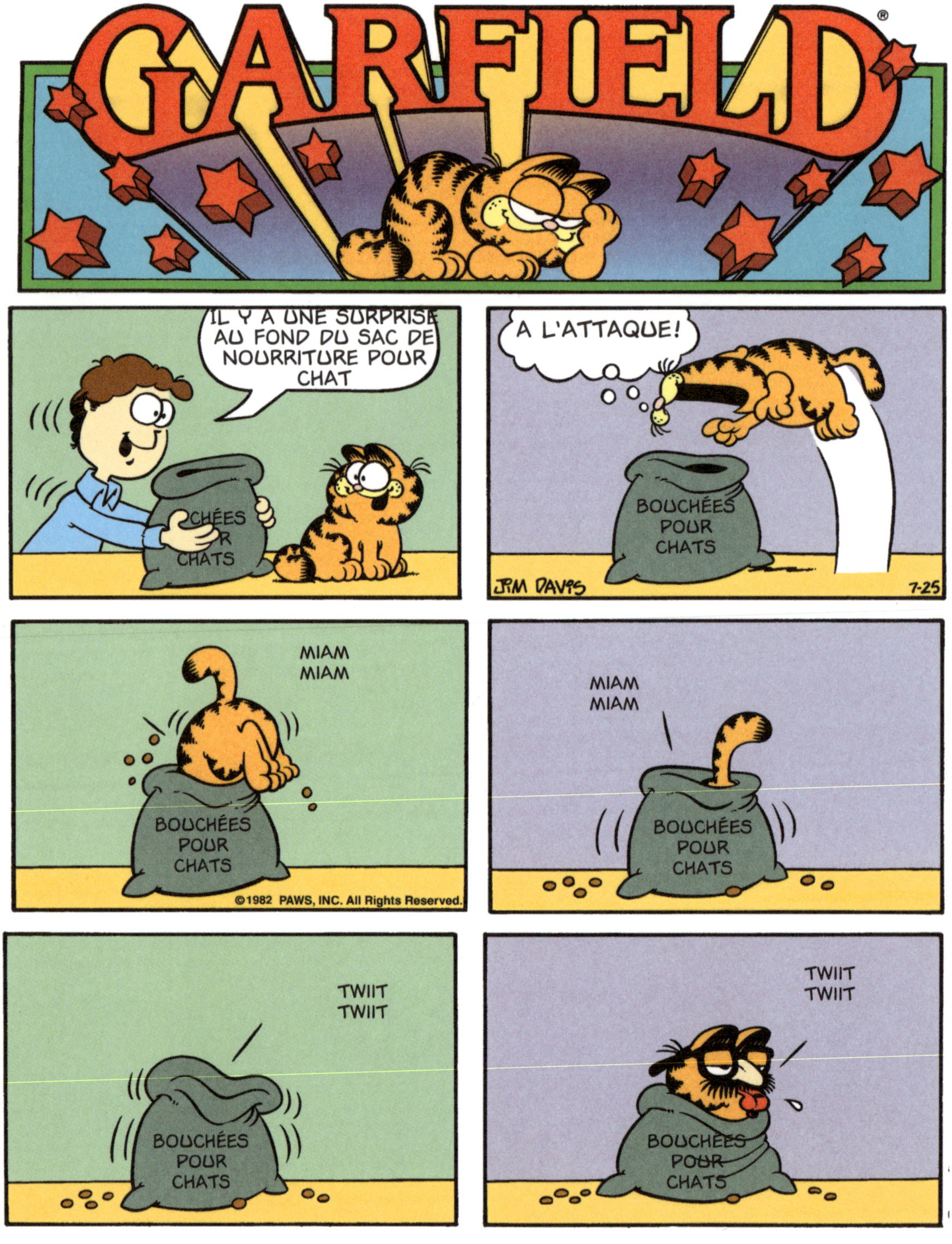
GARFIELD
IL Y A UNE SURPRISE AU FOND DU SAC DE NOURRITURE POUR CHAT
CHÉES
R
CHATS
A L'ATTAQUE!
BOUCHÉES POUR CHATS
JIM DAVIS
7-25
MIAM MIAM
BOUCHÉES POUR CHATS
©1982 PAWS, INC. All Rights Reserved.
MIAM MIAM
BOUCHÉES POUR CHATS
TWIIT TWIIT
BOUCHÉES POUR CHATS
TWIIT TWIIT
BOUCHÉES POUR CHATS

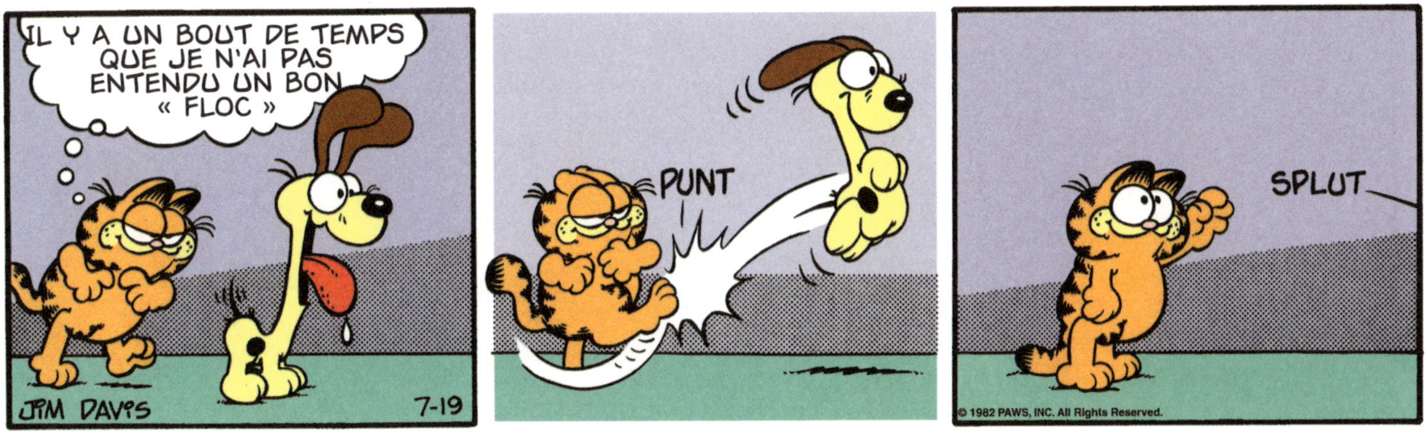
IL Y A UN BOUT DE TEMPS QUE JE N'AI PAS ENTENDU UN BON « FLOC »
JIM DAVIS
7-19
PUNT
SPLUT
© 1982 PAWS, INC. All Rights Reserved.

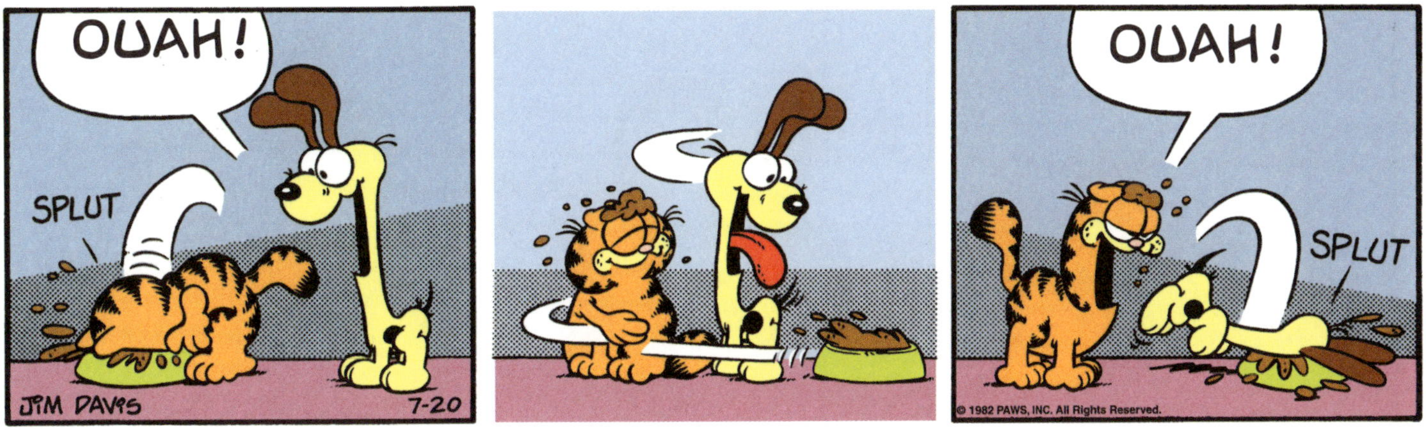
OUAH!
SPLUT
JIM DAVIS
7-20
OUAH!
SPLUT
© 1982 PAWS, INC. All Rights Reserved.

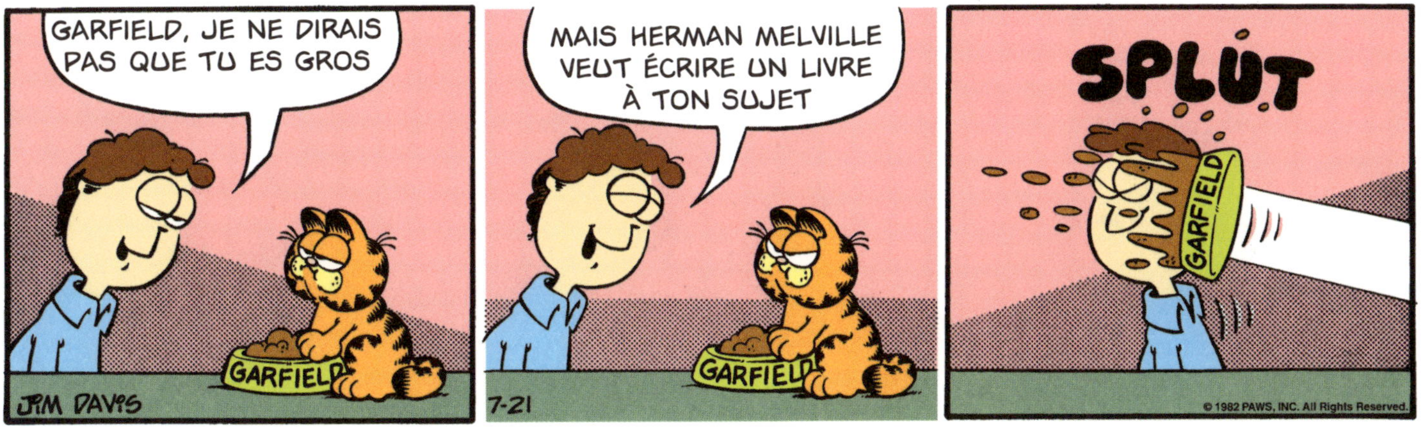
GARFIELD, JE NE DIRAIS PAS QUE TU ES GROS
GARFIELD
JIM DAVIS
MAIS HERMAN MELVILLE VEUT ÉCRIRE UN LIVRE À TON SUJET
GARFIELD
7-21
SPLUT
GARFIELD
© 1982 PAWS, INC. All Rights Reserved.

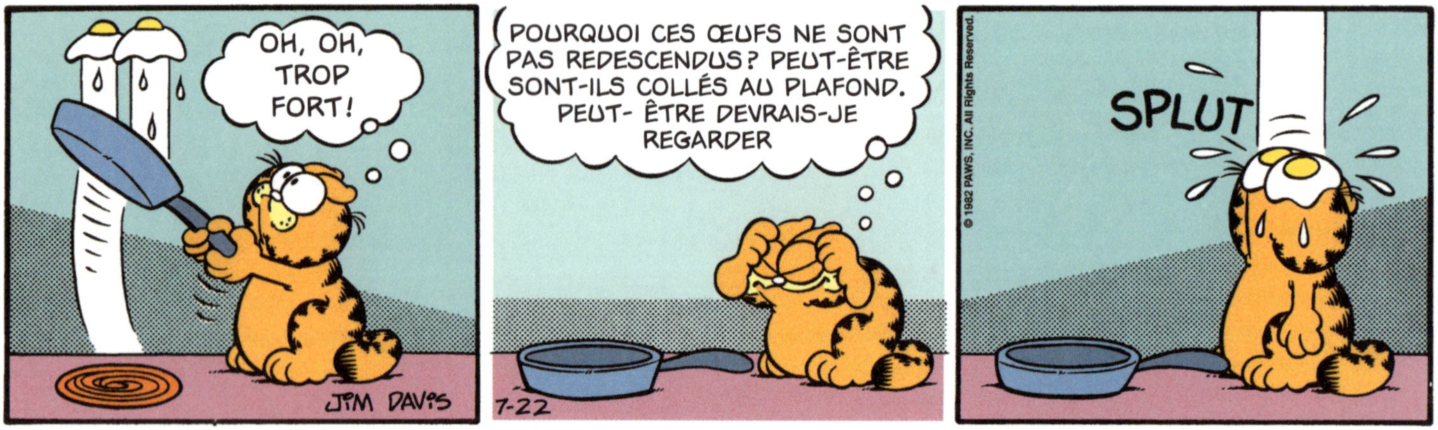
OH, OH, TROP FORT!
JIM DAVIS
POURQUOI CES ŒUFS NE SONT PAS REDESCENDUS? PEUT-ÊTRE SONT-ILS COLLÉS AU PLAFOND. PEUT- ÊTRE DEVRAIS-JE REGARDER
7-22
SPLUT
© 1982 PAWS, INC. All Rights Reserved.

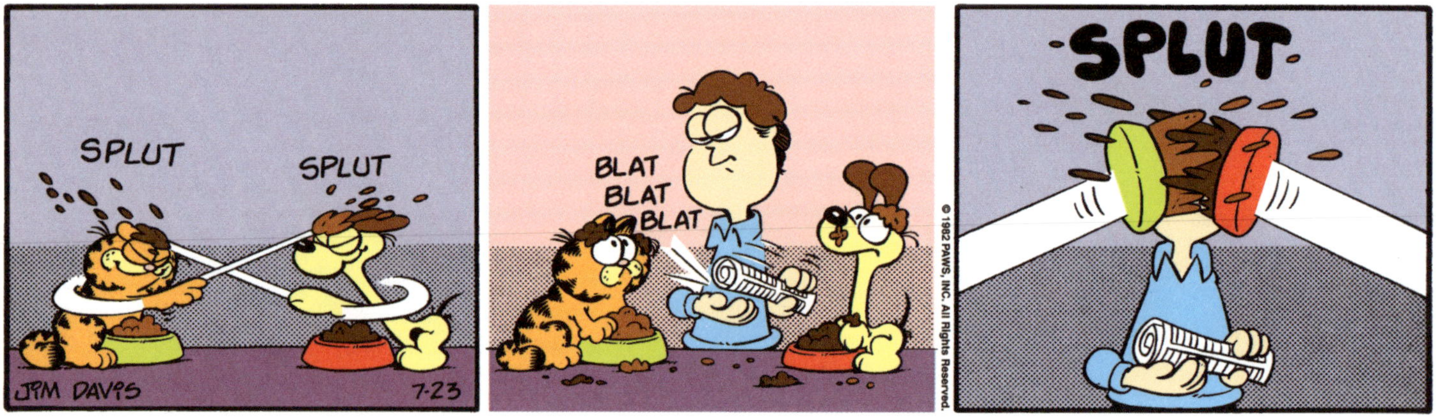
SPLUT
SPLUT
JIM DAVIS
7-23
BLAT
BLAT
BLAT
© 1982 PAWS, INC. All Rights Reserved.
SPLUT

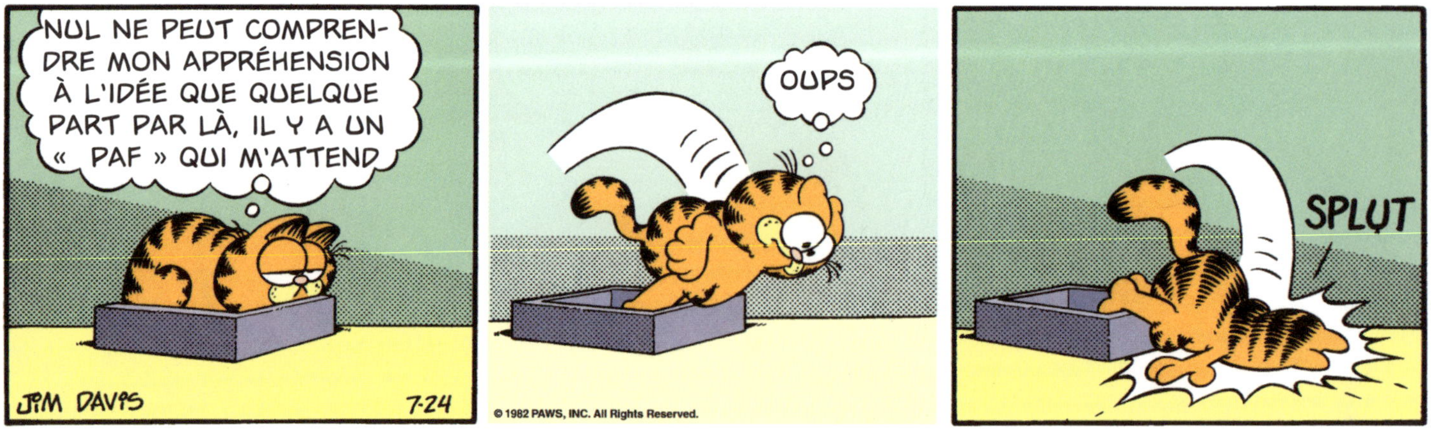
NUL NE PEUT COMPRENDRE MON APPRÉHENSION À L'IDÉE QUE QUELQUE PART PAR LÀ, IL Y A UN « PAF » QUI M'ATTEND
JIM DAVIS
7-24
OUPS
© 1982 PAWS, INC. All Rights Reserved.
SPLUT

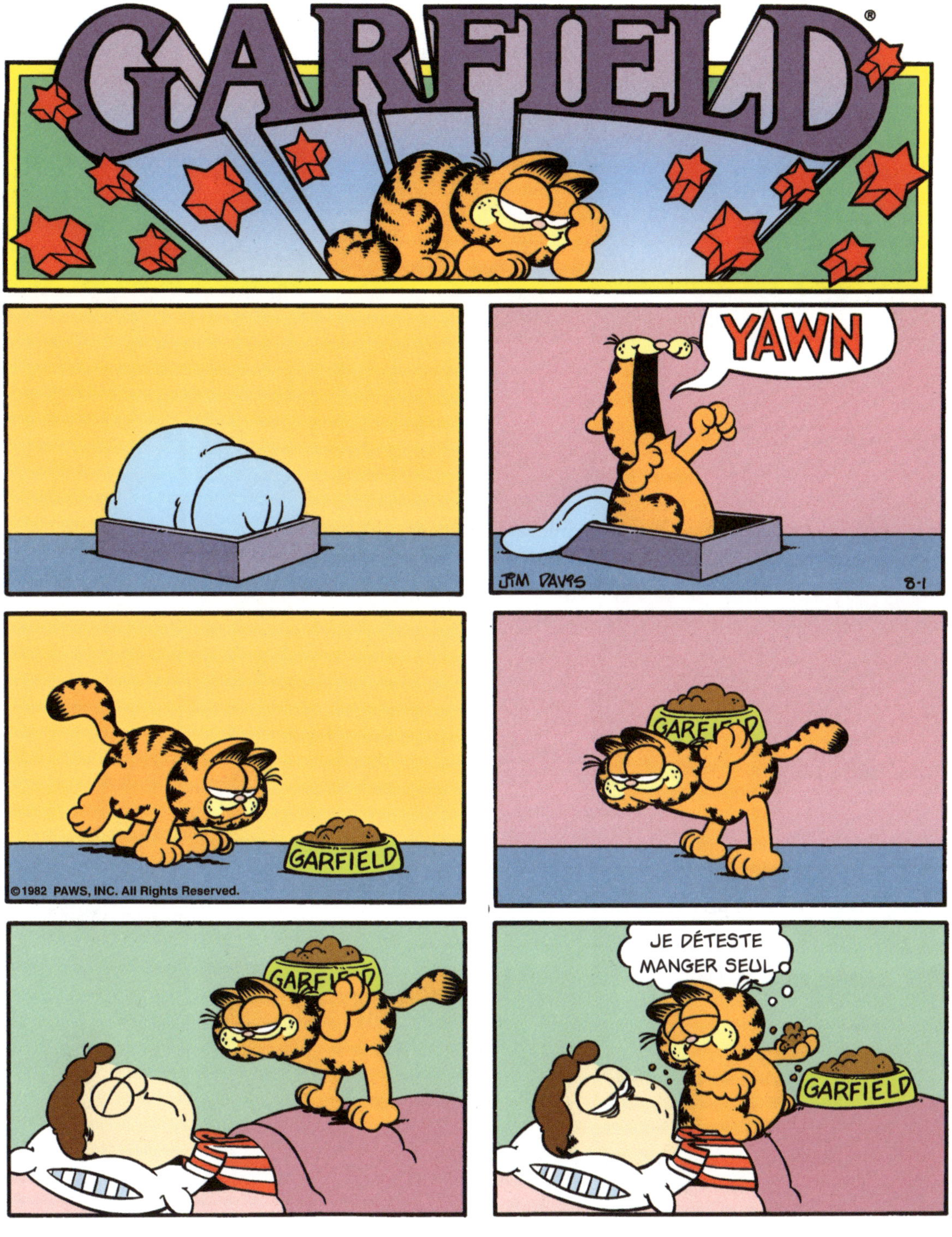
GARFIELD
YAWN
JIM DAVIS
8-1
GARFIELD
©1982 PAWS, INC. All Rights Reserved.
GARFIELD
GARFIELD
JE DÉTESTE MANGER SEUL
GARFIELD

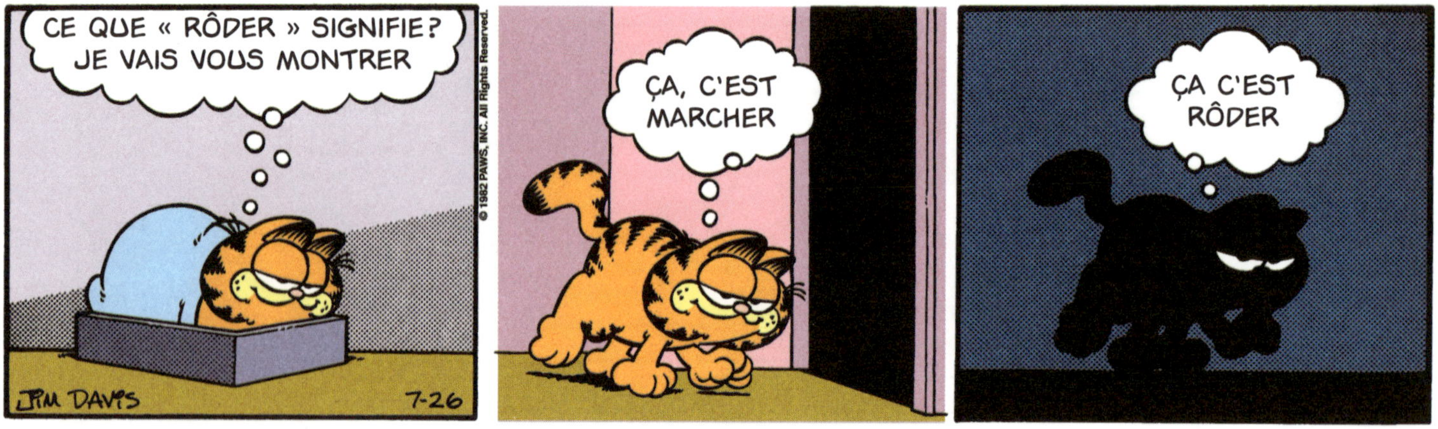
CE QUE « RÔDER » SIGNIFIE? JE VAIS VOUS MONTRER
JIM DAVIS
7-26
© 1982 PAWS, INC. All Rights Reserved.
ÇA, C'EST MARCHER
ÇA C'EST RÔDER

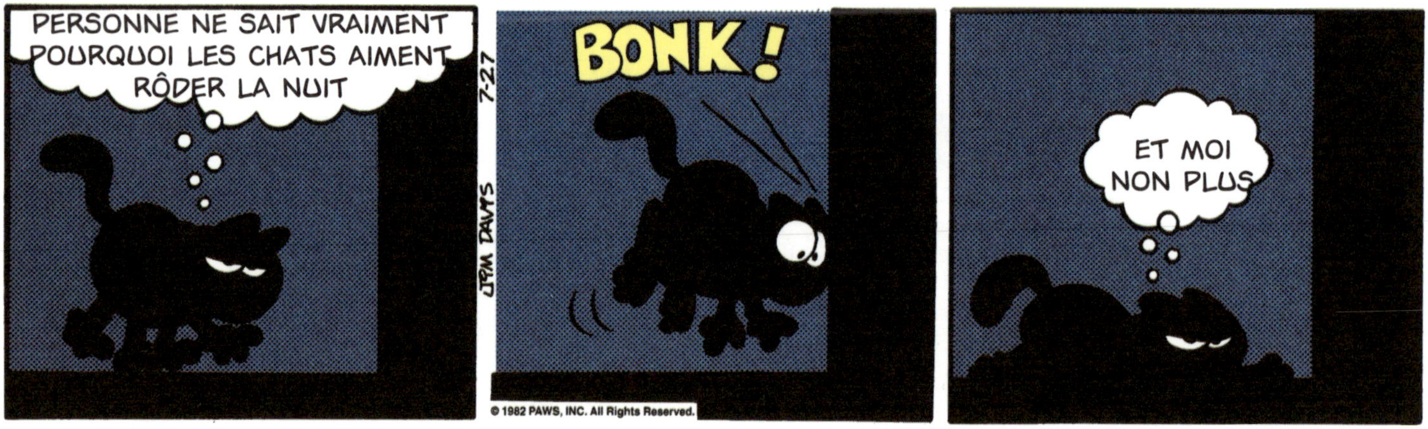
PERSONNE NE SAIT VRAIMENT POURQUOI LES CHATS AIMENT RÔDER LA NUIT
7-27
JIM DAVIS
BONK!
© 1982 PAWS, INC. All Rights Reserved.
ET MOI NON PLUS

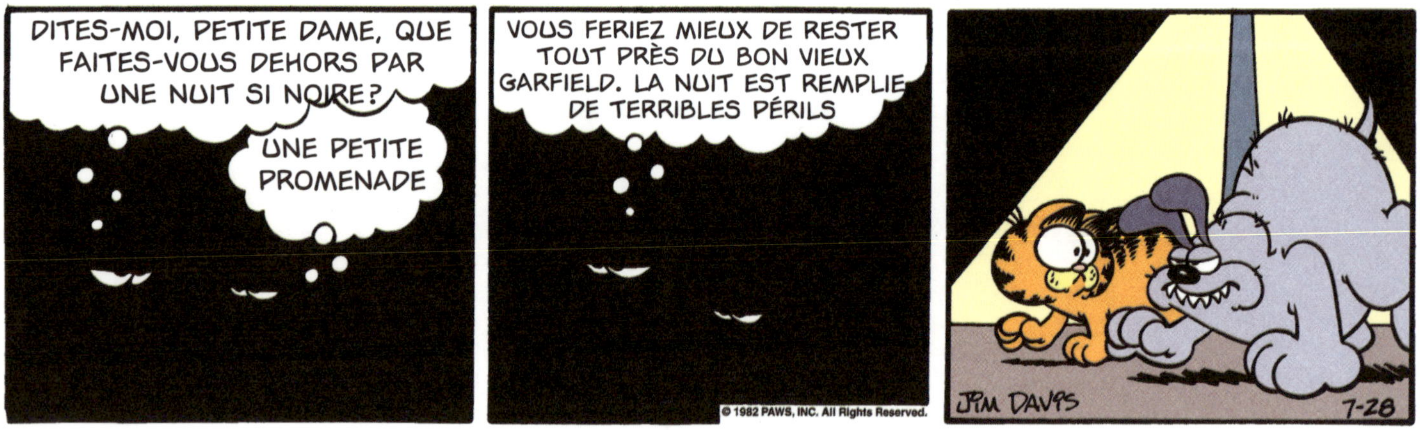
DITES-MOI, PETITE DAME, QUE FAITES-VOUS DEHORS PAR UNE NUIT SI NOIRE?
UNE PETITE PROMENADE
VOUS FERIEZ MIEUX DE RESTER TOUT PRÈS DU BON VIEUX GARFIELD. LA NUIT EST REMPLIE DE TERRIBLES PÉRILS
© 1982 PAWS, INC. All Rights Reserved.
JIM DAVIS
7-28

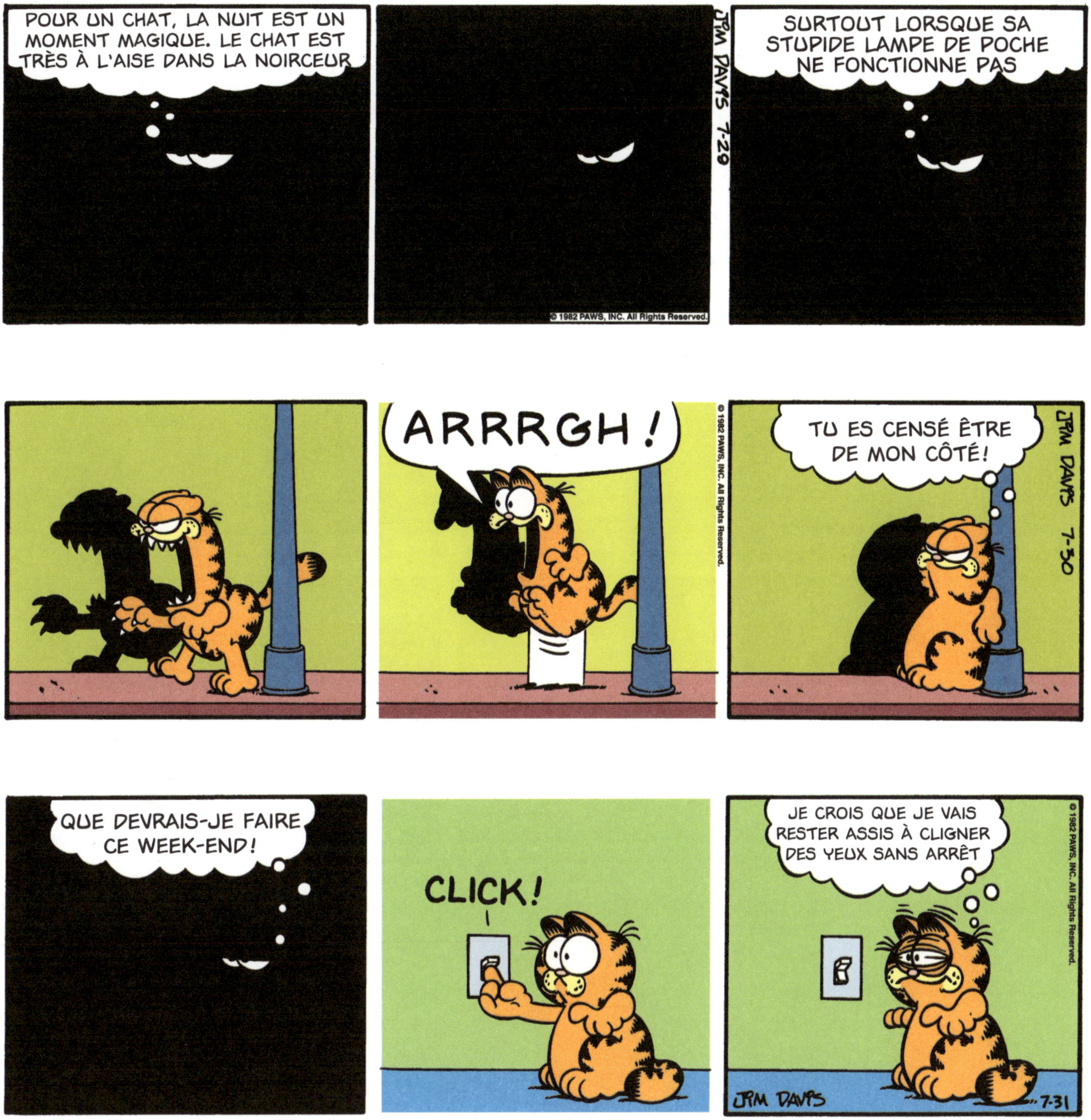
POUR UN CHAT, LA NUIT EST UN MOMENT MAGIQUE. LE CHAT EST TRÈS À L'AISE DANS LA NOIRCEUR
JPM DAVIS 7-29
© 1982 PAWS, INC. All Rights Reserved.
SURTOUT LORSQUE SA STUPIDE LAMPE DE POCHE NE FONCTIONNE PAS
ARRRGH !
© 1982 PAWS, INC. All Rights Reserved.
TU ES CENSÉ ÊTRE DE MON CÔTÉ!
JPM DAVIS 7-30
QUE DEVRAIS-JE FAIRE CE WEEK-END!
CLICK!
JE CROIS QUE JE VAIS RESTER ASSIS À CLIGNER DES YEUX SANS ARRÊT
© 1982 PAWS, INC. All Rights Reserved.
JPM DAVIS 7-31

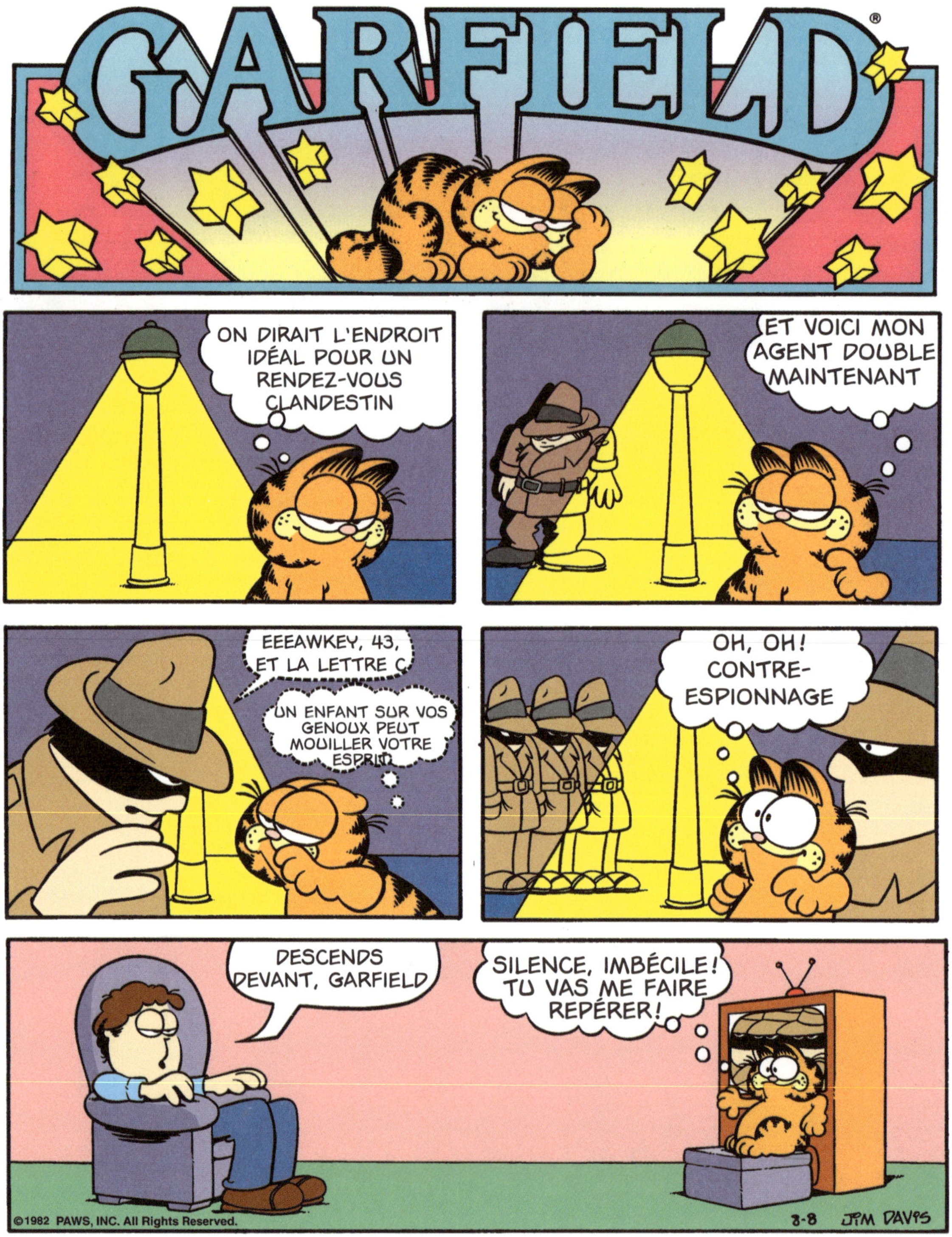
GARFIELD
ON DIRAIT L'ENDROIT IDÉAL POUR UN RENDEZ-VOUS CLANDESTIN
ET VOICI MON AGENT DOUBLE MAINTENANT
EEEAWKEY, 43, ET LA LETTRE C
UN ENFANT SUR VOS GENOUX PEUT MOUILLER VOTRE ESPRIT
OH, OH! CONTRE-ESPIONNAGE
DESCENDS DEVANT, GARFIELD
SILENCE, IMBÉCILE! TU VAS ME FAIRE REPÉRER!
8-8 JIM DAVIS

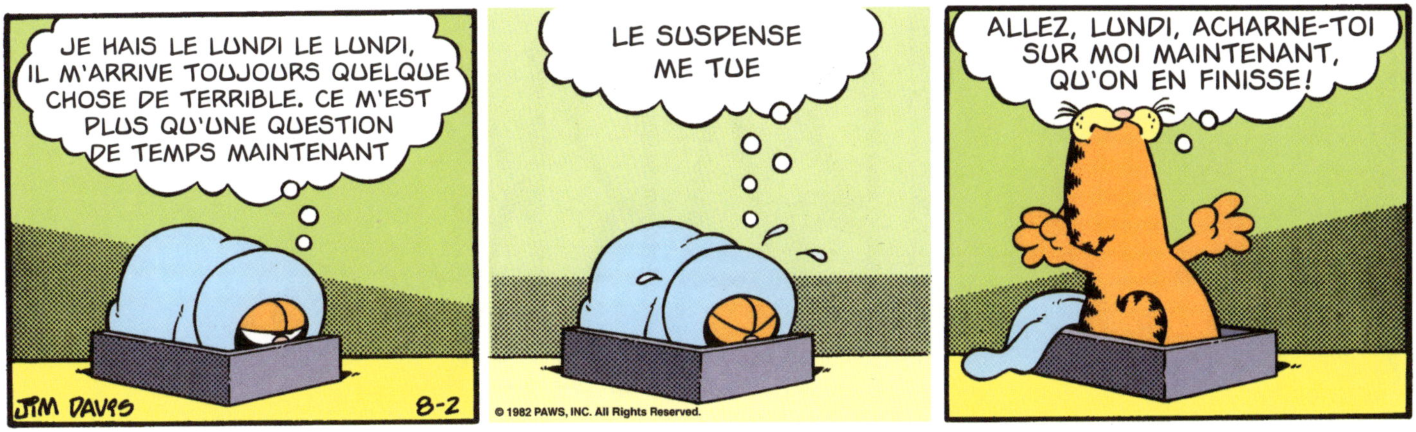
JE HAIS LE LUNDI LE LUNDI, IL M'ARRIVE TOUJOURS QUELQUE CHOSE DE TERRIBLE. CE M'EST PLUS QU'UNE QUESTION DE TEMPS MAINTENANT
JIM DAVIS
8-2
LE SUSPENSE ME TUE
© 1982 PAWS, INC. All Rights Reserved.
ALLEZ, LUNDI, ACHARNE-TOI SUR MOI MAINTENANT, QU'ON EN FINISSE!

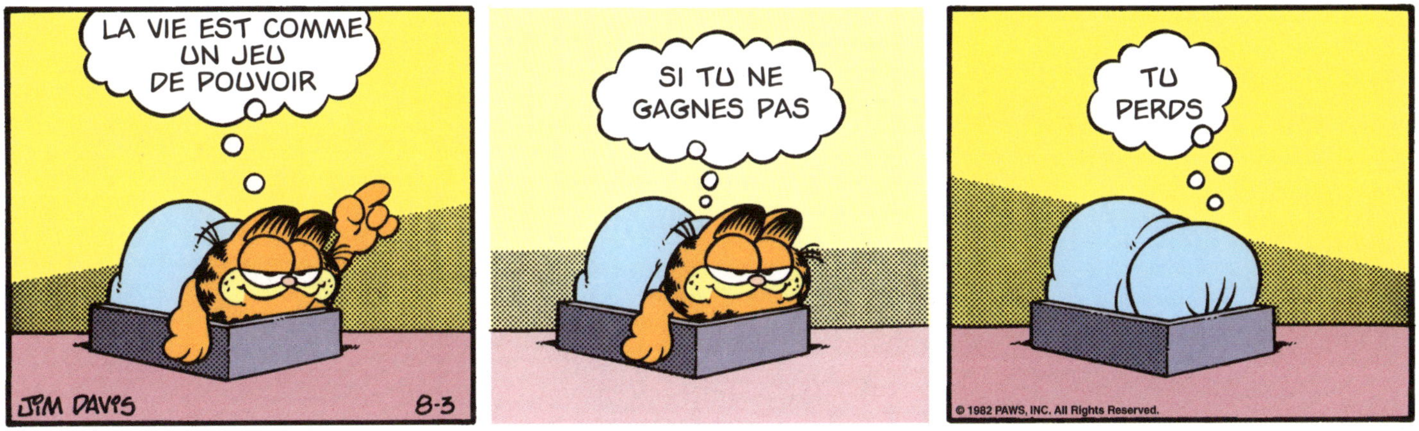
LA VIE EST COMME UN JEU DE POUVOIR
JIM DAVIS
8-3
SI TU NE GAGNES PAS
TU PERDS
© 1982 PAWS, INC. All Rights Reserved.

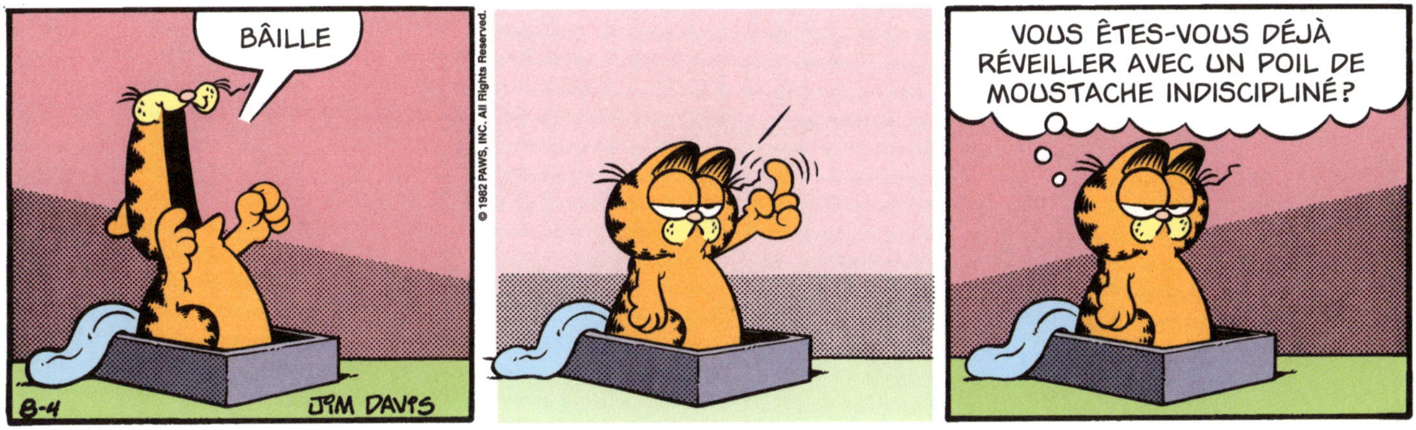
BÂILLE
8-4
JIM DAVIS
© 1982 PAWS, INC. All Rights Reserved.
VOUS ÊTES-VOUS DÉJÀ RÉVEILLER AVEC UN POIL DE MOUSTACHE INDISCIPLINÉ?

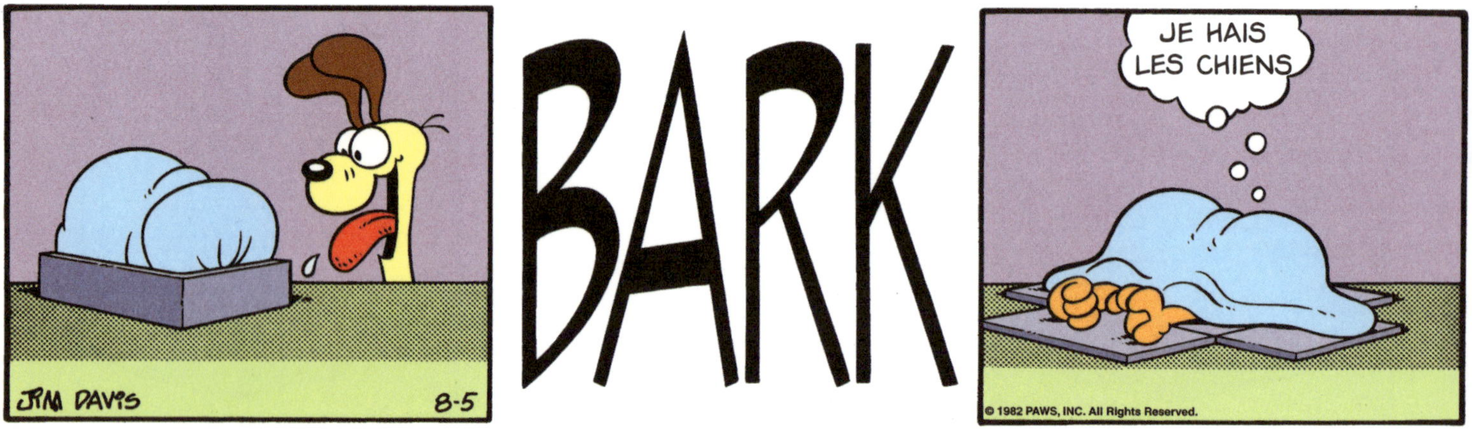
JIM DAVIS
8-5
BARK
JE HAIS LES CHIENS
© 1982 PAWS, INC. All Rights Reserved.

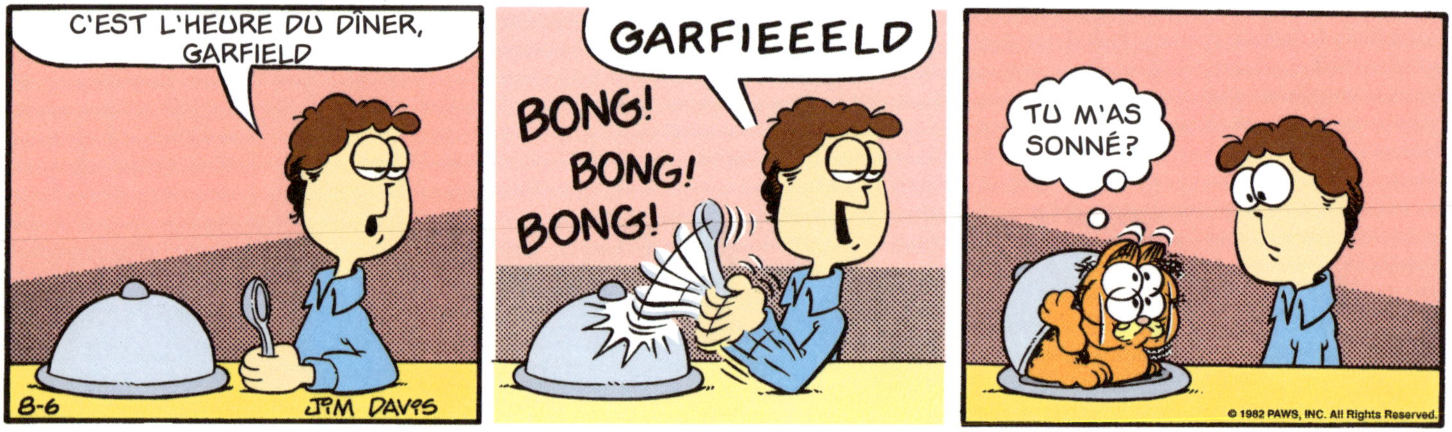
C'EST L'HEURE DU DÎNER, GARFIELD
8-6
JIM DAVIS
GARFIEEELD
BONG!
BONG!
BONG!
TU M'AS SONNÉ?
© 1982 PAWS, INC. All Rights Reserved.

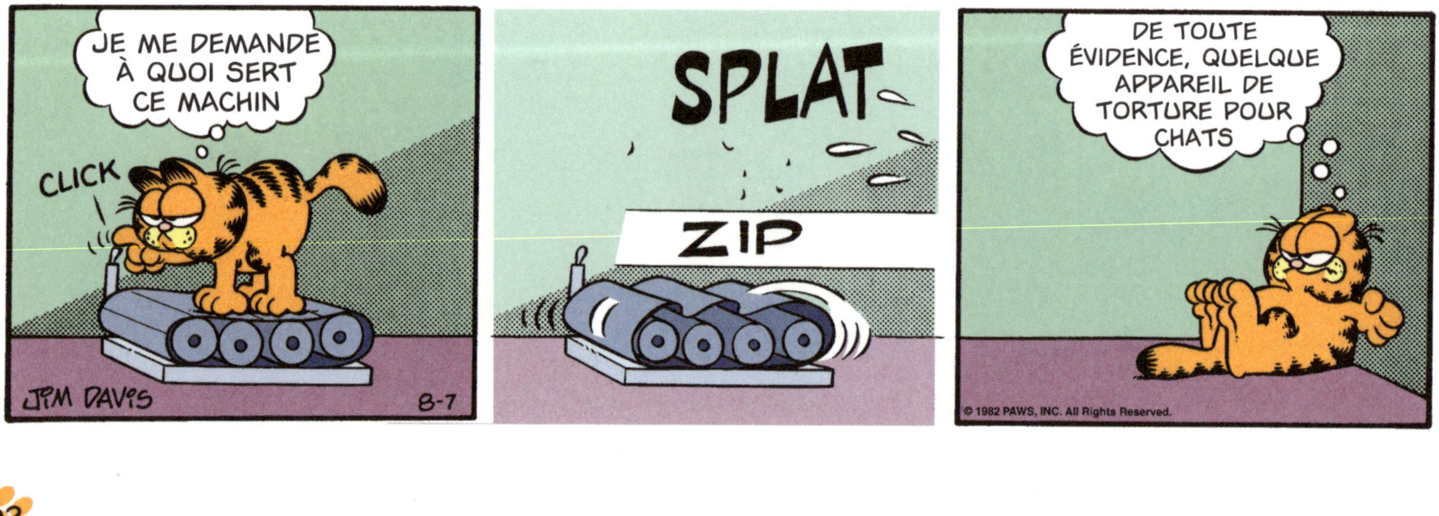
JE ME DEMANDE À QUOI SERT CE MACHIN
CLICK
JIM DAVIS
8-7
SPLAT
ZIP
DE TOUTE ÉVIDENCE, QUELQUE APPAREIL DE TORTURE POUR CHATS
© 1982 PAWS, INC. All Rights Reserved.

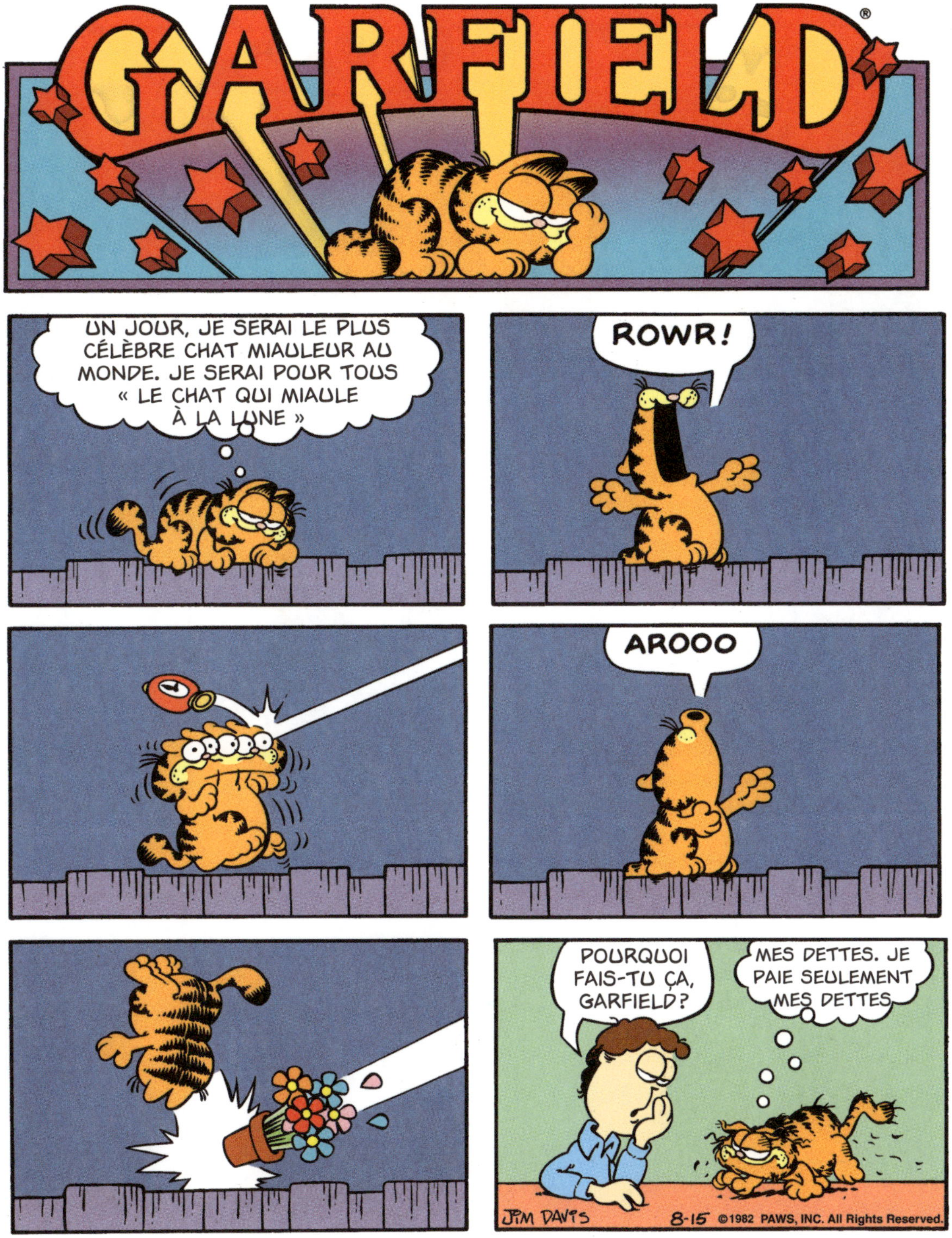
GARFIELD®
UN JOUR, JE SERAI LE PLUS CÉLÈBRE CHAT MIAULEUR AU MONDE. JE SERAI POUR TOUS « LE CHAT QUI MIAULE À LA LUNE »
ROWR!
AROOO
POURQUOI FAIS-TU ÇA, GARFIELD?
MES DETTES. JE PAIE SEULEMENT MES DETTES.
JIM DAVIS 8-15 ©1982 PAWS, INC. All Rights Reserved.

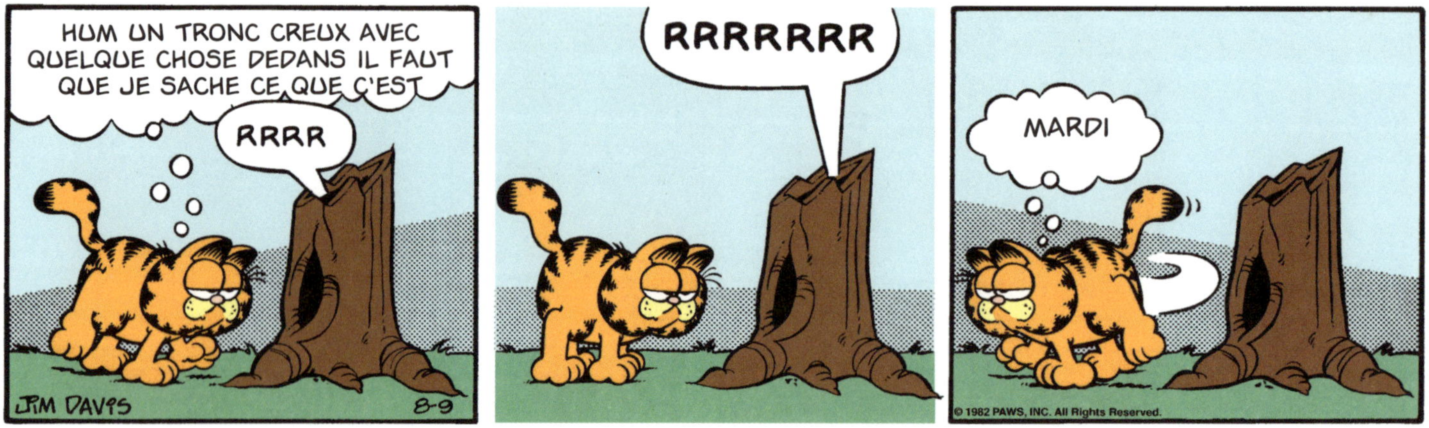
HUM UN TRONC CREUX AVEC QUELQUE CHOSE DEDANS IL FAUT QUE JE SACHE CE QUE C'EST
RRRR
JIM DAVIS
8-9
RRRRRRR
MARDI
© 1982 PAWS, INC. All Rights Reserved.

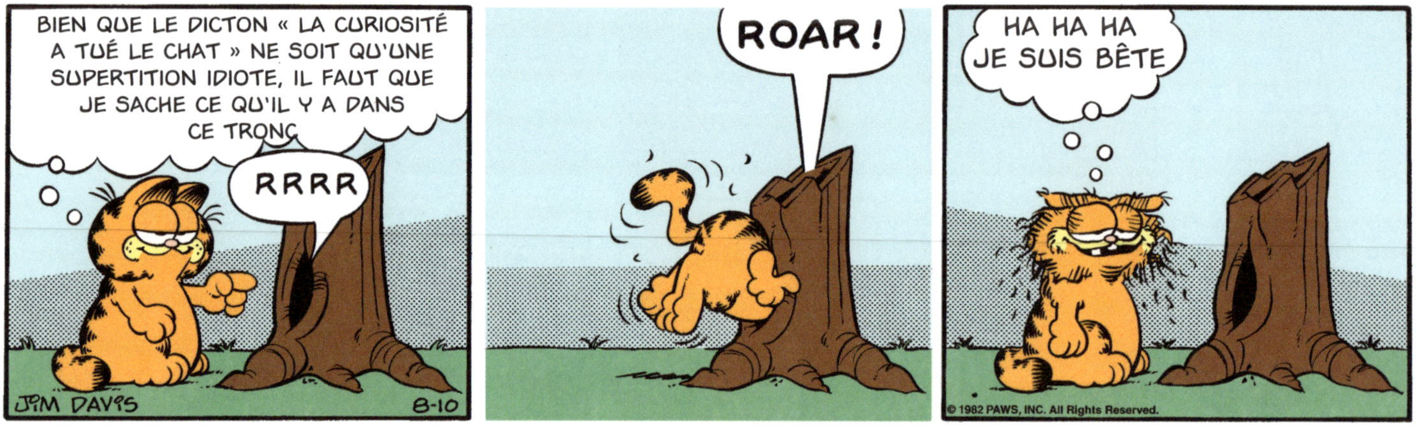
BIEN QUE LE DICTON « LA CURIOSITÉ A TUÉ LE CHAT » NE SOIT QU'UNE SUPERTITION IDIOTE, IL FAUT QUE JE SACHE CE QU'IL Y A DANS CE TRONC
RRRR
JIM DAVIS
8-10
ROAR !
HA HA HA JE SUIS BÊTE
© 1982 PAWS, INC. All Rights Reserved.

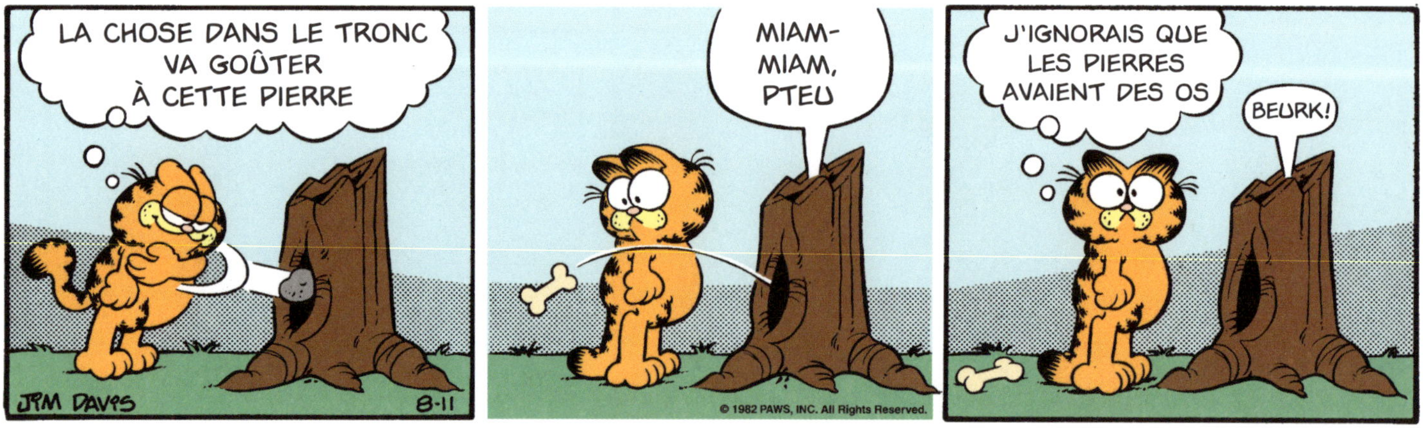
LA CHOSE DANS LE TRONC VA GOÛTER À CETTE PIERRE
JIM DAVIS
8-11
MIAM-MIAM, PTEU
© 1982 PAWS, INC. All Rights Reserved.
J'IGNORAIS QUE LES PIERRES AVAIENT DES OS
BEURK!